DENKFABRIK (HG.)

VERBÜNDET EUCH!

FÜR EINE BUNTE SOLIDARISCHE UND FREIE GESELLSCHAFT

EDITION NAUTILUS

Einige der hier versammelten Texte sind in Vorfassungen bereits erschienen:

Lisa Herzog: »Politische Demokratie und Wirtschaftsdemokratie«. In: Hartmann, Thomas / Dahm, Jochen / Decker, Frank (Hg.): *Die Zukunft der Demokratie. Erkämpft, verteidigt – gefährdet?* Bonn 2019.

Jan Korte: *Die Verantwortung der Linken.* Berlin 2019.

Edition Nautilus GmbH
Schützenstraße 49 a
D-22761 Hamburg
www.edition-nautilus.de
Alle Rechte vorbehalten
© Edition Nautilus GmbH 2020
Erste Auflage März 2021
Konzept und Realisierung:
Nicole Wloka und Katharina Florian
Satz: Jorghi Poll, Wien
Umschlaggestaltung:
Maja Bechert, Hamburg
www.majabechert.de
Druck und Bindung:
CPI – Clausen & Bosse, Leck
ISBN 978-3-96054-255-1

INHALT

VERBÜNDET EUCH! FÜR EINE BUNTE, SOLIDARISCHE UND FREIE GESELLSCHAFT

In der NDR-Doku »Kurs aufs Kanzleramt« zeigt sich der CSU-Parteivorsitzende Markus Söder mit Blick auf ein schwarz-grünes Regierungsbündnis bei den kommenden Bundestagswahlen zuversichtlich: »Die heutigen Grünen sind ganz wohlerzogen. Sind einfach ganz wohlerzogen. Sind aus bestem bürgerlichen Hause und waren auch mit den ganzen JU-Leuten in der Schule und sie kleiden sich auch noch modischer als damals in der Anfangszeit und sind auch zum Teil wahnsinnig schick und lifestylig und haben auch kein Problem mit Geld.«[1] Markus Söder hat Recht: Dieses Land wird nicht von den im Niedriglohnsektor Beschäftigten regiert (immerhin jede*r Fünfte in diesem Land), nicht von Alleinerziehenden und Krankenschwestern und Kassierer*innen, nicht von den Aktivist*innen, die sich mit aller Kraft gegen den Klimawandel stemmen, nicht von den Menschen, die vor lauter Arbeit nicht mehr können oder erst gar keine gute finden, nicht von den Rentner*innen, die nach Anbruch der Dunkelheit in Mülleimern nach Pfandflaschen suchen, nicht von den Menschen, die ihre sexuelle Orientierung verstecken, nicht von denen, die auf offener Straße angefeindet, beleidigt oder gar erschossen werden, weil sie an das »Falsche« glauben oder eine »falsche« Hautfarbe haben.

Es sind nicht diese Menschen, die dieses Land regieren oder regieren werden. Schade: Wären sie doch nur wohlerzogen, aus bestem bürgerlichen Hause, mit der JU zur Schule gegangen oder teilweise wahnsinnig schick gekleidet. Ach, wären sie nur!

Aber keine Sorge, das hier ist kein im politischen Tagesgeschäft verfangenes Floskel-Buch – trotz uns als Herausgeber*innen[2], – kein SPD-, nicht einmal ein Rot-Rot-Grün- oder Grün-Rot-Rot-Buch. Ab hier verlassen wir die politische Blase. Piksen rein und lassen sie platzen für eine Anthologie, die Menschen aus unterschiedlichen Bereichen zusammenbringen will: Bundespolitiker*innen der progressiven Parteien mit Wissenschaftler*innen sowie Vertreter*innen aus Kultur, Journalismus, Gewerkschaften, Vereinen, Verbänden und sozialen Bewegungen. Ein Buch, das verbünden will, ein Bündnis-Buch.

Denn Bücher und Politik haben mehr gemeinsam, als es auf den ersten Blick scheint. Beide stehen für etwas. Und hinter beiden stehen Menschen. Sie stehen für bunte, diverse, vielfältige, manchmal fachspezifische Teile, manchmal für Ränder, für die Mitte, manchmal schlichtweg für das Große und Ganze. Wenn also in diesem Band Menschen gemeinsam die Stimme erheben, dann, weil das Papier laut sein wird.

Zu Hause vor dem Fernseher, bei der Morgenzeitung am Küchentisch, auf dem Handy in der Bahn oder durch Gesprächsfetzen an der Supermarktkasse: Im konkreten Lebensalltag wird ein*e jede*r von uns ständig getroffen. Getroffen von Nachrichten und Bildern von ertrinkenden Menschen im Mittelmeer, der angespülten Kinderleiche von Alan Kurdi, handgemalten Schildern aus dem Kriegsgebiet in Aleppo, auf denen in großen Lettern »HELP US« gekritzelt steht. Bildern von Menschen, die keinen Zugang zu sauberem Trinkwasser haben, Menschen, die hungern, Frauen, die auf der Flucht vergewaltigt werden, Kindern, die scheinbar perspektivlos aus den brennenden Lagern von Moria flüchten. Bildern von zerstörter Natur, verbrannten Wäldern und schmelzenden Polkappen. Aber auch Bildern von heruntergekommenen Städten hierzulande, von Menschen ohne Perspektive. Von Hass und Hetze, von denen wir annahmen, sie mit einem beherzten »Nie wieder« zurechtweisen zu können. Diese Bilder sind nah, zu nah. Unvorstellbar nah, wenn Menschen in diesem Land wie in Hanau, Halle und Kassel auf offener Straße oder im eigenen Garten erschossen werden. Diese Bilder sind erdrückend und erschütternd und sie hören nicht auf. Denn hinter der eigenen Haustür lauern die eigenen existenziellen Probleme: Prekäre Arbeitsverhältnisse, steigende Mieten, die Angst vor der Frage, ob man im Alter ausreichend abgesichert ist. Was den*die Einzelne*n wütend und ohnmächtig zurücklässt, verschafft sich im Kollektiv Luft: Hunderttausende sind in den vergangenen Jahren auf die Straße gegangen, solidarisieren sich, setzen Zeichen.

Natürlich sind Bilder symbolisch und zeigen meist nur Auswirkungen, nicht die Ursachen selbst. Doch man möchte meinen, dass es keinen rationalen Menschen gibt, der die offenkundig auf der Hand liegenden, großen politischen Herausforderungen dieser Zeit nicht erkennt: Klimakrise, demografischer Wandel, Wandel der Lebens- und Arbeitswelt, digitale und sozial-ökologische Transformation. Aber dieser Wandel muss politisch gestaltet werden, er muss Halt und Sicherheit und eine linke, soziale Demokratie vereinigen, die ganz klar macht, dass unsere Wertegrundlage unverhandelbar für alle gilt.

Denn als wären diese großen politischen Herausforderungen nicht genug, als verdienten sie nicht unsere geballte Aufmerksamkeit, treten seit nunmehr viel zu vielen Jahren rechtspopulistische, rechtsextreme und faschistische Menschen in diesem Land auf, die mit ihren »alternativen Fakten«, ihrem Misstrauen und ihren Lügen einen tiefen Keil der gesellschaftlichen Spaltung in unser politisches Fundament treiben. Ihre Erzählung, ihr Papier gilt nur für Ausgewählte, denn ihre Erzählung ist eine Erzählung der Ausgrenzung. Wenn sie die Reichsflaggen schwenken und sich zu den selbsternannten »Rettern des Vaterlands« ernennen, dann wird eines schnell klar: Ihr Vaterland, ihre Meinungsfreiheit gelten nur für sie, nicht für andere.

Julia Fritzsche hat in ihrem Buch *Tiefrot und radikal bunt* dabei ganz richtig die Parallelen der rechten sowie der neoliberalen und kapitalistischen Erzählung herausgearbeitet: Diese eint nicht nur, dass sie Erzählungen von Ausgrenzung sind, ihr Kern zielt darauf ab, Bedingungen an das Menschsein zu stellen. Wer nicht *weiß* ist oder »nichts leistet«, hat weniger Wert. Und allein zu Hause, bei der Arbeit, im Supermarkt möchte man immerzu laut schreien, das (zu Unrecht) halbvergilbte Grundgesetz hervorkramen und sich noch einmal vergegenwärtigen, dass dieses vor etwas mehr als siebzig Jahren verfasst wurde, um dem Faschismus und den noch immer unvorstellbaren Gräueln und größten Verbrechen der Menschheitsgeschichte ein für allemal ein unüberwindbares demokratisches Bollwerk entgegenzusetzen. Entschuldigung, ihr lügenden Geschichtenerzähler*innen der Ausgrenzung, aber das Grundgesetz ist für alle da. Die Würde eines jeden Menschen ist unantastbar.

Hier beginnt die linke Erzählung. Sie ist keine Erzählung der Ausgrenzung. Sie ist eine Erzählung von Ungleichen, Bunten, Diversen, Alten und Jungen aus Ost, West, Nord und Süd, die nur dann gleich sind, wenn es um das Gesetz geht. Eine Erzählung, die alle mitdenkt. Selbst die am rechten Rand. Die Haltung zeigt. Eine Erzählung, die abstrakte Begriffe von Würde, Gerechtigkeit, Nachhaltigkeit, Sicherheit und Solidarität unter der Bedingung von Freiheit ernst nimmt und in das alltägliche Miteinander, die konkreten Lebensumstände, aber auch ihre politischen Voraussetzungen zu übersetzen sucht. Diese Erzählung kann nicht anders als zukunftsgerichtet sein, während sie im Hier und Jetzt beginnt. Und sie muss von einigen begonnen, aber von vielen weitererzählt werden.

Diese Erzählung lebt genau wie Demokratie von Wahrheit. Und in Zeiten von »Fake News« scheint diese von größerer Bedeutung als je zuvor: Bewegen wir uns nur noch in Social-Media-Blasen, konsumieren wir nur noch Nachrichten, die unserer persönlichen Meinung entsprechen, produzieren wir nur noch Meldungen, die eine möglichst hohe Klickzahlen-Reichweite generieren, dann verlassen wir die gemeinsame kommunikative Basis. Wie und worüber bleibt sich dann zu verständigen? Wie und worüber wollen wir dann in den Austausch treten, miteinander demokratisch in Beziehung sein? Denn das ist es, worüber wir uns jetzt und in Zukunft verständigen müssen: Wie bekommen wir das alles gemeinsam hin? Wie wollen wir alle miteinander leben? Wie will der*die Einzelne sein*ihr Leben gestalten, ohne den*die Andere*n darüber zu vergessen oder über ihn*sie hinwegzustapfen?

Wir haben Vorstellungen von Zukunft. Visionen technischer Machbarkeiten. Vielleicht werden unsere Kindeskinder in »Flugtaxis« zur Schule fliegen, wer weiß das schon. Was uns aber fehlt oder zu fehlen scheint, sind gemeinsame gesellschaftliche Visionen. Denn im Grunde ist alles da, im Grunde wachsen jenseits der breiten gesellschaftlichen Öffentlichkeit bereits Visionen einer nachhaltigen Wirtschaft, Visionen eines europäischen Raumes, in welchem zu fairen Löhnen gearbeitet wird, in welchem nur faire und nachhaltige Konsumgüter und Lebensmittel erstanden werden können, an dessen Grenzen Menschen nicht elendig zu Tode kommen.

Sich zu verbünden bedeutet daher nicht, sich zu assimilieren, bedeutet nicht, stets einer Meinung zu sein. Sich zu verbünden bedeutet bunt, divers und frei zu bleiben, während man eine gemeinsame Richtung einschlägt. Diese Richtung, die von gesellschaftlichen Visionen und unverhandelbaren (Menschen-)Rechten für alle getragen ist, täte gut daran, bei den realen Verhältnissen und Missständen zu beginnen und das Normative, das Utopische immer wieder in der Realität zu verwurzeln und neu zu hinterfragen, neu zu denken, kritisch zu bleiben, sich immer wieder neu zu deliberieren. Sich zu verbünden bedeutet aber auch, das Ganze zu denken, Themen, Inhalte und Beweggründe des*der Anderen zu verstehen, die vielfältigen visionären Ideen auf dieser Welt zu verbünden, voneinander zu lernen. Nicht so zu tun, als müsse man entweder die Klima- oder die Soziale Frage lösen. Wenn man dies alles verbindet und wenn wir uns alle verbünden, dann entsteht eine gemeinsame Vision. Eine Vision, die so stetig sein wird wie der Wandel. Aber indem sie eine gemeinsame ist, indem sie alle mitdenkt, indem sie nicht auf das kapitalistische Interesse weniger, sondern das bestmögliche Leben aller gerichtet ist und versteht, dass wir nur diese eine Erde haben, begreift sie Zukunft als Chance, macht sie uns alle zu Gestalter*innen des Wandels.

Die nötigen Veränderungen und Bündnisse sind scheinbar zum Greifen nah. Warum kommen wir kaum voran?

Dafür gibt es drei Gründe. Erstens scheint alles, alles, alles so komplex. Zweitens steht alles, alles, alles so miteinander in Zusammenhang. Bewegt man einen Stein, so scheint es, wackelt der gesamte Turm. Deswegen gewinnen die Kräfte der Beharrung. Deswegen sind Geschichten der Ausgrenzung, der Schuldzuweisung, des »Würde ich ja gern, aber geht leider nicht« so attraktiv. Deswegen ist die neoliberale, kapitalistische, rechte, ausgrenzende Erzählung so attraktiv. Denn sie enthält das Versprechen: Alles bleibt so, wie es ist. Es wird zwar konsequenterweise schlechter für dich und uns alle, aber keine Sorge, du wirst es kaum spüren. Oder erst dann, wenn es zu spät ist. Deswegen werden Konservative, Neoliberale und Rechte laut, wenn es um progressive Bündnisse geht: SED-Diktatur-Nachfolger! Wirtschaftszerstörer! Ausländerfreunde (sorry, gendern ist hier nicht – was ein Gedöns)! Sonst würde sich ja etwas ändern. Bleibt drittens: Weil wir Politik besser den Wohlerzogenen aus bestem bürgerlichen Hause, die mit der ganzen JU zur Schule gegangen sind, überlassen sollten? Wie schade.

Trotzdem: In diesem Buch haben sich (teilweise wahnsinnig schick gekleidete) Menschen verbündet, die vermessenerweise der Überzeugung sind, dass es sich dennoch oder gerade deshalb zu verbünden lohnt. Jetzt und nicht morgen.

Nicole Wloka für die Denkfabrik gemeinsam mit Sönke Rix, René Röspel, Dietmar Nietan, Stephan Borghorst, Martin Deschauer, Alexander Geisler und Dorothea Riedel

Anmerkungen

1 NDR-Dokumention »Kurs aufs Kanzleramt? Baerbock und Habeck«, Formatreihe »45 Min«, Autoren: Reinhold Beckmann und Falko Korth, Erstausstrahlung am 23.11.2020, hier genau: Min. 21:44 – 22:08.
2 Die Denkfabrik in der SPD-Bundestagsfraktion wurde im Sommer 2004 von Bundestagsabgeordneten und Mitarbeiter*innen gegründet, um abseits der Tagespolitik Perspektiven sozialdemokratischer Politik konzipieren und diskutieren zu können. Bekanntheit erlangte sie durch die Initiierung eines rot-rot-grünen Gesprächskreises auf Bundesebene.

I. VERBÜNDET EUCH: GRÜNDE!

Sophie Sumburane
WO WOLLEN WIR HIN?
WAS IST DIE IDEE?

Woran wir denken, wenn wir den Begriff »links« hören, hängt wohl weniger mit unseren Idealen zusammen als vielmehr mit unserer Sozialisation. Mit dem, was mensch zu sehen bekommt, wie Dinge für ihn oder sie eingeordnet werden, was als gut und richtig markiert wird. Mit den Erfahrungen unseres engsten Umfelds, mit den Werten und dem, was die Norm sein soll. Der eine denkt bei »Linken« an autonome Steineschmeißer, die andere an Erich Honecker, die nächste dagegen an Planwirtschaft und Arbeitskampf, verstaubte Plattenbauwohnungen oder den verträumten Zottelpunk. Sie hören »Linke« und sehen Rückwärtsgewandtheit oder träumerische utopieverliebte Idealist*innen, sie denken an gewaltbereite Vermummte oder Wladimir Putin. An nichts, das erstrebenswert erscheint, an nichts, das wirklich durchsetzbar wäre, sondern daran, was darüber vermittelt wird, warum »links« nicht gehen kann, gar gefährlich ist. An Kommunismus, Sozialismus. An zwei Begriffe, die in dieser Wahrnehmung nicht mehr mit Inhalten gefüllt sind, sondern mit Ängsten. An den Hüllen dieser Begriffe klebt für sie das Blut von vielen Menschen, unter den Rädern der Akteur*innen liegen Existenzen. So sind diese Begriffe längst nicht mehr das Konzept einer neuen Weltordnung, sondern Drohkulissen, aufgebaut aus massiven Fehlern der Vergangenheit und dem Missbrauch der Begriffe für autoritäre Regime, die die linke Idee pervertierten und teilweise noch pervertieren.

Dabei ist »links« doch vor allem ein Modell, eine Idee, ja, eine Utopie, die alles besser machen will, die solidarisch sein will, die gerecht sein will, hinter der mehr als alles andere die Erkenntnis steht: So wie jetzt kann es nicht weitergehen. Eine Idee, die jedoch vor allem und eigentlich nur daran scheitert, dass die, die sie einführen wollen, die Menschen, die in ihr leben sollen, nicht zu Genüge, bis zur letzten Konsequenz, mit allen Wünschen und Ängsten, mitdenken. Dass das Agieren an ihnen vorbeizieht und sie zurücklässt, aber stets behauptet, genau für sie zu denken. Und die Akteur*innen agieren weiter, in der tiefen Überzeugung, doch Gutes zu wollen, das richtige Ziel zu haben, mit humanistischen Idealen für alle das Beste zu wollen und darum gar nicht falsch liegen zu können. Statt innezuhalten, sich selbstkritisch umzusehen und zu erkennen, dass man fast allein auf weiter metaphorischer Flur steht, statt das eigene Agieren zu reflektieren und an das Tempo derer anzupassen, die vielleicht mitkommen wollen, nur nicht so. Wenn »links« kein Selbstzweck sein soll, kein Sich-selbst-Erhöhen als solidarische Persönlichkeit, wenn »links« sein wollen heißt, an die Idee zu denken und nicht daran, wie ich mit der Idee als Vehikel mein Fortkommen sichere, dann muss Selbstreflexion und Umsehenlernen zur Methode werden.

Aber was ist die Idee? Wofür kämpft linke Politik? Wofür linke Akteur*innen? Für faire Mieten? Faire Löhne? Gerechtigkeit? Was soll das eigentlich sein? Wann ist etwas gerecht, wann fair? Kämpfen sie für die Rückerlangung des Öffentlichen? Und was soll das wieder sein? Soll dem Staat alles gehören? Damit der Staat mir dann diktieren kann, wo ich wie zu leben habe? Kämpfen sie dafür, dass die »von oben« durch Umverteilung die »von unten« in der Mitte treffen? Und wie dann verhindern, dass die »von unten« plötzlich nicht mehr mit »ausreichend« zufrieden sind, sondern ihrerseits »nach oben« wollen? Kann der Mensch die Gier abstellen, den Egoismus aus der Persönlichkeitsstruktur streichen? Und was sind die Themen? Kleinklein statt der großen Idee? Fügen wir das Kleinklein irgendwann zu einem Bild zusammen oder nennen wir unser Ziel einfach doch Kommunismus, Sozialismus? Ohne die Begriffe mit einer greifbaren Vorstellung gefüllt zu haben, einem Bild, das ich vor mir sehen kann? Ohne Karl Marx zu kennen, ohne eine Idee, mit der auch die, die mitgenommen werden könnten, mitgenommen werden? Es bleiben leere Worthülsen, an denen Blut klebt, gewiss nur an den Hülsen, nicht an den Ideen, und dennoch schafft es dieses Blut, dass die Idee, die Utopie, vor ihrem Aufblühen in den Vorstellungen der Menschen schon im Keim erstickt ist. Dass die Weltordnung bleibt, wie sie ist: kapitalistisch.

So ist der Mythos unseres heutigen Systems: Über Jahrhunderte erkämpft, überwundene, als falsch markierte Modelle auf seinem Weg, sehen wir heute vor uns, was daraus hervorging und als glorreiches Ende der Entwicklung gilt: den Kapitalismus. Wachstum, Konsum, Dinge brauchen, die wir nicht brauchen, Finanzsysteme erdenken, die mit gegenstandslosem Geld leere Transaktionen ausführen und auf Lebensmittel spekulieren, Menschen verachten, die wir nicht brauchen, Menschen benutzen, um selbst nicht benutzt zu werden, Regenwälder abholzen, um Soja zu produzieren, das wir dann wahlweise unseren Schweinen geben, um sie billig mästen zu können, oder selbst als Fleischersatz essen, um kein billiges Schwein zu brauchen, stattdessen teure Schuhe, die wir dann als fair gehandelte Ökoprodukte zur Schau stellen können. Die Dinge gehören mir, auch wenn jemand anderes sie bräuchte, haben ist besser als brauchen, was kümmert mich das Problem der anderen. Und die anderen, die hängen von uns ab, von dem, was wir tun, kaufen, verbrauchen, entsorgen, was wir denken, wohin wir reisen, die Luft, die wir verpesten, atmen wir alle ein.

Alles steht zurück hinter der Mehrung des Kapitals, unsere Gesundheit, unsere Nahrung, unsere Werte, unsere Umwelt, unsere Grundrechte, alles reiht sich ein hinter die Idee von stetigem Wachstum.

Zugegeben, dieses Bild des Kapitalismus wirkt einseitig und dramatisch, aber ich für meinen Teil denke oft über die Missstände nach, die ich um mich herum wahrnehme, und komme immer wieder an den Punkt, an dem ich für mich erkenne: Das Problem, der Grund, warum etwas falsch läuft, nicht geht, die Grenze des Machbaren, sind das Geld, das Kapital, und der Egoismus, die Gier.

Schon als Kind habe ich mich gefragt, warum dieses Schlagloch auf dem Radweg nicht ausgebessert wird. Warum bleibt es da? Warum füllt niemand Zement rein und macht es weg? Weil kein Geld dafür da ist, war die knappe Antwort, die ich nicht verstand. Wenn ich doch Zement habe und Menschen, die ihn mischen können, den Mischer und die Zeit, warum dann nicht das Loch ausfüllen? Warum weiter in Kauf nehmen, dass Radfahrer*innen in das Schlagloch geraten und stürzen? Im Krankenhaus landen, oder Schlimmeres? Weil kein Geld da ist, die Stadt hat kein Geld, ich habe es nicht verstanden, das immaterielle Konzept des Kommunalhaushalts.

Warum zulassen, dass es auf dieser Welt Länder gibt, in denen Menschen an Krankheiten sterben, die in unserem Land bereits gut behandelbar sind, weil dieses Land nicht das Geld hat, die notwendige Technik anzuschaffen? Warum endet unser Blick an den irgendwann einmal gezogenen Grenzen? Ein weiteres menschengeschaffenes, unnatürliches Konzept, das macht, dass wir haben, was die nicht haben, und uns kümmert es nicht, denn die sind ja nicht wir, also was soll's schon.

Wie kann es sein, dass es Menschen gibt, denen ein Wald gehört? Wie kann Natur, Lebensraum, jemandem gehören? Warum hat der Typ aus dem Fernsehen, der zu viel Glück hatte im Leben, eine private Insel, während ein anderer Typ, der niemals im Fernsehen sein wird und zu viel Pech hatte im Leben, grad noch einen Schlafsack unter der Brücke besitzt, geschenkt von der Caritas, die von Spenden überlebt? Ist das die Gesellschaft, in der wir leben wollen, stets in der Angst, wir selbst könnten irgendwann der Typ unter der Brücke sein, wenn wir nicht weiter und härter und länger arbeiten?

Warum akzeptieren wir Marker, die Menschen sortieren, in nützlich und wertvoll, in unnütz und minderwertig? Lassen zu, dass »Geld haben« als Sortierungsmerkmal dient? Dass »Schwarz sein« als Marker für Minderwertigkeit bestehen bleibt? Dass in diese Familie geboren worden zu sein mehr wert ist als in jene? Dass einige Menschen andere Rechte haben als andere? Warum akzeptieren wir das? Weil es uns selbst privilegiert und macht, dass es uns gut geht? Weil wir so nicht selbst das Fleisch zerteilen müssen, sondern die von da drüben? Wohl wissend, dass die billigen Preise bei gleichzeitigem Zwang zu stetigem Wachstum nur durch die Ausbeutung der anderen entstanden sein können. Warum verharren wir in Gesellschaftsbildern, die uns selbst klein halten? Warum sind wir zurückhaltend? Bescheiden? So leise? Lassen zu, dass Menschen, die von allem, was falsch läuft, was andere klein macht, verachtet, was Lebensraum zerstört, dass die Menschen also, die davon profitieren, uns sagen können, dass das alles genau so bleiben muss, wenn wir es doch ganz deutlich und klar ganz anders sehen?

Es ist doch wie im Fußball (alles ist immer wie im Fußball): Wo das Geld ist, ist der Erfolg, und zwar nicht, weil das Geld zum Erfolg geht, sondern weil das Geld die Grundlage für Erfolg ist. Bin ich bei Bayern München, verdien' ich mich dusselig, kann sorglos trainieren, hab' top Trainer, top Material, die besten, modernsten Trainingsmethoden, Auswertungssysteme, und bekomme durch diesen geldbedingten Wettbewerbsvorteil immer noch mehr Geld. Klar kann auch der Drittligaspieler durch noch mehr hartes Training, individuelle Zusatzleistungen, vielleicht sogar eigenes Geld, verdient mit dem vermutlich noch vorhandenen Hauptberuf, so hart trainieren, kaum mehr Zeit für anderes haben, dass auch er irgendwann gut genug ist, und dann hoffentlich zum richtigen Zeitpunkt gegen den Ball tritt, wenn gerade der Richtige guckt, der dann erkennt, hey, der Junge gehört in einen Verein mit mehr Geld. Aber gerecht ist das nicht. Und auch nicht sehr wahrscheinlich. Bessere Bedingungen durch mehr Geld führen zwangsläufig zu besseren Leistungen.

Aber der Bayern-Chef wäre wohl der Letzte, der daran was ändern würde.

Und Bayern München ist eben wie die *weiße*, reiche Akademikerfamilie.

Die linke Idee ist schon längst in anderer Gestalt aus dem verstaubten Plattenbau herausgetreten. Es sind die Frauen, die für ihre Rechte kämpfen, mit #MeToo zeigen, dass Objektifizierung täglich stattfindet, dass sie kleinhalten soll, einschüchtert, Hierarchien aufrechterhält. Dass manche Menschen denken, sie hätten das Recht, sich stets alles zu nehmen, während die anderen zum Geben da sind.

Es sind die People of Color, die ihrerseits lauter werden, hörbarer werden, zeigen, dass nichts daran, eine andere Hautfarbe zu haben, den Menschen als minderwertig kennzeichnet, was doch eigentlich selbstverständlich sein sollte. Es aber nicht ist, weil das Konzept des »Anderen« nützlich ist, um abwerten zu können, und der*die Abgewertete, Kleingehaltene bleibt in der Rolle, die ihm oder ihr halt vorbestimmt ist. So soll es sein, aber so bleibt es nicht mehr.

Es ist nicht mehr nur der Arbeiterkampf, heute sind es #MeToo, #MeTwo, #BlackLivesMatter, #Fridays4Future, #Seebruecke, #unteilbar, die linke Ideale erkämpfen wollen. Die ein Bild davon zeichnen, was eine gerechte Gesellschaft sein kann. Die erkannt haben, dass es so nicht bleiben kann. Denn das ist doch im Grunde die Essenz beim Stellen der Systemfrage. Die Erkenntnis: So geht es nicht mehr, so zerstören wir die Natur und am Ende uns selbst.

Für mich ist »links« auch der träumerische Zottelpunk, denn links ist doch vor allem, den Menschen in seiner Individualität sein lassen zu können. Zu ertragen, dass Menschen sind, wie sie sind, denken, wie sie denken, manchmal eben auch ganz anders als ich. Und dass es gut sein kann, verschieden zu sein, vielstimmig und laut. Dass deine Kultur meine nicht weniger wertvoll macht, weil sie Dinge anders sieht, dein Positives ist nicht automatisch mein Negatives, sondern vielleicht Bereicherung, und wenn auch nur an Erfahrungen. Dass auch du, dass auch er, dass wir alle nur dieses eine, wertvolle, unersetzliche Leben haben, aber längst nicht alle an ähnlichen Punkten loslaufen dürfen.

Und was spricht eigentlich gegen Träumereien? Sind es nicht stets die gewesen, die einen Traum hatten, eine Idee, eine Vision, einen Wunsch, die die Welt verändert haben? Die sich getraut haben, diese Idee auch wirklich zu denken, sie erfüllt sehen zu wollen? Hatte nicht irgendwann mal jemand die Idee, dass Monarchie nicht so richtig gerecht ist, und hat mit der Leidenschaft des Überzeugten dafür gesorgt, dass auch andere diese Idee erkannten und gut fanden und gegen den Duktus derer, die die Monarchie sehr wohl gerecht fanden, weil sie als Privilegierte doch ganz prima in ihr leben konnten, oder weil sie durch die immer wiederkehrende Propaganda und aufgrund von fehlenden Alternativen davon überzeugt waren, dass die Monarchie halt da ist, durchgesetzt, dass die Monarchie letztendlich von den Vielen als nicht so knorke empfunden wurde? Es braucht die Idee, die Utopie, man muss sie wenigstens finden wollen, um sie finden zu können. Man muss sich selbst erlauben, vor sich hin zu philosophieren, und sich die Möglichkeit geben, aus der Nussschale, in der sich unser Leben im Kapitalismus abspielt, herauszuschauen. Dahinter ist was, da liegen andere Nussschalen, größere, buntere, mit besserer Musik, da bin ich sicher.

Linke Politik, linke Ideale, linke Träume, die linke Utopie kann eine schöne sein, eine erfüllende, eine mitnehmende. Wenn ich den Begriff »links« höre, denke ich nicht an das eingangs Erwähnte, ich denke an eine Gesellschaft der Vielen. Ich denke an eine Blumenwiese, auf der viele bunte Blumen blühen, rote, weiße, kleine, große, Sträucher, Gräser, Gänseblümchen. Ich denke an Blumen, die eine Symbiose eingehen, sich verbinden, an Blumen, die für sich ein Grüppchen bilden, an Pflanzen, die an Birkenstämmen hochranken, und stets sind ausreichend Licht und Wasser und Nährstoffe für alle da. Ich denke nicht an die deutsche Eiche auf dem braunen Feld, oder den Kiefernwald am Straßenrand voller gleichgroßer Nutzholzgewächse, aus dem die Krüppeligen oder Artfremden entfernt werden.

Und ja, es braucht bei der Vermittlung linker Ideen natürlich Politiker*innen, die Expert*innen für ihre Themen sind, begründen, analysieren, erstreiten im Kleinklein, in unseren Parlamenten. Die fundiert zeigen, dass linke Ideen umsetzbar sind, finanzierbar sind. Aber es braucht, finde ich, noch mehr, es braucht das Mitnehmen der Menschen, das Erstreiten für die Menschen, nicht über ihre Köpfe hinweg, sondern mit ihnen. Die, für die die Politik analysiert, begründet, erkämpft wird, sollten am Ziel dieser Strecke auch die Blumenwiese oder ihr individuelles Äquivalent sehen und nicht die blutbefleckte Worthülse, die mit dem, was linke Politik meint, nicht gemeint ist, nicht gemeint sein darf. Es braucht für die Handlungen derer im Parlament, der Parteistrateg*innen, ein Dach. Ein Ziel. Ein Bild am Firmament. Wo wollen wir hin? Wozu das Ganze? Schaffe ich es wirklich auf Dauer, wegzuschalten, wenn die Tagesschau Bilder aus Moria zeigt, damit ich das Elend, das mich nicht betrifft, nicht sehen muss, oder lebt es sich nicht entspannter, wenn ich weiß, es gibt keine Kinder auf dieser reichen Welt, die nachts von Ratten angeknabbert werden? Könnten diese Menschen nicht ein Teil der Blumenwiese werden, selbst wenn wir dafür auf die ganz wenigen super gedüngten, üppigen Rosensträucher verzichten müssten und uns irgendwie einigen, dass alle zufrieden sein könnten, wenn jeder etwas Dünger bekommt? Die, die dadurch »verlieren«, sind doch vor allem die Rosensträucher, die üppigen, überdüngten (das ist eh ungesund), die, die mit ihrer Größe bislang versuchen, den Blick auf die braunen Kleeblätter ganz am Rand der Wiese zu verdecken, damit wir denken, es gäbe sie nicht oder sie wären eh bald tot, nicht mehr zu retten.

Und dafür, für die Utopie einer Blumenwiese, für ein alternatives Bild einer Gesellschaft, braucht es neben der Politik das, was Metaphern erschafft, wie die der Blumenwiese in diesem Text: Die Kunst. Die Kultur. Literatur,

Musik und Theater, Tanz, Film und Malerei. Die Erschaffung von möglichen Welten in der Fantasie.

Denn Kunst erklärt nicht, sie will nicht gefallen, sie rechtfertigt sich nicht, sie passt sich nicht an. Kunst eröffnet, sie ist die Öffnungsklausel in unserem Leben. Sie lässt uns verreisen und mitfühlen, sie reflektiert, sie zeigt, sie überwindet das, was ist, und macht in sich möglich, was sein könnte. Die Kunst kann übertreiben und selbst den idealistischen Träumer als Realisten dastehen lassen. Sie kann uns erlauben, alle Ideen zu denken. Das Bild am Firmament zu zeichnen, und sie kann uns warnen.

Denn die Kunst kann, was sachliche Faktenbezogenheit nicht vermag: Sie spricht mit einem Gefühl in dir, nicht ausschließlich mit dem Verstand. Sie regt das Träumen an, nicht das Verstehensollen.

Sie wirft Fragen auf, ohne sie zu beantworten, liefert aber den Rahmen mit, in dem sie wirken können. Sie gibt den Raum, Ideen zu finden. Sie bezeichnet alles, was ist, auch dann, wenn es eigentlich gar nicht sein darf. Sie gibt denen eine Stimme, die sie selbst nicht erheben können, ist empathisch und weckt Empathie.

Ich kann sachlich erklären, was ich meine, hoffen, dass die Menschen mir folgen können und wollen, oder ich male ein Bild (mit Worten), zeige es und lasse die Menschen selbst ihren Zugang dazu finden, woran ich beispielsweise denke, wenn ich »links« höre.

Nicht umsonst ist die Kunst, die Kultur das, was rechte Parteien als erstes zu »entsiffen« versuchen, denn ohne das Wort, das Bild, den Song, der mich fühlen lässt, wie es ist, frei sein zu können, muss ich weiter glauben, ich wäre längst frei.

Regina Kreide
UND LINKS KEINE LEERSTELLE

Ein ungutes Gefühl bahnt sich seinen Weg. Für einen größer werdenden Teil der Bevölkerung scheint das einzige
Versprechen der Zukunft zu sein, dass sich die sozialen
Lebensbedingungen verschlechtern, kulturelle Wertschätzung schwindet und politische Einflussmöglichkeiten abnehmen. Ein Strudel in den Abgrund von Tristesse und
Bedeutungslosigkeit. Die Pandemie hat den Eindruck
ohnmächtiger Resignation noch verstärkt. Visionen be-
schränken sich auf technische Entwicklungen und neue
Kommunikationsmedien. Vorstellungen eines kulturellen,
sozialen oder politischen Fortschritts angesichts gravie-
render ökonomischer und politischer Ungleichheiten und
ökologischer Zerstörung erscheinen bis zum Stillstand
verlangsamt. Der britische Philosoph und Kulturwissen-
schaftler Mark Fisher, der 2017 viel zu früh starb, be-
schrieb diesen Zustand als Verlust eines Sinns von Zu-
künftigkeit. Was fehlt, ist eine Erzählung davon, wie ein
emanzipatives, solidarisches und demokratisches Zusammenleben in der Moderne aussehen könnte.

Die Leerstelle
Natürlich ist es nicht so, als gäbe es überhaupt keine Zu-
kunftspläne. Aber in der Öffentlichkeit wahrnehmbare
politische Erzählungen bieten zur Zeit nicht die Linken
an, sondern, man muss es leider sagen, die anderen. In

den USA und Großbritannien schon seit Längerem stark vertreten, inzwischen weltweit tonangebend ist da die Erzählung des Neoliberalismus. Sie verherrlicht die Selbstregulierungsfähigkeit des Marktes und unterstellt eine konkurrenzbetonte Leistungsfähigkeit des*der Einzelnen bei gleichzeitiger individueller Selbstverantwortlichkeit in allen Lebenslagen. Inzwischen haben zwar die Finanzkrise, die desaströsen Folgekosten des Privatisierungswahns öffentlicher Güter (Verkehr, Wohnen, Gesundheit, Bildung) und die zunehmende Verarmung breiter Bevölkerungsschichten dem Neoliberalismus fast vollständig das Wasser abgegraben. Aber nicht zum Besseren. Denn gleichzeitig wurde damit eine andere große Erzählung nach oben gespült. Die extreme Rechte posaunt ihre Vorstellung von einem großräumigen Ethnopluralismus in die Welt: Angepriesen wird eine abgezirkelte Pluralität großflächiger Kulturkreise, die unter der Bedingung völkischer Homogenität nach innen auf die Ausgrenzung aller »Anderen« zielt. Während die Neoliberalen auf individuelle Durchsetzungsfähigkeit fixiert sind und gar nicht erst fragen, mit welchem sozialen, ökonomischen und physischen Startkapital jemand sein Leben führen muss, ist es der extrem rechten Erzählung bei rassistischer und antidemokratischer Grundhaltung gelungen, ein unmittelbar griffiges Identitätsangebot mit handlungsmotivierender Kollektivperspektive zu verbinden. Die eine verteidigt individuelle Wohlstandsmaximierung auf Kosten des Gemeinwohls, die andere propagiert eine homogene Identitätsformation bei gleichzeitigem Ausschluss alles Nichtgleichen. Neoliberale Politik ist die eine Seite der Medaille, deren andere Seite die Politik der Trumps, Bolsonaros und Orbáns unserer Zeit prägt. Und natürlich gibt es dann noch die konservativ-grüne Erzählung, die bürgerliche Freiheiten nur auf Basis des nachhaltigen wirtschaftlichen Wachstums und technischen Fortschritts für zukünftige Generationen gesichert sieht. Und damit weder die Ursachen unbegrenzten Ressourcenverbrauchs noch das individuelle, konsumorientierte Freiheitsversprechen hinterfragt. Grün-light als machtpolitische Option für eine schwarz-grüne Koalition auf Bundes- und Europaebene.

Die kleinen Erzählungen

Man kann an dieser Stelle zu Recht einwenden, dass die Zeit der »großen Erzählung« sowieso vorbei sei. Der französische Philosoph Jean-François Lyotard fand in seinem bekannten Buch *Das postmoderne Wissen* (1979/2012) klare Worte und sprach vom Ende der großen Erzählung. Damit bezog er sich nicht etwa auf ein literarisches Genre, sondern auf übliche Grundannahmen in Philosophie und Politik. Angesichts fragmentierter Gesellschaften könne man nicht mehr von dem einen verbindlichen Rationalitätsmaßstab ausgehen. Weshalb sich rationale Lösungsangebote für bestehende Probleme unserer Zeit – von Geschlechterwandel und Rassismus über Klimakatastrophe bis hin zu wachsender Ungleichheit – schnell als weltfremd oder paternalistisch, in jedem Fall aber als untauglich herausstellten. Es bleibt dann nur der*die Einzelne, zurückgeworfen auf sich selbst, der*die mit kleinen, aber einfallsreichen Erzählungen selbst durch die hohen Wellen einer unkalkulierbaren See namens Gesellschaft navigieren muss. Was am Ende dabei herauskommt, erinnert nicht nur bei Lyotard, sondern auch ganz real in der Politik an soziales *piecemeal engineering*, wie es Karl Popper nannte: kleinteilige, stufenweise ausgeführte und langanhaltende Veränderungen, die dem Prinzip des *Versuchs und Irrtums* folgen und die weit entfernt von jeder denkbaren Vision sind. Nicht die Vernunft, sondern der Managerialismus samt Dauerevaluation und *best practices*-Tyrannei feiert täglich kleine Einstände. Ablesen lässt sich dieses gesellschaftspolitische Verwaltungsdenken auch an den ehedem großen Volksparteien. Große Würfe sind zum Fremdwort geworden. An deren Stelle ist eine Politik der kleinen Schritte getreten. Für jeden etwas, mehr *content* als Plan, mehr Klientelpolitik als Gesamtkonzeption.

Dabei, so wusste schon Hannah Arendt, ist politisches kollektives Handeln ohne eine politische Erzählung kaum vorstellbar. Erst durch das Erzählen erlebter Erfahrungen kann Althergebrachtes aufgebrochen, können neue Zusammenhänge erkennbar und Neuanfänge ermöglicht werden (*Vita activa*). Robert Musil, der zwischen Wirklichkeits- und Möglichkeitssinn unterschied, sah in der Erzählung einen Möglichkeitsraum entstehen, durch den verschiedene Handlungen eine andere Richtung nehmen können. Und auch die Arbeiterbewegung entstand nicht aus dem Nichts. Von Marx noch als »buntscheckige« Proletarier beschrieben, bestand sie im England des 19. Jahrhunderts, wie der britische Historiker E. P. Thompson 1963 minutiös in seinem einflussreichen Werk *Die Entstehung der englischen Arbeiterklasse* skizzierte, nicht als objektive Gegebenheit und wurde nicht einmal in historischer Zwangsläufigkeit durch die damaligen haarsträubenden Produktionsbedingungen geformt. Vielmehr wurde das Bewusstsein, zu einer Arbeiterklasse zu gehören, von den Beteiligten selbst geschaffen. Das geschah durch eine eigene Erzählung, nämlich die des Bergarbeiters, des Fabrikarbeiters, des Stahlarbeiters, die ihre Lage gemeinsam interpretierten und die dann als Kollektiv, von Intellektuellen mit politisch-ökonomischen Erklärungen versorgt, im Laufe der Zeit gemeinsam politisch auftraten.

Formbare Zeit

Diese Zeiten sind vorbei. Die geteilte Klassenlage in einer hochfragmentierten Gesellschaft auszumachen ist schwierig geworden. Neoliberales Denken hat erfolgreich das Leistungsprinzip, das doch nur wenige ohnehin schon Privilegierte auf der Autobahn des Erfolgs fahren lässt, in den Köpfen eingenistet. Der Einzug der Digitalisierung in die Homeoffices und Packfabriken der Onlinedienste vereinzelt und kontrolliert alle und alles, bis hin zur Bewusstseinsbildung. Und dann ist da eben noch das schon erwähnte linke *piecemeal*-Denken in Politik und Verwaltung, das als pragmatischer Kompromiss verkauft wird. Anstelle einer linken Erzählung klafft links eine Leerstelle. Angesichts dessen scheint nicht wenigen Mark Fishers trostlose Diagnose Grund genug zu sein, es sich entweder im häuslichen *cocooning* bequem zu machen oder in anhaltende politische Depressionen zu verfallen. Was bringt's noch? Und doch kann man dieser Einstellung ein geradezu trotziges »Jetzt erst recht!« entgegenhalten. In der Psychologie spricht man von Resilienz, psychischer Widerstandsfähigkeit, wenn man über die Fähigkeit verfügt, widrigen Lebensumständen zu trotzen. Natürlich wäre es zu kurz gegriffen, hier nur von der Widerstandsfähigkeit des*der Einzelnen zu sprechen. Gefragt ist eine gesellschaftliche Widerstandsfähigkeit, die manchmal auf historisch fruchtbaren Boden fällt. Gershom Sholem hat den Begriff der »plastic hours in history« geprägt. Damit meinte er seltene formbare historische Zeitabschnitte, in denen es möglich war, politisch zu handeln und etwas in der Welt zu bewegen. In solchen formbaren Momenten zeigt eine starre gesellschaftliche Ordnung plötzlich Risse, bislang geglaubte Überzeugungen schwanken, Möglichkeiten der Veränderung tun sich auf, es kommt Bewegung in eingerostete Beziehungen. Und Menschen wagen

zu hoffen. Womöglich leben wir in einer solchen formbaren Zeit, in der man die kleinen linken Erzählstränge
aufgreifen und zu einem größeren Ganzen weiterspinnen
muss. Und von diesen Erzählungen, die meist unvermit-
telt nebeneinander stehen, gibt es mindestens drei.

Demokratischer Sozialismus
Ein entscheidender Erzählstrang reicht weit in die Geschichte linker Bewegungen zurück und wurde vor eini-
ger Zeit unter anderem von Thomas Piketty aufgegriffen.
Sein »partizipativer Sozialismus« lenkt den Blick auf
einen Schlüsselbegriff linker Erzählungen: das Eigentum. Längere Zeit war von ungerechter Eigentumsver-
teilung nur leise etwas zu hören. Aber seit dem Finanz-
markt-Crash (Wem gehören die Banken?) und den auch
in Europa rasant steigenden Wohn- und Wohnungspreisen
(Wem gehört die Stadt?) ist die »Eigentumsfrage« auch
als Forderung auf den Straßen der Metropolen zurück
(*Occupy* und *Blockupy*). Piketty argumentiert für eine
Alternative zum derzeitigen kapitalistischen System, die
er eben »partizipativen Sozialismus« nennt. Sein zwei-
teiliger Reformvorschlag zielt zum einen auf eine stark
erweiterte innerbetriebliche Mitbestimmung und gerecht
verteiltes Belegschaftseigentum, ergänzt durch eine Kapi-
talauszahlung an alle Erwachsenen, um unternehmerische
Tätigkeiten für jede*n gleichermaßen zu ermöglichen.
Der zweite Reformaspekt basiert auf der originellen Idee,
die Verfügbarkeit über Eigentum durch Vermögensbe-
steuerung und progressive Erbschaftssteuer zeitlich zu
begrenzen und so zu einer beständigen Zirkulation von
Gütern und Reichtümern zu gelangen. »Eigentum auf
Zeit«, wie Piketty es nennt, würde damit – geradezu paradoxerweise – zu einem besonders nachhaltigen Element,
um gesellschaftliche Ungleichheiten dauerhaft einzudäm-

men und den Markt partizipativer zu machen. Die Stärke dieses Vorschlags ist sicherlich seine Breitenwirksamkeit: Auch diejenigen, die ihr individuelles Eigeninteresse auf dem Markt im Blick haben und nicht sonderlich an Kooperationen und Bindungen interessiert sind, kommen im wahrsten Sinne des Wortes auf ihre Kosten. Zugleich offenbart sich gerade in der Pikettyschen Marktdemokratie ihre Schwäche. Der Vorschlag verbleibt in der Konkurrenzlogik von Marktteilnehmer*innen und versucht, aus allen Bürger*innen die besseren *Shareholder* zu machen – mit sicherlich erwartbaren Begleiterscheinungen wie der Fixierung auf Gewinnmaximierung innerhalb des bestehenden steuerpolitischen Rahmens und meritokratischen Anreizen, die den ohnehin ökonomisch Fittesten einen klaren Vorteil verschaffen. Dennoch gelingt es Piketty, zwei einander landläufig ausschließende Aspekte zusammenzudenken und Vorschläge für eine Demokratisierung des Eigentums zu unterbreiten. Allein schon die Umsetzung dieser Maßnahmen würde unsere Gesellschaften radikal verändern. Und doch reichen sie nicht aus. Kooperative Gemeinschaftseigentumsformen müssen entwickelt werden, um erneuten Machtkonzentrationen und Ausbeutungsverhältnissen entgegenzuwirken. Raul Zeliks Vorschläge, die allesamt von bestehenden, eher marginalisierten Praktiken ausgehen, reichen vom *commoning*, also Allmende-Konzepten, wie sie schon von Feminist*innen, Indigenen, Freie-Software-Entwickler*innen praktiziert werden, über eine solidarische Ökonomie von Genossenschaften bis hin zu einer vergemeinschafteten Infrastruktur, wozu er Gesundheit, Bildung, Verkehr, Kinderbetreuung, Altenpflege, Wohnen, Wasser- und Energieversorgung zählt. Weg von der Privatisierung, hin zu einem neuen Verhältnis zwischen kollektivem Privaten und öffentlichem Leben und Wirtschaften.

Öko-Sozialismus

Aber ohne die ökologische Katastrophe zu thematisieren, wie es Fridays for Future endlich wieder in der Öffentlichkeit tut, das betont Naomi Klein ebenso wie Raul Zelik, kann es keine neue linke Erzählung geben. Auch hier, und das haben Piketty und Lucas Chancel klar herausgearbeitet, geht es ganz zentral um Eigentumsfragen. Die CO_2-Emission pro Kopf des reichsten Hundertstels der US-Bevölkerung lag 2014 sechzig Mal höher als der weltweite Durchschnitt. Stephan Lessenich hat eindrucksvoll beschrieben, dass wir nicht nur diese, sondern auch andere Umweltverschmutzungen als Folge unseres ungebrochenen Dauerkonsums vom Globalen Norden in den Süden auslagern, und spricht von der »Externalisierungsgesellschaft«. Und auch die Digitalisierung, lange unterschätzt, verbraucht nicht nur viel Energie, sondern beschleunigt durch einen mörderischen Bergbau den Raubbau an der Natur im Globalen Süden – für den schon erwähnten technischen, vermeintlichen Fortschritt. Die Naturzerstörung wird so lange nicht aufgehalten werden können, wie wir uns im Modus vom Dauerwachstum des Kapitals befinden, angetrieben durch die eiserne Logik des Profitzwangs. Denn der institutionelle Rahmen dafür sind handfeste Klasseninteressen. »Ja, es herrscht Klassenkrieg«, so gab Warren Buffett unmissverständlich zu, »aber es ist meine Klasse, die Klasse der Reichen, die Krieg führt, und wir gewinnen!« Klima und Naturerhalt spielen in dieser Liga nur eine Rolle, wenn die Gefahr besteht, dass dadurch die Gewinnmarge verkleinert würde.

An dieser Stelle ist es Zeit, mit dem häufig anzutreffenden Missverständnis aufzuräumen, dass sich Marx nicht mit der damals noch gar nicht so offensichtlichen Naturzerstörung befasst habe. Im Gegensatz zur Mainstream-Ökonomie und mancher Marx-Interpretation ignorierte Marx nämlich gerade nicht die Konsequenzen, die der Kapitalismus für die Umwelt hat. Im dritten Teil des *Kapitals* unterstreicht er, wie die Groß- und die Agrarindustrie zusammen das Land und den Boden zerstören: »Große Industrie und industriell betriebene Agrikultur wirken zusammen. Wenn sie sich ursprünglich dadurch scheiden, daß die erste mehr die Arbeitskraft, und daher die Naturkraft des Menschen, die letztere mehr direkt die Naturkraft des Bodens verwüstet und ruiniert, so reichen sich später im Fortgang beide die Hand, indem das industrielle System auf dem Land auch die Arbeiter entkräftet, und Industrie und Handel ihrerseits der Agrikultur die Mittel zur Erschöpfung des Bodens verschaffen.« Marx sah voraus, dass die Logik des Kapitalismus den Menschen zwangsläufig an die ökologischen Grenzen des Wirtschaftswachstums bringt. Heute leben wir schon im Zeitalter permanenter Umweltkatastrophen. Und es wird weitergehen. Die Meeresspiegel werden weiter steigen, die Versteppung großer Flächen wird fortschreiten, die Bodenqualität abnehmen. Es wird mehr Ernteausfälle geben, Kämpfe um Trinkwasser und andere knappe Nahrungsmittel. Und betroffen sein werden vor allem die jetzt schon Armen, die den ökologischen Folgen schutzloser ausgesetzt sind. Eine ökologische Wende kommt daher nicht um eine Demokratisierung von Eigentum herum. Erst wenn die Betroffenen kollektiv darüber entscheiden können, was wo und unter welchen Bedingungen produziert wird, kann die Zerstörung der Lebensgrundlagen eingedämmt werden.

Antirassistischer Sozialismus
Noch ein Erzählfaden muss sicherlich ebenfalls aufgegriffen werden. Und dies gegen alle linken Verächter*innen – allen voran Bhaskar Sunkara und Vivek Chibber, Her-

ausgeber des *Jacobin*-Magazins – einer häufig als »Identitätspolitik« bezeichneten Strömung. Besonders zugespitzt
hat vor ein paar Jahren die Politikwissenschaftlerin Nancy
Fraser die Spaltung in zwei linke Lager formuliert. Gerade
linke Politik habe, so ihr Vorwurf, die Kapitalismuskritik
ausgeblendet und sich mit Ideen der Selbstverwirklichung
und des guten Lebens beschäftigt, was einem »progressiven Neoliberalismus« erst so richtig auf die Sprünge
geholfen habe. Zu viel Lifestyle-Politik, zu wenig Eigentumsfrage. Nun ist es zweifellos richtig, dass die Linke die
»soziale, materialistische Frage« nicht nur vernachlässigt,
sondern in Deutschland und anderen europäischen Ländern die Wende zum Neoliberalismus zu verantworten hat
(Stichwort: Agenda 2010). Doch der allzu schnell hergestellte *kausale* Zusammenhang von Identitätspolitik und
Neoliberalismus greift nun auch zu kurz. Erstens ist aus der
Innenperspektive der sozialen Bewegungen, die etwa für
Gender-Gleichberechtigung kämpfen, die Frage der kulturellen Anerkennung wenn auch nicht immer, so doch häufig mit der sozialen Herkunft, der religiösen und ethnischen
Zugehörigkeit verbunden (Stichwort: Intersektionalität).
Zweitens unterschätzt Fraser die eigentlichen treibenden
Kräfte des Neoliberalismus, nämlich die politischen, ökonomischen Eliten und jene des Finanzwesens, die eine
deregulierte Welt geschaffen haben, in der der Staat nicht
einmal mehr seine Kontrollfunktion gegenüber globalen
Marktspieler*innen und Banken ausüben kann. Aber noch
entscheidender ist, dass dieses skizzierte Schisma den en-
gen Zusammenhang von rassistischer (sexistischer, antise-
mitischer, islamophober) Diskriminierungserfahrung und
kapitalistischer Ausbeutung völlig überdeckt.

Cedric Robinson war es, der die marxistische Idee in
Frage stellte, dass der Kapitalismus eine revolutionäre
Überwindung des Feudalismus sei. Vielmehr entstand der

Kapitalismus innerhalb der feudalen Ordnung und entfaltete sich auf dem kulturellen Boden einer westlichen Zivilisation, die durch und durch von Rassismus geprägt war. Kapitalismus und Rassismus brachten ein modernes Weltsystem des, so Robinsons Titel, »rassischen Kapitalismus« hervor, der von Sklaverei, Gewalt, Imperialismus und Völkermord geprägt war. Rassistische Züge nahm das kapitalistische System nicht etwa bloß für eine gewisse Zeit an, um Sklaverei und Enteignung zu rechtfertigen, sondern diese bestanden schon in der feudalen Ordnung und blieben dann, um billige Arbeitskraft zu erhalten. Die ersten europäischen Proletarier*innen waren nicht einfach Arbeiter*innen, sondern schon damals »rassisch« deklarierte Subjekte (Juden, »Zigeuner«, Iren, Slawen usw.) und Opfer von Enteignung (Einfriedung, Vertreibung von der Allmende, Versklavung) innerhalb Europas. Wir müssen diese Kontinuität im Blick haben und bei jeder Form unterdrückerischer Herrschaftsausübung hellhörig werden. Der Kapitalismus ist eine gigantische Diskriminierungsmaschine. Und die prekären Lebens- und Arbeitsbedingungen treffen nicht zufällig besonders osteuropäische Tagelöhner*innen, Geflüchtete, schlecht Ausgebildete, Alleinerziehende, ältere Menschen, und fressen sich nicht zufällig von unten nach oben in der Gesellschaft fest. Eigentum und Rassismus sind unter kapitalistischen Bedingungen untrennbar miteinander verbunden. Dieser Nexus kann nur durch eine Demokratisierung der Eigentumsverhältnisse aufgebrochen werden.

Wer erzählt?
Jede, auch eine politische Erzählung, braucht Erzähler*innen. Doch wer erzählt? Natürlich können deutsche Wissenschaftler*innen, Politiker*innen und Journalist*innen mehr oder weniger kongeniale Vorschläge für kapitalis-

tische Alternativen entwerfen, was sie, wie beschrieben, auch tun. Doch die sozialistische Linke, da hat Vivek Chibber völlig recht, ist strukturell nur noch spärlich mit den arbeitenden, arbeitslosen und abgehängten Menschen und damit mit den Vielen, die gesellschaftliche Veränderungen tragen müssen, verbunden. Das »Nachfühlen« der Erfahrungen von schlecht bezahlten Dienstleister*innen, die Tuchfühlung als Streikposten, die aktivistische Sympathie mit Geflüchteten, die politisch-bewegte Forschung mit und über Roma-Minderheiten zeigen vor allem, wie isoliert die gut gebildete Linke von der Klasse der Prekären ist. Aber die Probleme sind global und die skandierten 99 Prozent sitzen, was die kapitalistische Ausbeutung und den ökologischen Raubbau angeht, im selben Boot, das einmal mehr zu kentern droht. Wenn es eine neue linke große Erzählung geben kann, die auch etwas bewirkt, dann muss sie von den Vielen erzählt werden, die sich lautstark zu Wort melden und zum Motor sozialer Gerechtigkeit werden. Eine linke politische Erzählung muss Gräben überwinden und von den »Kurzgeschichten« abrücken. Der Moment des offenen Zeithorizonts lässt die Umrisse eines demokratischen, ökologischen Sozialismus erahnen. Ob die Vielen diese oder eine ähnlich emanzipative Geschichte erzählen und für deren Umsetzung kämpfen, muss sich zeigen. Die anderen haben schon ihre Erzählung. Wir haben nicht mehr viel Zeit.

Literatur

Arendt, Hannah: *Vita activa*. München 1960/2002.

Butzlaff, Felix/Pausch, Robert: »Partei ohne Erzählung. Die Existenz-krise der SPD«. In: *Blätter für deutsche und internationale Politik*, 8, 2019, 81-88.

Chancel, Lucas/Piketty, Thomas: *Carbon und Inequality: From Kyoto to Paris*. Paris 2015.

Chibber, Vivek: »Unser Weg zur Macht«. In: *Jacobin*, Nr. 1, 2020, 94-102.

Demirovic, Alex: *Kritik und Materialität*. Münster 2008.

Fisher, Mark: *Ghosts of my Life. Writings on Depression, Hauntology, and Lost Futures*. New York 2014.

Fraser, Nancy: »Vom Regen des progressiven Neoliberalismus in die Traufe des reaktionären Populismus«. In: *Blätter für deutsche und internationale Politik*, 2/2017, 71-76.

Fücks, Ralf: *Intelligent wachsen. Die grüne Revolution*. München 2013.

Lessenich, Stephan: *Neben uns die Sintflut. Die Externalisierungs-gesellschaft und ihr Preis*. Berlin 2016.

Lyotard, Jean-François: *Das postmoderne Wissen*. Hg. von Peter Engelmann, 7. unveränderte Auflage, frz. Originalausgabe von 1979 *La condition postmoderne*. Wien 2012.

Piketty, Thomas: *Kapital und Ideologie*. München 2020.

Popper, Karl R.: *The Poverty of Historicism*. London 1957.

Robinson, Cedric: *On Racial Capitalism, Black Internationalism, and Culture of Resistance*. Salisbury 2019.

Sholem, Gershom: »The Threat of Messianism: An Interview with Gershom Sholem«, in: *The New York Review of Books*, 14.08.1980.

Thompson, E. P.: *Die Entstehung der englischen Arbeiterklasse*, 2 Bde, Frankfurt am Main 1963/1987.

Wesche, Tilo: »Demokratie und ihr Eigentum. Von der Marktfreiheit zur Wirtschaftsdemokratie«. In: *Themenschwerpunkt: Eigentum*, hg. von Tilo Wesche, *Deutsche Zeitschrift für Philosophie* 62, 2014 (3), 443-486.

Julia Fritzsche
FÜR EINE NEUE LINKE ERZÄHLUNG
UND WO WIR SIE SUCHEN MÜSSEN

In meiner Jugend in den 90ern in Westdeutschland war der Kapitalismus so alternativlos wie die *Levi's 501*. Doch die Jugend heute fühlt sich in beidem ähnlich schlecht aufgehoben. Teresa Lukaschik ist eine von ihnen.

Anfang 2020 führt mich die junge Frau über den Acker der Genossenschaft *Kartoffelkombinat*. Vor den Toren Münchens bauen sie hier Gemüse und Obst an, ökologisch, mit kurzen Transportwegen und okayen Löhnen. Petersilie kauend erklärt Lukaschik, sie wolle einen Beweis antreten: den Beweis, dass sie hier nicht-profitorientiert auch gut wirtschaften können. Oder gerade deswegen.

Solidarische Landwirtschaften wie Lukaschiks Acker sind Teil einer solidarischen Ökonomie, die bedürfnisorientiert, sozial, demokratisch und ökologisch wirtschaften will, und zu der sich auch Ernährungsräte, Klimaräte, Postwachstumsbewegung, Gemeinwohlökonomie oder plurale Ökonomik zählen. Das heißt, Ideen für ein Leben jenseits des *Kapitalismus 501* zu entwickeln: Uns regional zu versorgen statt Menschen auf spanischen Plantagen zu versklaven. Genügsam zu wirtschaften statt mit Wachstumszwang. Reparieren statt Wegwerfen. Teilen statt Kaufen. Commons statt Konkurrenz. Langlebigkeit (das einzige Vermächtnis der *Levi's*) statt geplanter Obsoleszenz.

Die solidarische Ökonomie verbindet sich in den letzten Jahren mit anderen Bewegungen: Mit Feminist*innen, die Kochen, Putzen, Trösten und Pflegen als eigentliche Wirtschaft im Sinne von Bedürfnisbefriedigung betrachten. Mit migrationspolitisch Aktiven, die sichere Häfen, solidarische Städte und globale Bewegungsfreiheit wollen statt Pässelotterien und transnationale Unternehmen, die Menschen im globalen Süden das Dorf unterm Arsch wegbaggern. Eng verbunden ist die solidarische Ökonomie vor allem mit der jungen Klimagerechtigkeitsbewegung, die weiß, dass Menschen nicht von Luft und Liebe leben, sondern von intakten Pflanzen und sauberem Wasser, und dass unser Lebensstil im Norden – Fleisch, Fliegen, Fahrzeuge – enden muss, weil sonst noch mehr Menschen vor Hurrikanes, Dürren und Fluten fliehen. Und es fliehen schon so viele wie nie zuvor.

Aber geht das alles? Können wir global verantwortlich, regional und bedürfnisorientiert wirtschaften? Inzwischen kaue auch ich Petersilie. Kleinbäuerliche und ökologische Landwirtschaft ist laut UN um 80 Prozent ertragreicher als industrielle Landwirtschaft, auch weil teure Pestizide und Unfälle mit großindustriellen Maschinen wegfallen. Doch Lukaschiks Genossenschaft versorgt gerade mal 1.800 Münchner Haushalte. 800.000 Haushalte *hat* München. Können wir die Welt so versorgen?

Der *Kapitalismus 501* versorgt die Welt aktuell *nicht*. 800 Millionen Menschen hungern. Bei Zahlen wie diesen würden viele von uns gern in Ruhe ausrasten – aber meistens haben wir keine Zeit. Gut, dass Menschen wie Teresa Lukaschik Alternativen einfach beginnen – und dass sich daneben viele andere heute wieder zusammensetzen und Utopien entwerfen. In Podcasts, Magazinen, Netzwerken und Uniseminaren entwickeln immer mehr Menschen heute Visionen eines besseren Lebens. Spoiler: Das Bilderverbot ist vorbei! Vor allem Frauen, nicht-*weiße* und behinderte Menschen wissen sehr wohl, wie für sie ein besseres Leben aussehen könnte – und planen es deshalb.

Im Auftrag des Think Tanks *Konzeptwerk Neue Ökonomie* haben in den letzten zwei Jahren in über zwanzig Zukunftswerkstätten Expert*innen aus Arbeit, Bildung, Fürsorge, Migration, Klima, Energie, Finanzen oder Wohnen eine *Zukunft für alle* entwickelt, ausgemalt im gleichnamigen Buch und Online-Portal.

Ihre Zukunft für alle ist zur Mitte des Jahrhunderts angesetzt, also in knapp drei Jahrzehnten. Wir versorgen uns vor allem mit lokalen Höfen und Handwerksbetrieben statt Sweatshops, Plantagen und Minen im globalen Süden. Seltene, notwendige Materialien aus dem globalen Süden wie für's Handy – ja, sowas gibt es dann noch – bauen wir behutsam ab und unter den Bedingungen, die die Menschen dort stellen. Auch Märkte und Geld gibt es weiter, neben vielen Bereichen ohne Geld wie Commons, in denen wir Güter und Dienste anderen zur Verfügung stellen. Eine Grundsicherung ermöglicht allen den Zugang zu Essen und einer Wohnung. Bildung, Krankenhäuser und lokale Busse und Bahnen sind frei zugänglich. Willkommenszentren empfangen all diejenigen, die aus der Lausitz oder Äthiopien neu in ein Dorf oder Stadtviertel kommen, Pässe spielen kaum mehr eine Rolle, denn es gibt globale Bewegungsfreiheit. Unfaire Handelsabkommen und Rüstungsproduktion wurden im Laufe der Jahre abgeschafft, und auch die Menschen im Süden leben hauptsächlich von Wirtschaftskreisläufen auf dem eigenen Kontinent, nicht mehr von ihrer bloßen Zuliefererrolle. Vor allem im Norden leben aber deutlich mehr Menschen als heute auf dem Land, die Städte sind teilweise Ackerflächen. Wir bewegen uns in gut ausgebauten öffentlichen Bahnnetzen, Lastenrädern und geteilten Dorftaxis fort, Fernreisen machen wir mit dem Zug, weil wir Sabbatical-ähnliche, lange Ferien haben. Und das Wichtigste: Seit Ende der 2020er Jahre wurde die 20-Stunden-Woche zur neuen Vollzeit, bei den unteren Tarifgruppen mit vollem Lohnausgleich. Das lässt Zeit für Kreatives, Friends und politische Einmischung.

(Für wen kostenloses Busfahren die Vorstufe zur RAF ist, der sollte hier mit dem Lesen enden, lieber ein herumliegendes Feuilleton aufschlagen und sich an Ernst Jünger und *Jugend musiziert* erbauen. Wer die hier entfaltete bunte, freie Gesellschaft für nicht leistbar hält, dem rate ich: Darüber reden wir, wenn wir die 60 Prozent des Vermögens, die bisher bei den reichen 10 Prozent liegen, *alle* miteinander teilen. Wenn wir Beiträge von Reichen und Unternehmen über Finanztransaktions-, Zins-, Miet-, Gewerbe-, Erbschafts- und Vermögensteuern verlangen. Und wenn wir die Steuerbeiträge einziehen, auf die wir momentan verzichten, weil sie auf den Caymans und an anderen Orten der Steuerhinterziehung liegen, und die jährlich 600.000 Pflege-Gehältern entsprechen.)

Utopien und gelebte Ansätze eines *besseren Lebens für alle* existieren. Ein progressives Projekt muss sie aufklauben und zu einer eigenen Erzählung bündeln. Einer Erzählung, die Klasse und Diversity verbindet. Denn Ausbeuten geht nur durch Ausgrenzen: Unsere Gesellschaft kann Frauen nur deshalb schlecht bis gar nicht bezahlen, weil sie sie zu Anderen, zu »Liebenden« erklärt. Unsere Gesellschaft kann behinderten Menschen nur deshalb den Mindestlohn verweigern und sie mit 1,50 Euro die Stunde abspeisen, weil sie sie zu Anderen, zu »Minderwertigen« erklärt. Unsere Gesellschaft kann Migrant*innen nur deshalb in schlechtere Arbeitsverhältnisse zwängen, weil sie sie zu Anderen, zu »Gastarbeitern« erklärt. Klasse und Anerkennung haben viele, auch Linksliberale, zu lange gegeneinander ausgespielt, nach dem Motto, Gendern sei schuld am Erfolg von AfD und Trump. Vor allem aber haben linke Parteien zu lange die neoliberale Erzählung geteilt – und in der Bundesrepublik selbst erst vollständig durchgesetzt. Mit Sozialstaatsabbau, Rentenkürzungen, Privatisierung, Verzicht auf Steuerbeiträge von Reichen und Unternehmen durch Rot-Grün. Und mit Medienkampagnen gegen eine vermeintliche Faulheit (Bundeskanzler Gerhard Schröder 2001) und Broschüren, die Erwerbslose in einem Atemzug mit Parasiten nennen (Bundeswirtschaftsministerium unter Wolfgang Clement 2005), einem Wort, das eigentlich der deutsche Faschismus für Menschen wählte.

Eine eigene Erzählung ist auch nötig, weil die alte Story vom Aufstieg durch Leistung über ein ähnliches menschenfeindliches *Othering* verfügt wie die extrem rechte Erzählung. In der einen verdienen Menschen mit Migrationshintergrund, Frauen und Nicht-*Weiße* kein gleich gutes Leben, weil sie *grundlegend anders* sind. In der anderen verdienen sie kein gleich gutes Leben, weil sie *zu faul* sind: Hier liegt die Not von Menschen in Griechenland nicht an deren Wettbewerbsnachteil gegenüber deutschen Niedriglöhnen, sondern am vermeintlichen Gemüt des rauchenden, tanzenden, sonnenverbrannten Griechen (SPIEGEL-Cover 2015). Die 21 Prozent Gehaltsunterschied von Frauen gegenüber Männern liegen nicht an Lohnintransparenz und fehlenden sozialstaatlichen Einrichtungen für Care-Arbeit, sondern an falscher Jobwahl und fehlendem Verhandlungsgeschick einzelner Frauen. Und die Not von Menschen im globalen Süden liegt nicht an Kolonialismus und Freihandelsabkommen, sondern an der Rückständigkeit der Menschen dort. Die *neoliberalen Anderen* sind die Faulen. Dieses Othering ebnet dem extrem rechten Othering den Weg: Dass geflüchtete

Menschen den Sozialstaat ausnutzen, ist vielen spontan glaubhaft, weil von Schröder über BILD (»Deutschlands frechster Arbeitsloser«) bis GEO (»white trash«) große Teile von Politik und Medien suggerierten, Erwerbslose würden genau das auch tun und Menschen seien generell auf den eigenen Nutzen bedacht. Das neoliberale Menschenbild, in dem Menschen unnütz oder nützlich sein können, das ökonomistische Menschenbild, befördert außerdem Feindseligkeiten gegen schwache Gruppen, die verdächtigt werden, keine verwertbare Leistung zu bringen, wie die Studie *Deutsche Zustände* 2011 feststellte: So sind ökonomistisch denkende Menschen drei Mal so häufig rassistisch, sexistisch und behindertenfeindlich wie nicht ökonomistisch denkende Menschen.

Eine neue linke Erzählung, ein linkes Projekt aus Bewegungen, Initiativen, Think Tanks und Parteien, muss also vor allem ein treffenderes Menschenbild verbreiten.

Ein junger Historiker wirbelt mit seinem Menschenbild gerade die Feuilletons und TED-Konferenzen auf. Rutger Bregman belegt in seinem Buch »Im Grunde gut – eine neue Geschichte der Menschheit«, dass der Mensch eben im Grunde gut sei. Er habe es nur teilweise verlernt, weil ihm über Jahrhunderte Philosoph*innen, Psycholog*innen und Wirtschaftswissenschaftler*innen eingeredet haben, er sei egoistisch und bösartig. Wir sind keine Engel, so Bregman, wir haben gute und schlechte Seiten, es komme aber darauf an, welche wir füttern. Wir sind mimetische Wesen, wir ahmen nach: Lächelt uns jemand an, lächeln wir häufig zurück. Gibt uns jemand an der Kasse einen fehlenden Euro aus, machen wir das bald bei wem anders. Wir gähnen sogar mit, wenn jemand gähnt.

Über Jahrtausende, so Bregman, lebten wir nomadisch als Jägerinnen und Sammler in kleinen Gruppen friedlich zusammen, redeten miteinander, liebten uns und pflückten Beeren. Erst die Idee von Eigentum an Dingen und Menschen sowie aufwändige Kriegspropaganda machten uns zu Gewalttäter*innen und Sadist*innen – doch selbst Kriegspropaganda suggeriert, dies alles sei *für andere*, für die Kameraden, für das Volk. Bregman widerlegt auf 500 Seiten viele Studien, die behaupten, wir seien tendenziell böse und egoistisch, unter anderem das berühmte Stanford-Prison-Experiment, wonach wir alle sadistisch würden, wenn wir Macht bekämen. Die BBC wiederholte das Experiment – Gefangene und Wachhabende, nur diesmal ohne Einflussnahme – und strahlte es zur Prime Time aus, doch die Sendung wurde abgesetzt: Es passierte nichts, alle rauchten nur und spielten Karten, eine pazifistische Kommune!

Was linke Parteien von Ideengeber*innen wie Bregman und Engagierten wie Lukaschik übernehmen können, ist neben dem Menschenbild noch mehr: Von Pflegestreiks über Klimagerechtigkeitsbewegung und Ernährungsräte bis zu Mietenbündnissen erkennen Menschen heute an, dass wir unsere grundlegenden Daseinsbereiche wie Gesundheit, Wohnen, Energie, Mobilität nach Bedürfnissen organisieren müssen, nicht nach Profitlogik. Und dass wir *neue* demokratische Aushandlungsformen brauchen, um uns über diese Bedürfnisse zu verständigen – teilweise entwickeln sich schon neue Formen, wie Ernährungs-, Klima-, Care-Räte oder der in spanischen oder lateinamerikanischen Städten entstehende Munizipalismus, eine Face-to-face-Demokratie, wo Menschen lokal in Dörfern und Stadtteilen ihre Begehren diskutieren.

Sind das nun alles Hirngespinste weniger Menschen in kleinen Nischen?

Nein. Anders als in meiner trostlosen Jugend denken junge Menschen heute wieder Alternativen, nicht nur für Deutschland, sondern für alle. Sie sind mit der Wirtschafts- und Finanzkrise groß geworden, haben ein Jahrzehnt des Aufbegehrens auf Facebook und in Live-Videos verfolgt. Sie haben den Arabischen Frühling verfolgen können und gesehen, wie Menschen im globalen Süden aufstehen und sich gegen die globale und lokale Ausbeutung wehren – und wie Menschen im Norden es ihnen nachmachen: Occupy Wallstreet, Platzbesetzungen, Gelbwesten, Willkommensbewegung, Women's March. Junge Menschen tragen heute von Fridays for Future über Proteste in Libanon, Chile, Sudan, Irak oder Nigeria bis zu Black Lives Matter ihre Begehren auf die Straße – zuletzt trotz globaler Pandemie und deswegen meist sehr behutsam. In den USA sehen mehr als die Hälfte der unter 30-Jährigen Sozialismus als positiv an, so das Meinungsforschungsinstitut Gallup 2018. Wer als Partei nicht mit seinen Genoss*innen ins Grab gehen will, tut gut daran, sich an den Begehren dieser Jugendlichen zu orientieren.

Doch auch die Älteren, für die 2020 alle Ü30-Partys ausfielen, hat Corona zu Hause auf der Couch in großen Teilen aus der Bahn geworfen: Viele von uns sahen klarer denn je, dass wir für globale Gesundheit gut ausgestattete Krankenhäuser und Menschen brauchen. Sahen, dass Corona auch Regierungen aus der geistigen Einbahnstraße warf und plötzlich Schulden, die vorher ein Schreckgespenst waren, möglich machte. Sahen sich mit ihrer Endlichkeit konfrontiert und reflektierten, was ihnen im Leben wichtig ist. Parteien, Medien und Bürger*innen diskutierten, welche Wirtschaftsbereiche gesellschaftlich relevant seien – mit unterschiedlichem Ausgang, aber sie diskutierten. Und bei General Electric in den USA legten einige die Arbeit nieder und wollten Beatmungsgeräte statt Düsentriebwerke herstellen.

Spätestens im globalen Atemholen nach der Pandemie (was mindestens 1,5 Millionen Corona-Toten nicht mehr möglich ist), spätestens in dem verbleibenden Handlungsfenster vor den möglichen Klimakipppunkten, müssen sich progressive Parteien entscheiden, ob ein solidarisches Projekt *mit ihnen* gedeihen soll oder ohne und gegen sie. Die kleinen Geschichten, die zusammen eine große neue linke Erzählung bilden können, liegen auf der Straße. Ein linkes Parteienbündnis müsste dieses Projekt aber *wollen*, dürfte nicht nur koalitionsstrategisch sein, müsste es unterstützen und Kraft, Gelder und Mitarbeitende für soziale Bewegungen abstellen. Ein linkes Bündnis aus den hier im Band versammelten Parteien müsste weit über die oft genannten Gemeinsamkeiten – Mindestlohn rauf, Rente rauf, Hartz IV weg und ein bisschen Klimapolitik – hinausgehen. Es müsste mit Bewegungen und Initiativen vor allem die Analyse teilen, dass viele der hier genannten Ideen machbar sind.

Der Acker von Teresa Lukaschik ist einer von vielen. Wenn wir den globalen Süden mitrechnen, erklärte mir die Aktivistin und Alternative-Nobelpreis-Trägerin Vandana Shiva, kommt unsere Ernährung nach wie vor zu 70 Prozent aus klein- bis mittelbäuerlicher Landwirtschaft. Auch große Teile Osteuropas seien noch nicht von der Agrarindustrie erschlossen, ergänzt der Wiener Politikwissenschaftler Ulrich Brand, EU-Agrarfonds könnten gezielt die kleine bis mittelgroße ökologische Landwirtschaft fördern. 70 Prozent ist näher an 100 als an 0, ökologische Landwirtschaft global wäre weniger ein *System Change* als ein *Keep the System*. Nicht überall ist ein Bruch nötig. Mindestens aber mit der kapitalistischen Erzählung. Und der *Levi's 501*. Sie ist nicht mehr *instagrammable*. Sie stand schon in den 90ern nur sehr wenigen – weltweit zur Verfügung.

Jan Korte
MAKE SOLIDARITY GREAT AGAIN

Die einstmalige Stärke der Linken, nämlich ein erstrebenswertes Bild von der Zukunft zu zeichnen – und damit Massen zu gewinnen –, steht in allen linken Parteien und Bewegungen gerade nicht auf der Tagesordnung. Dafür ist die Linke viel zu schwach. Daher – so meine These – muss man klein und von vorn anfangen. Und damit ist ein Bezug auf etwas, das es schon gegeben hat, ein erster Schritt, weil er etwas vorschlägt, was es gab. Etwas, das möglich war. Oliver Nachtwey hat in seiner so wichtigen Untersuchung *Die Abstiegsgesellschaft* beschrieben, dass der von Gewerkschaften, Linken und auch von der SPD erkämpfte Sozialstaat eine »Gesellschaft des Aufstiegs« war. Er schreibt: »Der Sozialstaat war in der sozialen Moderne eine zentrale Instanz des sozialen Fortschritts.« Sozialstaat bedeutete: »Meinem Kind wird es einmal besser gehen. Vielleicht wird es sogar mir einmal besser gehen.« Das war die Erzählung und das Versprechen; es war das Empfinden von Millionen Menschen in der Bundesrepublik. Und für die große Masse der Menschen stimmte das auch. Daran können sich noch viele erinnern, es ist keine Verklärung einer Vergangenheit, da es tatsächlich mehr Aufstiegschancen und mehr staatliche Absicherung gegeben hat als heute.

Dies zu reflektieren und aufzunehmen ist für eine Linke, die wieder stark werden will, von zentraler Bedeutung.

Meine Mutter war ihr Arbeitsleben lang Krankenschwester. Sie hatte einen unfassbar anstrengenden Job, der sie körperlich und oft auch seelisch an die Grenzen gebracht hat. Ich erinnere mich noch genau an die von all den Desinfektionsmitteln wund gewordenen Hände meiner Mutter. Trotzdem war die Arbeit im Krankenhaus ein wesentlicher Teil ihres Lebens und sie war und ist stolz darauf. Wenn sie hört, dass die Wiederherstellung des Sozialstaates ein Rückschritt in die 80er/90er Jahre wäre, kann sie dies nicht verstehen. Es berücksichtigt ihr Leben und ihre Geschichte nicht. Denn damals arbeitete sie mit mehr Personal oder mit wesentlich weniger Patient*innen, um die sie sich in der Ambulanz kümmern musste. Sie hatte mehr Zeit für die Patient*innen, wurde nicht so gehetzt und gescheucht wie später, als auch die Krankenhäuser nicht mehr den Kranken dienten, sondern der »Profitabilität«. Am Ende ihres Arbeitslebens musste sie mit weniger Personal und weitaus mehr Aufgaben Tag um Tag schuften.

Ich habe sie für mein Buch nochmal danach gefragt. Sie hat meine Beobachtungen noch um eine weitere ergänzt, nämlich die, dass es früher in der Ambulanz auch nicht so viele Menschen gab, die so offensichtlich kaputt und fertig waren, wie sie es in den letzten Arbeitsjahren erlebt hat. Denn oft bringt Armut auch körperlichen Verfall und Krankheit mit sich. Es ist keine propagandistische, linke Floskel, dass man Menschen Armut ansieht, und zwar auch am gesundheitlichen Zustand. So sei nur daran erinnert, dass es in Westdeutschland früher nicht üblich war, dass Leute über Jahre fehlende Zähne im Gebiss hatten. Viele wichtige zahnärztliche Leistungen wurden dort früher nämlich komplett von der Krankenkasse bezahlt. Und ebenso war im Osten die ärztliche Grundversorgung eine Angelegenheit des Staates, die den Bürgern kostenfrei zur Verfügung gestellt wurde. Das war auch richtig so.

Menschen wie meine Mutter, die aus einfachen Verhältnissen kommen, haben einen mindestens genauso kritischen und differenzierten Blick auf die Dinge wie Berufspolitiker*innen oder Aktivist*innen in meinem Umfeld, die zwar oft gute Analysen liefern, diese aber nicht mehr so präsentieren, dass meine Mutter sie für sich übersetzen kann. Oder – noch schlimmer – die sich gar nicht mehr die Mühe machen, Menschen wie meine Mutter, Pflegepersonal, Reinigungskräfte oder Kassiererinnen in den Blick zu nehmen. Jede und jeder Linke wird diese Behauptung natürlich weit von sich weisen und sagen, dass er*sie Menschen wie meine Mutter sehr wohl im Blick habe. Dann wird auf Aktionen, Artikel und Beschlüsse etwa auf Parteitagen verwiesen. Das Problem ist aber, dass diese oft wie Sonntagsreden daherkommen, ritualisiert abgespult, und diese Menschen daher nicht mehr erreichen. Leute spüren, ob politische Anliegen glaubwürdig und empathisch vorgetragen werden. Daher ist die innerlinke Kritik an der Forderung nach Wiederherstellung des Sozialstaates – ungewollt – arrogant und verschließt den Zugang zu Leuten, denen heute eben kein anständiger Sozialstaat mehr zur Verfügung steht.

Ja, das Arbeitslosengeld war besser als Hartz IV. Ja, vor der Agenda 2010 gab es keine so massenhafte prekäre Beschäftigung. Ja, Leiharbeit, wie es sie heute gibt, gab es damals nicht mal ansatzweise in dieser Masse. Was also kann man ernsthaft dagegen haben, zumindest den sozialen Standard wieder erreichen zu wollen, den es immerhin schon mal gegeben hat? Das ist uns Linken nicht genug, ganz und gar nicht. Wir wollen mehr. Aber erst mal wieder dahin zu kommen, das wäre heute eine geradezu bahnbrechende Politik.

Das besagte Versprechen, dass es meinem Kind einmal besser gehen wird als mir, wurde auch von der Linken aufgekündigt. Wissentlich und mit klarer Ansage, in einer brutalen Art und Weise: mit der Agenda 2010. In Teilen der SPD, bei den Grünen und in vielen linksliberalen Kreisen glauben inzwischen auch einige an die Ideologie der CDU und der FDP, der zufolge der ungezügelte Kapitalismus etwas Natürliches sei, zu dem es keine Alternative gäbe. Daher muss hier weiter auf der Agendapolitik herumgeritten werden, weil sie eine zentrale Ursache für die heutigen Zustände ist. Die Agenda 2010 hat die Gesellschaft in einer so grundlegenden Art und Weise angegriffen, dass die Reparatur eine ganze Weile brauchen wird, so sie denn radikal angegangen wird.

Das alte Aufstiegsversprechen wurde durch ein »Einmal unten, immer unten« (Nachtwey) ersetzt. Mit dem Hartz-IV-Terror, mit moderner Sklaverei, die verlogen »Leiharbeit« genannt wird, und mit ständigen Jobwechseln wurde und wird die Gesellschaft zerstört, weil den Menschen die Planbarkeit ihres Lebens geraubt wird. Kann ich einen Kredit aufnehmen? Kann ich die Ausbildung meines Kindes auch in einem Jahr noch gewährleisten? Kann ich vielleicht ein kleines Häuschen bauen? Kann ich mir einen bescheidenen Sommerurlaub leisten und im Februar die Unterkunft für den Juli buchen? All diese kleinen Träume werden den Menschen mit geringem Einkommen täglich unerreichbarer gemacht. Es macht Menschen fertig, es raubt ihnen die Freude am Leben und ersetzt diese durch Unsicherheit und Angst, die persönliche Zuversicht auf eine gute Zukunft schwindet.

Der Neoliberalismus hat diese Gesellschaft schwer angegriffen und er tut es weiter. Täglich, es ist für jede und jeden sichtbar, wenn sie nur mit offenen Augen durch das Land gehen. Gleichwohl ist der Neoliberalismus an seine Grenzen gekommen. Ironischer- und tragischerweise durch den Vormarsch der Rechten, spätestens mit der

Wahl von Donald Trump zum Präsidenten der Vereinigten Staaten. Und spätestens zu diesem Zeitpunkt hätte auch die Linke in Deutschland aufwachen, innehalten und darüber nachdenken müssen, was ihr Anteil daran war, dass alle sozialen Sicherungen ins Rutschen gekommen sind. Viele Linke hätten anfangen müssen, sich zu fragen, ob ihre Schwerpunktsetzungen richtig gewesen sind und was man aus den Augen verloren hat. Wieso wenden sich Arbeiter*innen von den Parteien ab, die in der Tradition der Arbeiterbewegung stehen, und denjenigen zu, die für das Gegenteil der Idee der Solidarität stehen? Wie konnte es sein, dass ein relevanter Teil derjenigen, die stets die Demokraten in den USA gewählt haben, nunmehr zu Trump überliefen? Und auf Deutschland bezogen: Wie kann es sein, dass die AfD auch unter Arbeiter*innen und Gewerkschaftsmitgliedern erhebliche Wahlgewinne verzeichnen kann? Das sind die politisch wichtigen Fragen, die zu lange gar nicht oder aber mit achselzuckender Arroganz, die wohl auch ein Eingeständnis von Hilflosigkeit war, liegen gelassen wurden. Ich habe viele Leute in meinem Wahlkreis getroffen, die sich bei der letzten Wahl leider für die AfD entschieden haben. Um viele dieser Leute und um solche, die gar nicht mehr wählen gehen, muss gekämpft werden, wenn wir wieder stärker werden wollen – logischerweise nicht um diejenigen, die ein geschlossenes rechtsextremes Weltbild haben, sondern um diejenigen, die sich schon mal anders entschieden hatten. Die nicht entschlossen sind, sondern verzweifelt.

Immerhin wird diese Debatte inzwischen endlich geführt. An diese Diskussion will ich anschließen und aufzeigen, was Neoliberalismus bedeutet und wie die Linke Antworten geben könnte. Dabei geht es nicht um irgendwelche konkreten, tagespolitischen Forderungen, die man in einem Antrag oder Gesetzentwurf gleich morgen in den

Bundestag einbringen könnte. Es geht vielmehr um den Versuch, eine taugliche Sprache zu entwickeln und so etwas wie Mitgefühl mit jenen zu aktivieren, die nicht auf der Gewinnerseite stehen, mit denen viele Linke im Alltag selten zusammentreffen, von denen sie aber eigentlich wissen sollten, dass es sie gibt. Tom Petty sang »Baby, even the losers / get lucky sometimes / even the losers / keep a little bit of pride«. Das ist der Punkt: Sich dieser Menschen anzunehmen und sie wieder zu sehen, über sie zu sprechen und zu wissen, dass sie Würde haben, um die sie jeden Tag kämpfen müssen. Die gedemütigt werden, über die geschwiegen wird und denen von den Eliten schon vor vielen Jahren der Krieg erklärt wurde – indem man sie und ihre Anliegen einfach ignorierte. Mit Blick auf die Kämpfe in Frankreich hat Didier Eribon in einem epochalen Interview den Kern dieses Kalten Krieges der Eliten gegen »die da unten« zusammengefasst, den es genauso in Deutschland gibt, jeden Tag:

»Es gibt eine ganze Kaste von Privilegierten, die den lieben langen Tag Lektionen erteilen und keinen blassen Schimmer haben, was wirklich Sache ist. Das ist der Ausdruck des Klassenrassismus. Es herrscht eine völlige Unkenntnis der Lebensbedingungen an der Basis der französischen Gesellschaft. Eine völlige Unkenntnis darüber, wie die Menschen leben, denken, politisch ticken.«[1]

Dieser Frage sollten sich Linke wieder annehmen, sie müssen sie reflektieren und klären, wo man sich selbst mitsamt seinen eigenen Interessen zurücknehmen muss. Gerade weil viele Linke heute zu den Privilegierten gehören. Dieses Eingeständnis ist wichtig, um sich Klarheit zu verschaffen, um sich zu ändern und die Idee der Gleichheit, die Idee der Solidarität wieder größer werden zu lassen.

Der einzige Grund, warum die vom Neoliberalismus verantworteten sozialen Verwerfungen im Land noch nicht umfangreich korrigiert worden sind, ist der fehlende Gegenentwurf dazu. Die Zeit dafür ist reif. Wer den Neoliberalen vor zwanzig Jahren geglaubt hat, vom Tellerwäscher zum Millionär aufsteigen zu können, heute aber immer noch Tellerwäscher ist, hat entweder mit allem abgeschlossen oder ist offen für neue Politikentwürfe – genauso wie Angehörige der Mittelschicht, die sehen, was Privatisierung und Profitorientierung für die Pflege ihrer Angehörigen bedeuten.

Ein Mitte-Links-Bündnis könnte für dieses Gegenmodell stehen. Und auch wenn es anfangs nur einige gemeinsam formulierte Ziele sind: Die gemeinsam erklärte politische Blockkonfrontation vor einer Bundestagswahl – nach erfolgreichen Beispielen in Skandinavien – könnte Menschen mobilisieren, die lange nicht mehr in der Wahlkabine standen. Und auch Platz für diese Utopie schaffen, ein gemeinsames Ziel für diese Gesellschaft, die Oskar Negt der Linken ins Heft geschrieben hat.

Behilflich könnte dabei paradoxerweise der unfassbar große Gegenwind aus dem Lager des Kapitals und der Konservativen sein, wenn es denn zu einer ernsthaften Mitte-Links-Option käme. Dieser Gegenwind könnte zusammenschweißen, wenn sich die Parteien nicht trennen lassen. Als Andrea Ypsilanti 2008 mit Hilfe der LINKEN Ministerpräsidentin in Hessen werden wollte, konnte man eine Ahnung davon bekommen, was Konzerne, konservative Medien und die Rechte an Gegenpropaganda auffahren können. Mit allen Mitteln werden sie zu verhindern versuchen, dass ein Regierungsbündnis entsteht, das ernsthaft Umverteilung angehen will. Das wird heftig. Man muss es nur wissen. Aber es kann auch mobilisierend wirken.

Nun braucht Mitte-Links natürlich auch eine Mehrheit bei Wahlen. Daher hilft es nicht, die ganze Zeit die SPD als Arbeiterverräter und die Grünen als Hipsterliberale zu beschimpfen – auch wenn letztere dringend erklären müssten, ob sie überhaupt für progressive Politik zur Verfügung stehen oder sich zukünftig an der Seite von Söder, Seehofer oder Scheuer sehen. Es müsste möglich sein, anders heranzugehen und zu fragen: Wer bringt eigentlich welche Wähler*innen mit ein? Wer vertritt welche Milieus und Klassen? Wer versucht, die Millionen Nichtwähler*innen für eine Mitte-Links-Option zu gewinnen? Und wer macht welches Thema zu seinem*ihrem zentralen? Bei solch einer soziologisch fundierten Vorbereitung könnte es vielleicht klappen. Und es gäbe endlich mal ein schlaues und durchdachtes Herangehen.

Anmerkungen

1 Interview mit Didier Eribon, Edouard Louis und Geoffroy de Lagasnerie. In: republik.ch/2019/01/12/die-herrschenden-haben-angst-und-das-ist-wundervoll, S. 13.

Literatur

Nachtwey, Oliver: *Die Abstiegsgesellschaft. Über das Aufbegehren in der regressiven Moderne.* Berlin 2016.

Jakob Springfeld
KLIMAAKTIVISMUS AUF ALLEN EBENEN UND WIE DARAUS EINE NEUE UTOPIE ENTSTEHT

Die Klimakrise wirkt: Menschen müssen aus ihrer Heimat fliehen, Regenwälder brennen und Regierungen subventionieren noch immer fossile, klimaschädliche Brennstoffe. Durch die Coronakrise sind viele positive Bestrebungen in den Hintergrund gerückt, die demonstrierende Masse bleibt zu Hause und wir schlagen einen Weg ein, der keine Abzweigungen mehr bietet, von dem es kein Zurück gibt. So weit, so schlecht, und mittlerweile ist die Situation eigentlich auch jedem Menschen bewusst. Wissenschaftler*innen weisen seit Jahrzehnten auf den Ernst der Lage hin, Politiker*innen hatten Jahre Zeit, um realpolitische Veränderung auf den Weg zu bringen, und spätestens seit den Protesten von Fridays for Future kann niemand mehr sagen, er*sie hätte von nichts gewusst. Die Bilanz ist zwar schlecht, aber es gibt dennoch Anlass zu Hoffnung. Ob im Amazonas, in Stockholm, New York oder meiner Heimatstadt Zwickau: Menschen haben sich vernetzt, um gemeinsam Ideen für eine bessere Welt zu suchen, und darüber hinaus angefangen, für eine Umsetzung dieser Ziele einzutreten. Wenn »300 Leute« für eine Stadt wie Berlin wenig klingt, dann wirkt diese Zahl in einer Stadt wie Zwickau ganz anders. Als am 15. März 2019 zum ersten globalen Klimastreik weltweit

2,3 Millionen Menschen auf die Straßen gingen, um zu zeigen, wie verfehlt die aktuelle Klimapolitik ist, standen in Zwickau rund 300 Menschen am Bahnhof, um gemeinsam zum Klimastreik nach Chemnitz zu fahren. Für viele war dies eine ganz neue Erfahrung und gleichzeitig ein Anfang, politisch aktiv zu werden. Bis heute prägt mich dieser Moment und bis heute spüre ich die Kraft, die Fridays for Future entfacht hat. Auf allen Ebenen fanden sich Schüler*innen zusammen und auf allen Ebenen sind Netzwerke entstanden. Diese Energie aus den ersten Stunden hat so viele junge Aktivist*innen hervorgebracht, die nicht mehr bereit sind, das aktuelle Klimageschehen tatenlos hinzunehmen. Ob parlamentarisch, auf der Straße oder in Schüler*innengruppen, wir machen uns wirklich Gedanken über eine klimagerechte, nachhaltige und umweltbewusste Zukunft, und reden nicht nur darüber, um Wähler*innenstimmen zu sammeln. Doch wie kann diese Zukunft aussehen? Wie können unsere Ideen von einer klimagerechteren Welt, kapitalismuskritischeres Denken oder die Utopie einer solidarischen Gesellschaft in die Tat umgesetzt werden?

Wenn es um diese Frage geht, wird uns häufig vorgeworfen, wir wären realitätsfern, würden uns keine Gedanken über die Umsetzung der »Träume« machen, und am Ende sei den Menschen doch sowieso nicht mehr zu helfen. Wir als Klima- und Umweltbewegung haben das Träumen aber nicht verlernt und halten es weiterhin für wichtig, endlich wieder Bilder zu schaffen, die das Gegenteil von dystopischen Untergangsgeschichten zeigen: Autofreie Innenstädte, kostenloser Zugang zum ÖPNV für alle Menschen und eine klimagerechte Welt, in der die Konzerne und Politiker*innen, die für die Verschmutzung verantwortlich sind, auch die Kosten dafür tragen müssen. Das ist doch alles gar nicht so utopisch, oder? Weshalb werden wir nicht ernst genommen, wenn wir über Wälder, die sich wieder ausbreiten, tote Meere, in die das Leben zurückkehrt, oder Menschen, die endlich unter humanen Bedingungen arbeiten und dabei noch regionalen und saisonalen Anbau fördern, schreiben? Was ist falsch an Utopien? Ich frage mich, seit wann es falsch ist, groß zu denken und Träume zu haben. War nicht genau diese Art des Denkens das, was die großen linken Denker*innen unserer Geschichte ausgemacht hat? Der Mut zur Utopie einer besseren Welt? Ich sage, wir müssen genau dahin zurück. Einen Schritt zurück, um später zwei nach vorn zu gehen. Lieber einhundert Prozent fordern, um dann nur fünfzig zu bekommen, anstatt schon bei zehn Prozent vor irgendwelchen Lobbyist*innen einzuknicken. Menschen müssen wieder positive Bilder der Zukunft in ihren Köpfen haben, sie müssen durch hoffnungsvolle Erzählungen angetrieben werden, selbst das Ruder in die Hand nehmen und sich einer breiten, vielseitigen und optimistischen Bewegung anschließen. Zusammenhalt bringt viel und kann uns dazu führen, dass wir nicht trübselig werden. Dieses Jahr saß ich einmal im Zug von Zwickau nach Wiesbaden, ich wollte meine Schwester besuchen und nahm eine günstige Verbindung am späten Abend. Als ich durch eine Baustelle meinen Anschlusszug verpasste, strandete ich im bayrischen Bamberg und musste die Nacht über auf den nächsten Zug warten. Blöde Situation, dachte ich mir. Was mache ich jetzt, nachts, allein, in einer fremden Stadt, an einem dunklen Bahnhof. Ich schrieb der Fridays-for-Future-Ortsgruppe Bamberg, fragte, ob jemand Zeit habe für ein kleines Treffen, einen Austausch, damit ich die Zeit überbrücken könnte. Was folgte, war ein schönes Gespräch mit Aktivist*innen darüber, wie viel Gutes in dieser eigentlich so traurigen Zeit steckt. Ein Ende der Großen Koalition, der Kohleausstieg vor 2038 oder eine weltweit noch größer werdende Klimabewegung, die vor niemandem mehr haltmacht – unsere Ideen, Wünsche und Träume sind kollektiv geworden, sie verbreiten sich wie ein Lauffeuer, und eines Tages, hoffentlich schon bald, werden sich die Dinge ändern. Das dachten wir, und das denken wir noch immer. Nach dieser Nacht dachte ich noch tagelang über diese Utopien nach. Wenn Menschen sich treffen und feststellen, dass sie die gleichen Visionen haben und diese als Geschichten weitererzählen, dann werden aus Einzelnen Viele, dann haben Visionen eine Chance, Wirklichkeit zu werden.

Aber natürlich ist Politik komplex. Wenn man die Problemlage der jetzigen Zivilisation betrachtet, wird trotz allem schnell klar, dass beispielsweise der Klimakrise mit einer einfachen Zielsetzung beizukommen wäre. Nehmen wir die Nutzung des Autos als einen der zentralen Problempunkte: Jedem ist klar, dass Autos CO_2 und andere klimaschädliche Stoffe ausstoßen. Die einfachste Lösung wäre, auf die Nutzung von Autos generell zu verzichten oder Autos zu entwickeln, die keine Schadstoffe mehr ausstoßen. Aber daran hat die Regierung kein Interesse, was würde denn die Autolobby dazu sagen? Und wenn kein wahres Interesse an Alternativen besteht, ist ein Ausstieg schwer. Millionen von Pendler*innen sind darauf angewiesen, mit ihrem Pkw zu ihrer Arbeitsstätte fahren zu können, die Versorgung der Menschen mit Nahrung ist von der Lieferung durch Lkws und Kleintransporter abhängig, und wenn wir auf Autos verzichten würden, hätte dies starke Auswirkungen auf die wirtschaftliche Lage der gesamten Gesellschaft. Zumindest dann, wenn wir die Mobilität der Zukunft so denken wie jetzt. Was aber macht den Übergang vom Individualverkehr zum ÖPNV oder den Übergang von fossilen Brennstoffen zu erneuerbaren Energien in der Realität so schwer? Wissenschaftler*innen betonen doch immer wieder, dass Lösungen eigentlich vorhanden seien und nur noch umgesetzt werden müssten?

Gerade im globalen Norden ist der Politik zunehmend eine gesamtgesellschaftliche Vision verloren gegangen. Politik allgemein, aber auch linke Politik verliert häufig den Bezug zur Realität. Wo es heutzutage oft um die Erhaltung der eigenen Positionen geht, darum, Lobbyinteressen zu vertreten und möglichst viel so zu belassen, wie es immer schon war, sollte es stattdessen primär um Umverteilung, Systemwandel und die international faire Lösung der Klimakatastrophe gehen. Materielle Interessen stehen im Vordergrund, und die individuellen Zielstellungen der Menschen, die gegen die Unterdrückung der Schwächeren kämpfen, werden immer wieder durch konservative Kräfte ausgebremst. Das Verständnis dafür, dass Probleme dringend gelöst werden müssen und dass ein »Weiter so« fatale Folgen haben wird, fehlt. Beziehungsweise die Angst vor radikalem Wandel lähmt die Initiative. Anscheinend, so fühlt es sich für einen jungen Menschen wie mich an, werden politische Entscheidungen nicht mehr auf Grundlage von Effizienz, sondern auf Grundlage von Machterhaltungsstrategien getroffen. Ich wollte das nicht länger hinnehmen, bemerkte aber leider schnell, dass es in einem Ort wie Zwickau nicht einfach ist, auf die Straße zu gehen, laut zu bleiben und für unseren Planeten einzustehen. Wenn ich in Zwickau angespuckt werde und Rechtsextremist*innen versuchen, unser Engagement zu verhindern, dann sehe ich da Probleme, die bis tief in die so genannte »politische Mitte« reichen, denn das alles hängt zusammen: Parteien wie FDP oder CDU reden Katastrophen klein, diffamieren Klimaaktivist*innen oder handeln nur im Interesse der Wirtschaft. Parteien wie die AfD leugnen die Klimakatastrophe, hetzen gegen Greta Thunberg und stacheln dann potenzielle rechte Täter*innen zu schlimmeren Verbrechen an. Wir als Fridays for Future haben Wege gefunden, um dem entgegenzuwirken, wir verbinden Themen und versuchen, die Klimakrise im Zusammenhang zu betrachten. Während in den USA die Antirassismusbewegungen immer mehr an Bedeutung gewinnen, häufen sich auch in Deutschland die Aktivitäten gegen rechte Hetze und für echten Klimaschutz. Eine starke sozial-ökologische Bewegung kann nur wachsen, wenn sie auch innerhalb der eigenen Strukturen eine selbstkritische, antifaschistische und solidarische Haltung pflegt. Wir müssen Themen zusammendenken, müssen klarmachen, dass eine Welt, in der die Klimaproblematik gelöst wäre und parallel trotzdem rassistische Strukturen toleriert würden, uns genauso wenig zum Ziel führen würde wie eine rassismusfreie Welt, die am Rande der umweltpolitischen Selbstzerstörung stände. Gerade in Zeiten der Coronakrise werden Missstände sichtbar, fragen sich Leute, warum große klimaschädliche Unternehmen subventioniert werden und warum die sozial schwachen Schichten am meisten unter der Krise zu leiden haben.

Seit gut sechzig Jahren weiß die Menschheit, dass der Ausstoß von CO_2 eine negative Auswirkung auf die Klimaentwicklung hat. Im Jahr 2019 begannen verantwortliche Politiker*innen und die Gesellschaft zumindest damit, den öffentlichen Fokus auf die Klimaproblematik zu lenken. Mehr als vierzig Jahre hatten Gesellschaft und Politik das Problem der Klimakatastrophe verdrängt. Finanzieller Erfolg hatte und hat einen höheren Stellenwert als der Schutz unserer Lebensgrundlagen, das ist absurd, unmoralisch und im wahrsten Sinne des Wortes unfassbar. Gierige Konzernchef*innen und Vertreter*innen der Auto-, Kohle- und Erdölindustrien verbreiten bewusst

Angst und Falschmeldungen, beispielsweise durch die Finanzierung des Heartland Instituts, welches seit Jahren versucht, Klimawandelleugnung salonfähig zu machen. Verantwortliche in Politik und den Führungsebenen, die frühzeitig an den entsprechenden Schrauben hätten drehen können, verzichteten aus egoistischen und materiellen Gründen und schenkten lieber ihrem immer größer werdenden Reichtum die primäre Aufmerksamkeit. Warum geht RWE denn nicht einfach die Energiewende an? Sie hätten doch die nötigen Kapazitäten? Das Problem ist, dass sie weiterhin fleißig subventioniert werden und den Weg der Gewinngenerierung nicht aufgeben wollen. Außerdem sind viele Akteur*innen nicht bereit, für die gerechte Welt persönliche Opfer zu bringen, und dem Individuum ist zu häufig das persönliche Vorankommen wichtiger. Auch zur Bundestagswahl 2021 wird sich zeigen, ob gute Wahlergebnisse den Grünen zu einer schwarz-grünen Kompromissregierung verhelfen oder ob sich konsequente, radikale und dringend notwendige Maßnahmen durchsetzen. Werden am Ende die Minister*innenposten oder die Beteiligung an der Regierung höher gewichtet als echte Lösungen?

Ich habe Angst davor, der nachfolgenden Generation zu erklären, warum wir die menschengemachte Klimakatastrophe nicht in den Griff bekommen haben und stattdessen viel zu viel Energie in unnütze Profitmaximierung gesteckt haben, gleichzeitig habe ich aber Hoffnung. Ich hoffe, dass Politik für alle Menschen zugänglich wird, dass die Stimmen der Wissenschaftler*innen, aber auch die Stimmen der Schüler*innen gehört werden, die doch nur eines verlangen: eine lebenswerte Zukunft. Um zu sehen, dass sich grundlegend etwas ändern muss, braucht man kein*e Akademiker*in und kein politisches Genie zu sein. Es braucht engagierte, solidarische Menschen, die zusammenkommen, die Druck ausüben und die den Kernmissstand der aktuellen Zeit erkennen und endlich konsequent angehen. Warum werden nicht endlich öffentlich Konzerne kritisiert? Warum wird nicht gesellschaftlich breitenwirksam über ungerechte Verteilung oder Superreiche, die immer reicher werden, diskutiert? Wir müssen existenzielle Debatten über Lobbyismus, Kapitalismuskritik oder Industrieversagen führen. Ein System, dass es nicht schafft, über andere Arten des Wirtschaftens nachzudenken, muss sich wandeln und erneuern. Demokratischer Druck muss größer werden, solidarische, kapitalismuskritische Gruppen müssen lauter werden und die Klima- und Umweltbewegung darf nie vergessen, dass eine ökologische Wende nur sozial gerecht, antifaschistisch und international Früchte tragen kann. Wir träumen von Politik, die sich von Umwelt, Gerechtigkeit und Menschen tangieren lässt, nicht von Lobbyismus, Geld und Machtbesessenheit. Wenn ich eines Tages an einem Ort lebe, an dem Menschen gemeinsam Lösungen finden, solidarisch zueinander sind und die Klimakrise eine Vergangenheit ist, über die wir alle nur noch schmunzeln können, dann weiß ich, dass die Menschheit nicht verloren ist, dann weiß ich, dass es sich gelohnt hat zu kämpfen – auf allen Ebenen, in allen Ländern: für einen radikalen Wandel, für eine Zukunft mit Leben! Ob in Zwickau, Stockholm, am Amazonas oder anderswo, schließt euch zusammen gegen die Missstände der heutigen Zeit, macht Druck, verbündet euch und kämpft für eine Welt, die auch in dreißig Jahren noch lebenswert ist!

Lisa Paus
WIR HABEN KEINE ZEIT – NUTZEN WIR SIE: WIE EINE SOZIAL-ÖKOLOGISCHE TRANSFORMATION GELINGEN KANN

In meinem Elternhaus spielte die Auseinandersetzung mit dem Nationalsozialismus eine große Rolle. Meine Eltern hatten den Zweiten Weltkrieg noch als Kinder erlebt. Zur Bewältigung haben sie viel gelesen: Bücher über die Nürnberger Prozesse, über den Widerstand gegen Hitler, über das Scheitern der Weimarer Republik. Das wurde bei uns intensiv und durchaus kontrovers diskutiert – schließlich stamme ich aus einer katholischen Unternehmerfamilie.

Für mich ist noch heute eine zentrale Erkenntnis, dass der Aufstieg Hitlers nur möglich war, weil die Linke in der Weimarer Republik so zersplittert agierte. Weil sie damit beschäftigt war, sich gegenseitig als Verräter zu beschimpfen und zu bekämpfen, statt sich auf den gemeinsamen Feind rechts zu konzentrieren.

Und mir wurde klar, dass die Linke strategisch einen Nachteil hat. Wenn es zu gesellschaftlichen Umbrüchen kommt, hat die Rechte einfache Antworten: Mit dem starken Führer, dem starken Nationalstaat, mit der angeblichen Schuld der Migrant*innen oder Minderheiten an der Krise. Die linke Antwort – der soziale Ausgleich – ist dagegen komplizierter: vor allem, weil sie de facto nur in einer transnationalen Allianz umsetzbar ist. Daraus folgt, dass die Linke sich auch aus strategischen Gründen vernetzen und gemeinsam agieren muss.

Die Krise, die jetzt alle anderen Krisen überschattet und die wir als Gesellschaft – und als Parteien – meistern müssen, ist die ökologische Krise. Und das ginge konsequenter, gerechter und schneller mit einer grün-rot-roten Regierung. Dafür sehe ich folgende zehn Gründe:

1. Das Klima: Ein klimaneutrales 2050 schaffen wir nur mit ökologischer *und* sozialer Wende

Ein »Weiter so mit mehr Ökologie« wird kaum die nötige dramatische Kurskorrektur bringen, die es braucht, um die Klimakatastrophe zu verhindern. Große Veränderungen schüren Ängste, gerade bei denen, die sowieso schon wenig haben. Damit die Bevölkerung bei der ökologischen Wende mitzieht, braucht es auch eine soziale Wende, einen ökologischen *und* sozialen Green Deal. Sonst wird das Projekt »Klimaneutral 2050« scheitern.

Es fällt schwer, sich das mit Neoliberalen und Konservativen im Boot – mit Friedrich »Black Rock« Merz oder mit Markus Söder, dem Verhinderer einer gerechten Erbschaftssteuerreform – vorzustellen.

Würden Grüne, Sozialdemokrat*innen und LINKE mit einer Vermögensabgabe die Schere zwischen Arm und Reich wieder weiter schließen und beispielsweise in bezahlbaren und klimaneutralen Wohnraum investieren – dann würde das sowohl die Energiewende als auch den sozialen Ausgleich voranbringen. Eine solche Politik würde im Land, in Europa und selbst global einen großen Unterschied machen.

2. Europa und Deutschland gemeinsam verändern

In der Eurokrise erinnerte mich die deutsche Politik an die des letzten Kanzlers der Weimarer Republik, Heinrich Brüning, der mit Sparpolitik die Weltwirtschaftskrise verschärfte und durch Notstandsverordnungen die deutsche Demokratie aushöhlte, bis sie zusammenbrach. Ähnlich großen Schaden richtete die an Sparer*innen- und Bankeninteressen ausgerichtete Austeritätspolitik der schwarz-roten Regierung ab 2010 auf europäischer Ebene an. Ohne sie wäre Griechenland nicht so tief in die Krise gerutscht, wären Demokratien wie Italien nicht an den Abgrund geraten und rechtspopulistische Strömungen nicht derart stark geworden.

Dabei könnte Deutschland in einem Europa, das zunehmend von Extremen gespalten wird – konservativer Rechtsruck und nationaler Rückzug auf der einen, neoliberaler Kurs auf der anderen Seite – einen dritten Weg aufzeigen. Es könnte als Repräsentant einer sozialen und nachhaltigen Politik auch auf europäischer Ebene wichtige Regeln, wie beispielsweise neue Fiskalregeln, installieren: Eine europäische Mindestbesteuerung wäre ein Meilenstein gegen die Steuervermeidung von Konzernen wie Apple, Amazon und Co. Und wenn Deutschland entschieden gegen Geldwäsche vorgehen würde, brächen für das organisierte Verbrechen endlich schlechtere Zeiten an.

Wenn die antagonistische Wirtschafts- und Finanzpolitik zwischen dem reichen EU-Norden und dem weniger reichen EU-Süden durch einen Kurswechsel Deutschlands aufgebrochen würde, könnte der Euro die Leitwährung einer gerechteren Welt werden. Die Verhandlungen für eine echte Finanztransaktionssteuer (FTT) und die Berücksichtigung von Klimarisiken im Finanzmarkt – indem u. a. die Nachhaltigkeit von Unternehmen auch bei Finanzprodukten durchgehend gekennzeichnet wird – würde zeigen, ob Deutschland zusammen mit Frankreich nachhaltige Finanzmärkte schaffen kann. Verursachergerechte CO_2-Preise zusammen mit sozialem Ausgleich in der EU und Klimazöllen gegenüber Drittstaaten wären grundlegend für den Umbau zu einer CO_2-neutralen Wirtschaft.

Von europäischen Lösungen für kritische Infrastrukturen würde Deutschland wiederum auf nationaler Ebene profitieren – sei es 5G-Netzabdeckung oder eine nachhaltige Verkehrsinfrastruktur und Energieversorgung. Damit könnte Europa relevante neue Standards setzen und wäre mit diesen geeinten Standards im größten Wirtschaftsraum der Erde – dem EU-Binnenmarkt – durchsetzungsfähiger gegenüber Regimen wie China und Russland und gegenüber den sich wandelnden Interessen der USA.

3. Die soziale Spaltung: In Deutschland könnte eine progressive Regierung die Kehrtwende einleiten

Die rot-grüne Bundesregierung hat vor zwanzig Jahren ein Versprechen nicht gehalten: die Kluft zwischen Arm und Reich zu verringern. Das war für mich damals der am schwersten zu ertragende Widerspruch dieser »linken« Regierung. Und deshalb so verhängnisvoll, weil sich damit auch in Deutschland eine weltweite Tendenz fortsetzen konnte, die unter dem Begriff Refeudalisierung gefasst wird: Die Aufstiegsmobilität der unteren Schichten ist zum Erliegen gekommen. Das Vermögen wächst ausschließlich in den wohlhabenden Schichten. Der Abstand zwischen Elite und unterer Schicht nimmt beispielsweise in den USA ein Ausmaß an, das früher nur für Entwicklungsländer typisch war.

Die Refeudalisierung hat auch in der Bundesrepublik in den letzten dreißig Jahren rasant zugenommen – wegen der Wiedervereinigung, der starken Konzentration der Vermögenden in den westlichen Regionen und intransparenter Machtstrukturen: kein Lobbyregister, keine valide Vermögensstatistik, keine Transparenzpflichten für Stiftungen etc. Wir sind laut Grundgesetz eine wehrhafte Demokratie und ebenso eine wehrhafte soziale Marktwirtschaft. Ich glaube, wir müssten in einem Crashkurs erst wieder lernen, diese Grundsätze in der Wirklichkeit anzuwenden, wenn eine links-pluralistische Bundesregierung das Amt anträte.

Wenn eine progressive Regierung Vermögen (und damit Macht) umverteilen würde und Schichten wieder durchlässiger machte (so dass die alten Eliten weniger ungestört wären), dann wäre das nicht nur ein »Mehr an sozialer Gerechtigkeit«: Es wäre zentral für das Funktionieren der sozial-ökologischen Marktwirtschaft. Beispiel Automobilindustrie: Wegen ihrer ökonomischen und politischen Macht konnten deren Vertreter*innen notwendige Reformen zu lange ausbremsen – zum Schaden von Umwelt, Gesellschaft und Zukunftsfähigkeit der deutschen Industrie. Beispiel Banken: »Too big to fail« bedeutet praktisch die Aushöhlung der Demokratie, weil die Wähler*innenmehrheit nicht mehr entscheiden kann, die Banken *nicht* zu retten. Beispiel Erbschaftssteuer: Die Verhinderung einer verfassungsgemäßen Erbschaftssteuerreform zementiert die Vermögensungleichheit zwischen den Schichten – und ist ein beredtes Beispiel für den politischen Einfluss der Eliten, hier mittels der CSU als ihrem politischen Arm.

4. Kriegsgefahr: Solidarität und aktive Konfliktprävention

Auch wenn die Klimakrise zweifellos die Herausforderung ist, die unsere größte Aufmerksamkeit braucht, bin ich der Ansicht, dass wir die globalen Machtverschiebungen und sozialen Krisen nicht aus den Augen verlieren dürfen. Die Kräfte, die hier in Bewegung geraten, können zu einem Dritten Weltkrieg führen: die dramatisch gewachsene Spaltung zwischen Arm und Reich, die starke Beschleunigung des Alltagslebens, die Veränderung der Arbeitswelten, die Migrationsbewegungen, die Entstehung von Konzernen, die in kürzester Zeit mehr Umsatz produzieren als veritable OECD-Staaten. Viele der Konflikte sind nicht neu. Aber die Geschichte hat gezeigt, dass solche negativen Dynamiken zu Kriegen führen können.

Die Verteilungs- und Machtkonflikte werden sich in Zukunft noch verstärken durch die sich zuspitzende ökologische Krise und Machtverschiebungen im Zuge der sozial-ökologischen Transformation. Der drohende Abstieg der USA ist jetzt schon eine deutlich sichtbare Konsequenz – um nur ein Beispiel zu nennen.

Auch wenn Grüne, Sozialdemokraten und LINKE in außenpolitischen Fragen oft nicht einig sind – wichtige gemeinsame Überzeugungen teilen sie und grenzen sich so von den Konservativen und Neoliberalen ab: Nicht der Markt, sondern nur die Solidarität in der Gesellschaft kann Kriege verhindern. Nicht der Nationalismus, sondern der Internationalismus ist die Zukunft. Konfliktprävention ist immer zu bevorzugen. Der Schutz der Schwächeren und die Menschenrechte müssen der Kompass sein. Darin sind wir uns einig. Und es wäre die Verpflichtung einer links-pluralistischen Regierung, diese demokratischen Grundwerte endlich umzusetzen.

5. Das Gemeinwohl: eine Investition, die sich lohnt
Investitionen in das Gemeinwohl sind die wirkungsvollste Art, gegen die soziale Spaltung anzugehen. Investitionen in bezahlbaren Wohnraum und soziale, gemischte Stadtentwicklung, Investitionen in nachhaltige Mobilität und digitale Infrastruktur, aber auch in Gesundheit und

Bildung. Zugang zu umfassender Förderung und Bildung für alle Kinder muss Standard werden – vom Kindergarten an. Dabei möchte ich Bildung im Humboldt'schen Sinne verstanden wissen: zu einer rundum gebildeten, selbstbewussten und damit die Demokratie mittragenden Persönlichkeit.

6. Raus aus der Kinderarmut mit Kindergrundsicherung
In Deutschland lebt jedes fünfte Kind in Armut. Das ist absolut inakzeptabel, insbesondere für ein so reiches Land wie Deutschland. Darin sind sich die drei Parteien einig. Und auch in der Wahl des Gegenmittels: Es braucht endlich eine Kindergrundsicherung, die jedes Kind finanziell absichert, unabhängig von Einkommen und Familienstand der Eltern. Nach grünem Modell ist das eine Kindergrundsicherung, die automatisch vom Finanzamt ausgezahlt wird. Zu diesem Garantiebetrag soll noch ein variabler kommen: je niedriger das Einkommen der Eltern, desto höher. Damit würden die Freibeträge, Kindergeld, Kinderzuschlag, Sozialgeld und auch weite Teile des BuT (Bildungs- und Teilhabepaket) zu einer Leistung zusammengefasst. Kinder und Jugendliche würden aus dem System Hartz IV herausgeholt und die erdrückende Antragsflut abgeräumt, die für fast alle finanzarmen Familien dazu führt, dass sie wegen Nichtbewältigung dieser Hürden die ihr zustehenden Leistungen nicht erhalten. Familien hätten mehr Geld für die Kinder zur Verfügung – das, wie alle Studien zeigen, auch vollständig den Kindern zugutekommt.[1] Wer behauptet, mehr Geld für Eltern würde nur in Alkohol und Zigaretten umgesetzt, erzählt eine verleumderische Geschichte, die nur das Interesse verfolgt, dass alles so bleibt, wie es ist.

7. Gleichberechtigung: Jetzt ist die Zeit für strukturelle Konsequenzen

Die #MeToo-Bewegung 2017 war für mich ein Höhepunkt: Mehrheitsmeinung und Minderheitsmeinung haben sich gedreht; Sexismus und Chauvinismus werden nicht mehr akzeptiert. Das ist das Ergebnis der jahrelangen feministischen Arbeit diverser NGOs und Aktivist*innen, die mit #Aufschrei ins mediale Rampenlicht traten. Trotzdem haben wir nicht zuletzt in der Coronakrise gesehen: Errungenschaften sind auch schnell wieder fortgespült – im Zweifel zu Lasten der Frauen, im Zweifel geht es zurück an den Herd. Wir sollten die gesellschaftliche Sensibilisierung nutzen, um die noch immer bestehenden strukturellen Diskriminierungen abzuschaffen.

Denn auf konservativer Seite ist die Gegenwehr immens: Das Lächerlichmachen von geschlechtergerechter Sprache gehört ebenso dazu wie die ewige Klage, dass man angeblich nichts mehr sagen dürfe. Aber Diskriminierung aufgrund von Geschlecht ist keine Banalität. Mehr als die Hälfte der Bevölkerung sind Frauen.

Dem geschärften Bewusstsein muss endlich die Veränderung folgen – beispielsweise beim Kurzarbeitsgeld, das für Frauen regelmäßig etliche hundert Euro niedriger liegt als bei gleich verdienenden Männern, vor allem deshalb, weil verheiratete Frauen häufig die Steuerklasse V wählen und verheiratete Männer die Steuerklasse III. Ein Modell, das von Steuerberater*innen gerne als Familiensparmodell empfohlen wird, das bei Lohnersatzleistungen wie Kurzarbeitsgeld oder Elterngeld aber dazu führt, dass Frauen deutlich weniger Geld erhalten. Steuerklasse V ist de facto eine Frauen-Verarmungs-Steuerklasse und sollte deshalb einer paritätischen Besteuerung weichen.[2] Geschlechtergerechtigkeit ist für Grüne wie für LINKE und Sozialdemokrat*innen ein wichtiger Anspruch, und wir sollten hier endlich Nägel mit Köpfen machen.

8. NSU, AfD und Konsorten – vereint gegen Rechts!

Das Erstarken von rechtsextremen Parteien und rechtspopulistischen Bewegungen in ganz Europa sollte uns linke Parteien zusammenschweißen. Auch wenn die Interpretation der Gründe für ihren Aufstieg – von kapitalistischen Dynamiken über soziale Spaltung bis zur Globalisierung und Digitalisierung – differiert, ist der Aufstieg der Rechtspopulist*innen für mich wirklich das Menetekel an der Wand. Wenn es die Linke nicht schafft, konstruktiv miteinander zu agieren, ebnet sie erneut dem weiteren Aufstieg von neofaschistischen Bewegungen den Weg.

Wichtig beim Kampf gegen Rechts ist natürlich auch, dass die Institutionen ihn stützen. Leider hat es in den letzten Jahren immer wieder Berichte darüber und Beweise dafür gegeben, dass es Gruppen in Polizei oder Bundeswehr oder Justiz gibt, die rechtsextremem und rassistischem Gedankengut anhängen und antidemokratische Interessen verfolgen. Die NSU-Mordserie ist noch immer nicht wirklich aufgeklärt. Das sind gefährliche Tendenzen, die zur Unterwanderung unseres Rechtsstaates führen könnten. Mit dem Fall Maaßen wurde klar, dass es Anhänger verwandten Gedankenguts bereits an die Spitze des Verfassungsschutzes geschafft haben. Es braucht hartnäckiges und unabhängiges Ermitteln, um freizulegen, wie weit dieser Prozess bereits fortgeschritten ist – und natürlich konsequentes Eingreifen dagegen. Das ist mit einem CSU-Innenminister offenbar nicht zu machen.

9. An der Seite der Jugend

Grün-rot-rot wäre eine Koalition, die ihre größte Zustimmung in der jungen Generation hat. Und die von ihr gewählt werden würde mit dem klaren Auftrag »Pro Klima«: Damit die sozial-ökologische Transformation umgesetzt werden kann, bevor es zu spät ist. Und um weltweit zu zeigen, dass und wie es geht. Das darf eine Zumutung werden – gerade auch für die drei Parteien, deren Mitglieder im Durchschnitt 60 (SPD), 55 (LINKE) und 49 (Grüne) Jahre alt sind. Denn Investitionen in die Zukunft müssten Vorrang haben vor allgemeinen Rentenerhöhungen. Aber wenn wir den Start der Transformation gut und glaubwürdig hinbekommen, dann werden wir auch die Wähler*innen überzeugen.

10. Das letzte Argument: der Widerstand des Establishments

Man kann argumentieren, es wäre vielleicht für die deutsche Konsensgesellschaft besser, wenn ein breiteres Bündnis unter Einschluss der Konservativen die sozial-ökologische Transformation umsetzen würde. Aber nichts setzt mehr Kräfte frei als drohender Statusverlust. Und bei einer echten Transformation wäre der Status der Superreichen natürlich bedroht. Bedroht wären auch die scheinbaren Gewissheiten einer alten Elite, die den Wert eines Menschen traditionell an seinem Erfolg und seiner kulturellen Zugehörigkeit bemisst statt am Menschenrecht. Ihr massiver Widerstand gegen die Transformation auf allen Ebenen ist nicht zu unterschätzen und er wäre ungebrochen, würden ihre Repräsentant*innen auf der Regierungsbank Platz nehmen.

Die sozial-ökologische Transformation ist die große Aufgabe für unsere Generation. Wir dürfen nicht wieder zögern, nicht wieder Haare in der Suppe oder Unvereinbarkeiten auf Nebenschauplätzen suchen, wenn eine Mehrheit im Parlament greifbar ist. Die sozialen Bewegungen und Kampagnen dieser Zeit – von #Aufschrei über Fridays for Future bis Aufstehen gegen Rassismus und viele mehr – haben den Boden dafür bereitet. Und wir Politiker*innen müssen diesmal eine progressive Parlamentsmehrheit zum Regieren nutzen – das ist unsere historische Verantwortung.

Anmerkungen

1 Zum Beispiel: https://www.bertelsmann-stiftung.de/de/themen/ aktuelle-meldungen/2018/november/gegen-armut-geld-fuer-familien-kommt-bei-kindern-an/

2 Vgl. Paus, Lisa (2020): »Wie unser Steuersystem Frauen benachteiligt«. https://editionf.com/wie-unser-steuersystem-frauen-benachteiligt/

Michael Schrodi
DAS IST NICHT RADIKAL, SONDERN VERNÜNFTIG UND GERECHT: FINANZ-POLITIK IST GESELLSCHAFTSPOLITIK

Deutschland hat ein Schuldenproblem. Doch es sind nicht monetäre Schulden, auch nicht die vielen Corona-Milliarden, die uns Sorgen bereiten müssen, sondern die im wahrsten Sinne des Wortes teils bröckelnde Substanz unseres Landes. Die Menschen in Deutschland sehen und spüren die Folgen dessen, was in der Ökonomie »Negative Nettoinvestitionsquote« heißt. Es wurde in den letzten Jahrzehnten nicht genug Geld für die öffentliche Infrastruktur ausgegeben, für Schulen, öffentlichen Wohnungsbau oder die Bahn, um zumindest deren aktuellen Zustand zu erhalten, geschweige denn, um sie weiter auszubauen. Diese erkennbaren Defizite schüren nicht nur Unzufriedenheit, wir laufen auch Gefahr, unsere Zukunftsfähigkeit zu gefährden. Das muss sich ändern. Wenn man die großen Zukunftsaufgaben wie eine aktive Industriepolitik, Klimaschutz und soziale Sicherheit angehen will, stellt sich die Gretchenfrage: Wie hältst du's mit der Finanzierung? Und da gibt es zwei Wörter, die – so nennt es die Berliner Politik – »Verhetzungspotenzial« haben: Steuern und Schulden. Im Zusammenhang mit staatlicher Wirtschafts- und Finanzpolitik kommt beiden Begriffen jedoch eine ganz andere Bedeutung zu als im Privaten. Wer den Wandel von Wirtschaft und Gesellschaft hin zu mehr sozialer Gerechtigkeit und mehr Klimaschutz, wer also eine fortschrittliche Wirtschafts-, Sozial- und Klimapolitik will, der muss die Weichen vor allem in der Finanzpolitik neu stellen und die so alten wie falschen neoliberalen Narrative durch eine progressive Erzählung ablösen. Wir vererben nämlich nicht ausschließlich einen Kontostand, sondern eine funktionierende, solidarische, gerechte Gesellschaft – oder eben nicht.

In den letzten Jahrzehnten hatte sich weltweit die Vorstellung durchgesetzt, das freie Spiel der Kräfte in der Wirtschaft, auf den Finanzmärkten, auf dem Arbeitsmarkt oder im Sozialstaat, also die einfache Losung »Privat vor Staat«, sei die Antwort auf die gesellschaftlichen Fragen des 21. Jahrhunderts. Das laute Trommeln finanzstarker Lobbyorganisationen wie des sogenannten »Bundes der Steuerzahler« oder der »Initiative Neue Soziale Marktwirtschaft« für einen schrankenlosen Kapitalismus befeuerte diese Entwicklung. Wie sehr diese Mär auserzählt ist, hat Joseph E. Stiglitz, Wirtschaftswissenschaftler und Nobelpreisträger, deutlich formuliert: »Das neoliberale Modell ist spektakulär gescheitert.«[1] Und damit auch die Idee der Privatisierung öffentlicher Daseinsvorsorge, die Idee eines schwachen Staates, der steuerlichen Entlastung von Spitzenverdiener*innen und Vermögenden und letztlich die Idee von Schwarzer Null und Schuldenbremse als Ausdruck dieses neoliberalen Modells. Dass öffentliche politische Diskussionen um die Finanzierung notwendiger Zukunftsinvestitionen in Verruf geraten sind, hängt schlicht und einfach damit zusammen, dass gerade den Schuldenbegriff ein neoliberales Narrativ begleitet, das vermittelt hat: Höhere Steuern treffen untere und mittlere Einkommen, und Schulden verletzen die Generationengerechtigkeit. Dieses Narrativ ist nicht nur falsch, sondern auch volkswirtschaftlich schädlich. Spätestens die Coronakrise zeigt deutlich, wie wichtig ein starker, handlungsfähiger Sozialstaat ist, gerade für Arbeitnehmer*innen, gerade für die junge Generation.

Zunächst einmal eine einfache Klarstellung: Finanzpolitik ist kein Selbstzweck. Sie kann und soll steuern, sie hat aber auch eine dienende Funktion. Sie soll dazu beitragen, übergeordnete gesellschaftliche Ziele zu erreichen. Die Sozialdemokratie als Partei der Arbeiterbewegung hat diese Ziele in dem zeitlosen Dreiklang von Freiheit, Gerechtigkeit und Solidarität zusammengefasst.

Ausgangspunkt für eine linke Finanzpolitik muss deshalb die Frage sein: Wie übertragen wir diese Werte in das Hier und Jetzt? Wie stellen wir uns eine solidarische, wirtschaftlich starke und lebenswerte Gesellschaft in zehn oder zwanzig Jahren vor? Was ist notwendig, um diesen Zukunftsentwurf zu realisieren? Und davon ausgehend muss die Frage beantwortet werden, wie wir das Geld für diese notwendigen Bedarfe bekommen. Dass es auf diesem Weg zahlreiche Baustellen gibt, hat Ende 2019 – noch vor der Corona-Pandemie – in bemerkenswerter Einigkeit der Deutsche Gewerkschaftsbund gemeinsam mit dem Bundesverband der Industrie sehr detailliert ermittelt und daraufhin Lösungsvorschläge präsentiert. Auf insgesamt 450 Milliarden Euro beziffern DGB und BDI den notwendigen Investitionsbedarf. Auf der Ebene von Städten und Gemeinden müssten in den nächsten Jahren 158 Milliarden Euro in die Hand genommen werden, darunter 20 Milliarden für den Ausbau des öffentlichen Nahverkehrs. Das macht deutlich, weshalb wir das Altschulden- und Haushaltsproblem zahlreicher Kommunen lösen müssen: Wenn Städte und Gemeinden nicht mehr finanziell handlungsfähig sind, bleiben wichtige Zukunftsprojekte auf der Strecke. Die Stärkung der Bildungseinrichtungen schlägt alleine bei der frühkindlichen Bildung, also Krippen- und Kitaplätzen, mit 50 Milliarden zu Buche, insgesamt veranschlagen DGB und BDI für diesen Bereich knapp 110 Milliarden Euro. Dazu knapp 100 Milliarden für die öffentliche Förderung des Wohnungsbaus, den dringend notwendigen Breitbandausbau und die Ertüchtigung der Bahn. Und zuletzt explizit 75 Milliarden Euro für die Dekarbonisierung, also die Veränderungen unserer Wirtschaftsweise hin zur CO_2-Neutralität.

Neoliberale und Konservative würden sagen: Sind die vorhandenen Staatseinnahmen aufgebraucht, können wir die Schulen leider nicht sanieren, das Schienennetz nicht modernisieren, die Energiewende nicht voranbringen, denn Steuererhöhungen und Kredite sind des Teufels. Eine Modernisierungs- und Investitionsoffensive nur nach aktueller Haushaltslage ist aber die falsche Antwort auf die zahlreichen Herausforderungen. Genau andersherum wird ein Schuh daraus: Wir brauchen eine investitionsorientierte Einnahmenpolitik, die eine solide Finanzierung der zentralen Zukunftsprojekte ermöglicht.

Die Finanzierung der Zukunftsinvestitionen muss auf zwei Säulen aufbauen: Kern einer nachhaltigen Staatsfinanzierung bleibt die Besteuerung der Einkommen und Vermögen nach Leistungsfähigkeit. Zahlreiche Studien der letzten Jahre haben gezeigt, dass die Einkommens-, vor allem aber die Vermögensungleichheit seit den 2000er Jahren trotz des langen Aufschwungs vor Corona auf hohem Niveau verharrt. Eine zu große soziale Ungleichheit ist nicht nur ungerecht, sondern auch volkswirtschaftlich schädlich, da sie das Wachstum hemmt. Die Coronakrise hat die Ungleichheiten noch einmal verschärft.

Wichtig ist deshalb eine gerechte Primärverteilung des Bruttoinlandsprodukts, also eine angemessene Entlohnung der Arbeitnehmer*innen. Höhere Tariflöhne und eine gestärkte Tarifbindung, ein Ende sachgrundloser Befristungen und eine drastische Verringerung atypischer Beschäftigungsverhältnisse sowie ein Mindestlohn von mindestens 12 Euro sind hierzu richtige Maßnahmen. Die Sekundärverteilung des Bruttoinlandsprodukts erfolgt über Steuern. Hier kann nur eine leistungsgerechte Steuerbeteiligung aller dazu beitragen, dass Investitionen und Innovationen zu einem höheren Lebensstandard für alle führen. Dazu ist eine Vermögensteuer mit progressiver Ausgestaltung ebenso notwendig wie eine effektive Erbschaftsbesteuerung insbesondere der großen Betriebsvermögen sowie eine Bodenwertzuwachssteuer, um leistungslose Bodenwertsteigerungen an die Gesellschaft zurückzugeben. Auch hier ist die Neujustierung eines zentralen Kampfbegriffs der Neoliberalen notwendig: Leistungsgesellschaft. Es sind Arbeitnehmer*innen, das Handwerk, Solo-Selbstständige oder kleine und mittelständische Unternehmen, die mit großem persönlichen Einsatz zum Wohlstand unserer Gesellschaft beitragen, während weltweit agierende Konzerne kaum Steuern zahlen und große Vermögen oft leistungslos vermehrt und von einer Generation zur nächsten übertragen werden. Es sind gerade die Konservativen und Neoliberalen, die von Leistungsgesellschaft schwadronieren, die aber alles dafür tun, dass die Chancen der Menschen auf ein gutes Leben nicht auf eigener Leistung beruhen, sondern auf der familiären Herkunft. Das von eben jenen geforderte Ende des Solidaritätszuschlages auch für die oberen zehn Prozent der Einkommensbeziehenden ist ein weiteres Beispiel hierfür. Die Streichung wäre ein 10 Milliarden Euro teures Wahlgeschenk an Spitzenverdiener*innen. Die vollständige Abschaffung des Soli kann es daher nur dann geben, wenn dieser Personenkreis einen entsprechend höheren Beitrag in der Einkommensteuer leistet.

Weil wir aber allein mit einer gerechten Besteuerung von Spitzenverdiener*innen und höchsten Vermögen den großen Finanzierungsbedarf nicht decken können, brauchen wir daneben auch kreditfinanzierte Investitionen. Sie bilden die zweite Säule einer vernünftigen Finanz- und Wirtschaftspolitik. In der Situation, in der wir uns in diesen herausfordernden Jahren befinden, umso mehr. Ich will das an einem Beispiel verdeutlichen: Die Krise hat uns gezeigt, wie groß der Handlungsbedarf in den Schulen und Kindergärten ist, bei der digitalen Ausstattung, der Betreuungssituation, dem Personal. Der Bedarf liegt bei mindestens 100 Milliarden Euro in den kommenden zehn Jahren. Nach aktueller Haushaltslage lässt sich das nicht über Steuereinnahmen finanzieren. Auch mit gewaltigen Steuererhöhungen ist das nicht zu machen. Unterlassene Investitionen aber gehen zu Lasten der jungen Generationen. Um ihnen bereits in den nächsten Jahren bessere Bildungseinrichtungen zu bieten, müssen wir jetzt Schulden machen, die rentierlich sind für unsere Gesellschaft. Nur so bilden wir die Ingenieurin, den Krankenpfleger, die IT-Fachkraft von morgen aus. Das ist auch ein wichtiger Beitrag zur Generationengerechtigkeit. Denn auch dieser Begriff muss vom Kopf auf die Füße gestellt werden. Warum sollten die heutigen Generationen der Steuerzahler*innen sämtliche Investitionen alleine tragen, von denen vor allem Kinder und Jugendliche profitieren? Das wäre höchst ungerecht und ginge übrigens mit einer sehr hohen steuerlichen Belastung einher. Generationengerecht ist es, wenn diejenigen, die von den Investitionen profitieren, über die Zinszahlungen in den nächsten Jahrzehnten einen Teil der Investitionen mittragen. Das wäre bei der noch länger anhaltenden Zinssituation nicht nur gerecht, sondern auch volkswirtschaftlich sinnvoll.

Aber sind diese niedrigen Zinsen nicht schädlich, enteignen sie nicht Kleinsparer*innen, und das nur wegen des Euros und der Europäischen Zentralbank? Ökonomen

wie Clemens Fuest und Marcel Fratzscher sagen über-
einstimmend: Nicht die EZB ist der Grund dafür, dass
es Niedrigzinsen gibt. Seit Jahrzehnten gibt es einen Ab-
wärtstrend bei den Zinsen beispielsweise in den USA und
auch in der Schweiz, ganz ohne Euro-Zone, ganz ohne
die EZB. Die Ursachen liegen in zu hohen Sparquoten bei
privaten Haushalten, Unternehmen und eben auch den öffentlichen Haushalten, also dem Staat. Und nun das kleine
Einmaleins der Volkswirtschaft: Wenn alle sparen, es also
ein großes Angebot an Geld gibt, aber keiner da ist, der
Kredite aufnimmt, also eine geringe Nachfrage nach Geld
vorhanden ist, dann muss man denen, die immer nach
dem Markt schreien, sagen: Hier funktioniert er. Ein Preis
– in dem Fall die Zinsen – ist wegen des hohen Angebots
und geringer Nachfrage so niedrig. Wenn man das ändern
will, muss es jemanden geben, der Geld nachfragt, also
Kredite aufnimmt. Und wer anders kann und muss das
in diesen Zeiten sein als der Staat, um die notwendigen
Zukunftsinvestitionen anzugehen?

Und auch sonst sind Schulden nicht per se gut, aber
eben auch nicht per se schlecht. Richtig eingesetzte kreditfinanzierte Investitionen bedeuten den Erhalt von Unternehmen und Arbeitsplätzen, die Modernisierung des
Landes und die Steuereinnahmen von morgen. Bei einem
Zinssatz der 30-jährigen Staatsanleihen von 0,0 Prozent
ist das im Übrigen keine Belastung der kommenden
Generationen, sondern Voraussetzung für deren positive Zukunft und eine moderne Infrastruktur. Wie wenig
belastend ein höherer Schuldenstand ist und warum wir
Schulden auch nicht schnell tilgen, sondern mit starken
Wachstumsimpulsen aus ihnen herauswachsen müssen,
zeigt die Finanzkrise vor zehn Jahren. Der Schuldenstand
Deutschlands war damals um über 500 Milliarden Euro[2]
auf über 2 Billionen Euro und die Staatsverschuldungs-

quote auf über 80 Prozent des Bruttoinlandsprodukts gestiegen. Zehn Jahre später ist die Schuldenquote auf unter 60 Prozent gefallen, aber der Schuldenstand nur um ca. 50 Milliarden Euro gesunken. Eine Volkswirtschaft und der Staat funktionieren ganz offensichtlich anders als ein Privathaushalt. Die mit Krediten finanzierten Konjunktur- und Investitionsprogramme erhalten Arbeitsplätze, verringern damit die Sozialausgaben und sichern die staatlichen Einnahmen von morgen. Wächst die Wirtschaft, verringert sich der Schuldenstand gemessen am Bruttoinlandsprodukt, auch wenn die Schulden in absoluten Zahlen gleich geblieben sind. Der Staat als institutionell »ewig« lebender, guter Schuldner muss Schulden also nicht (zu) schnell zurückzahlen, sondern kann in der Krise zunächst nur die Zinszahlungen bedienen. Sind die Zinsen Null, entsteht somit keine Belastung der laufenden Haushalte. Erst wenn die Zinsen wieder steigen, ist dies der Fall. Bei den gegenwärtigen Staatsanleihen dauert dies mindestens dreißig Jahre. Bis dahin sollte man die Schulden vorsichtig zurückführen – auf der sicheren Basis einer wieder gestärkten Konjunktur und ohne diese übermäßig zu belasten.

Die gegenwärtigen Schuldenregeln sind vor diesem Hintergrund zu eng gestrickt. In Deutschland wie auch in Europa brauchen wir deshalb Regeln, die neben der Ausgabenkontrolle den Staaten zumindest ausreichend Möglichkeiten für eine kurzfristige Stabilisierung der Gesamtwirtschaft und die langfristige Modernisierung des öffentlichen Kapitalstocks über Investitionen geben. Die Ergänzung der deutschen Schuldenbremse und des Europäischen Stabilitäts- und Wachstumspakts um eine Goldene Regel für Investitionen wäre ein erster richtiger Schritt. Grundsätzlich sind Schuldenregeln nicht nur volkswirtschaftlich falsch, sondern auch ein massiver Eingriff in die

Rechte des Parlaments und damit eine Einschränkung der Demokratie. Dem Königsrecht demokratisch gewählter Parlamente – das Haushaltsrecht mit der Verteilung und Bewilligung der staatlichen Finanzmittel – wird durch eine Regel Grenzen gesetzt. Dahinter steckt die voraufklärerische Idee, es gäbe eine objektive ökonomische Wahrheit. Letztlich ist die Schuldenbremse aber eine Demokratie- und Zukunftsbremse, deren Reformbedürftigkeit gerade in der aktuellen Coronakrise deutlich zu Tage tritt.

Letzter Punkt: Europa! Wir wollen, dass der deutsche und europäische Motor wieder auf Hochtouren läuft. Dazu müssen wir auch in Europa weiter in die Zukunft investieren und die Krise solidarisch überwinden.[3] Es liegt in unser aller Interesse: In keinem Land hängen wirtschaftliche Prosperität und Arbeitsplätze so sehr von einem geeinten und starken Europa ab wie in Deutschland. Europa ist aber auch eine Wertegemeinschaft. Das soziale Europa steht für Errungenschaften wie Wohlstand, soziale Gerechtigkeit, gute Arbeitsbedingungen. Das soziale Europa schafft letztlich Sicherheit für uns alle. Um diese zu erhalten und weiter auszubauen, bedarf es einer Wirtschafts- und Finanzpolitik, die als Gesellschaftspolitik die individuellen Lebensumstände und Zukunftsinteressen im Blick hat. Die Wirtschaft ist für den Menschen da, nicht umgekehrt. Auch das ist Kern einer linken Erzählung.

Anmerkungen

1 Stiglitz, Joseph E.: »Rettet den Kapitalismus vor sich selbst. Das neoliberale Modell ist spektakulär gescheitert. Es ist Zeit für eine progressive kapitalistische Agenda«, in: *Internationale Politik und Gesellschaft* (IPG), 03.06.2019. Online abrufbar unter: https://www.ipg-journal.de/ schwerpunkt-des-monats/rettet-den-kapitalismus-vor-sich-selbst/arti kel/rettet-den-kapitalismus-vor-sich-selbst-3509/

2 https://de.statista.com/statistik/daten/studie/154798/umfrage/deutsche-staatsverschuldung-seit-2003/

https://de.statista.com/statistik/daten/studie/162986/umfrage/entwick lung-der-staatsverschuldung-in-deutschland/

3 Der von Finanzminister Olaf Scholz initiierte deutsch-französische Vorschlag für ein milliardenschweres europäisches Konjunkturprogramm war die Initialzündung für eine schlagkräftige gesamteuropäische Krisenbekämpfung. Das Programm »NextGenerationEU« ist insofern historisch, als die Kommission zum ersten Mal gemeinschaftlich Kredite aufnimmt und die Gelder zur Krisenbekämpfung weiterleitet, ohne die Bedingung einer Rückzahlung, aber mit der Vorgabe von mindestens 30 Prozent Investitionen in den Klimaschutz.

Maximilian Oehl
BRAND NEW BUNDESTAG: NEUE GESTALTUNGSFORMEN PROGRESSIVER POLITIK

Progressive, also zukunftsweisende Politik lebt hierzulande von der Erzählung, dass alle mitgestalten können: Auf dass es uns gemeinsam gelingen kann, ein besseres Morgen zu schaffen. Während in der Politik anscheinend oft über Details gestritten wird, setzen wir uns als Demokrat*innen viel zu selten damit auseinander, *wie* politische Entscheidungen zustande kommen.

Für die großen Herausforderungen unserer Zeit müssen wir in der Gestaltung von Politik neue Wege gehen, und dafür braucht es Mehrheiten und Menschen, die diesen Aufgaben gewachsen sind: Klimaschutz als zentrales Anliegen, und damit zusammenhängend der Umbau der Sozialsysteme, die nachhaltige Umgestaltung der Wirtschaft, auch unbedingt die Schaffung eines solidarischen europäischen Asylsystems, kurzum: eine umfassende sozial-ökologische Transformation.

Wie Fridays for Future, #unteilbar, #BlackLivesMatter und viele andere Bewegungen zeigen, besteht kein Mangel an dynamischen Erzählungen, die eine solche Transformation möglich machen – und auch nicht an Menschen, die für diese Ideen von Zusammenleben auf die Straße gehen.

Doch woran liegt es, dass dieser Druck von der Straße nicht zu progressiven Regierungskoalitionen führt, dass die Ideen aus den Bewegungen nicht zu entsprechenden Gesetzen werden? Zum einen mit Sicherheit am moderaten Kurs, dem sich die Union unter Angela Merkel verschrieben hat. Dieser prägt die Partei auch heute noch stark und macht sie bis weit in sozialdemokratische Milieus weiter wählbar. Zum anderen jedoch daran, dass ein strategisches und organisatorisches Defizit bei der pragmatischen Zusammenarbeit von progressiven Parteien und Akteur*innen aus den Bewegungen besteht.

Die Herausforderung für uns als Aktivist*innen und Politiker*innen besteht also darin, die Dynamik aus den Bewegungen auch in die Parlamente zu bringen. Sollte das gelingen, könnte das progressive Regierungsmehrheiten hervorbringen – in ganz Europa.

Wie genau kann das funktionieren? Inspiration bieten die amerikanischen »Progressives« rund um Bernie Sanders und Alexandria Ocasio-Cortez (bekannt als »AOC«). Aus der Sanders-Kampagne 2016 sind zivilgesellschaftliche Organisationen hervorgegangen, die gezielt glaubwürdige, mutige Menschen mit einer Vorgeschichte etwa in Aktivismus oder Organizing dabei unterstützen, ein politisches Mandat zu erringen. Die bekanntesten Beispiele dafür sind die Justice Democrats, die sich auf die Demokratische Partei konzentrieren, sowie das überparteilich ausgerichtete Projekt Brand New Congress. Aus deren Arbeit sind zwischenzeitlich neben jenem Mandat von Alexandria Ocasio-Cortez weitere Mandate des sogenannten »Squad« hervorgegangen, u. a. der Co-Initiatorin von #BlackLivesMatter, Cori Bush, sowie des Organizers und Lehrers Jamaal Bowman.

Der »Burgfrieden« innerhalb der Demokratischen Partei der USA, zwischen dem progressiven Flügel einerseits und den moderaten Kräften andererseits, war ein entscheidender Schlüssel zur Abwahl Donald Trumps. Ohne die Stimmen der engagierten Zivilgesellschaft, der organisierten Gruppen rund um #BlackLivesMatter, ohne die Unterstützung der afroamerikanischen Organizer*innen in den großen Städten wäre ein Erfolg von Joe Biden nicht möglich gewesen.

Wie das Beispiel AOC zeigt, kann die Verlängerung der Bewegungsarbeit in das Parlament hinein große Kraft im Diskurs sowie eine enorme mediale Aufmerksamkeit erzeugen: Die kommunikative Verknüpfung von Parlamentsrede und Straßenprotest kann ein wirkmächtiges Instrument sein. Zudem motiviert das Vorbild der frischgebackenen Abgeordneten ihre Mitstreiter*innen zur Nachahmung. Auch in Deutschland sollten wir die parlamentarische Arbeit als Fortsetzung unserer Arbeit auf der Straße und in den Bewegungen begreifen. Sobald die progressiven Parteien sich noch stärker als bisher als »Bewegungsparteien« verstehen, kann es ihnen gelingen, die Mehrheiten auf der Straße auch in Regierungsmehrheiten umzumünzen. Dies gilt umso mehr, wenn sie auch untereinander die strategische Zusammenarbeit suchen – etwa, um mit vereinter Kraft den Unionsparteien sowie der AfD gezielt Direktmandate streitig zu machen.

Die demokratischen Systeme in den USA und in Deutschland unterscheiden sich bei Fragen der politischen Teilhabe zwar in einem wesentlichen Punkt: Während die Aufstellungsprozesse für konkrete Wahlmandate hierzulande eine rein innerparteiliche Angelegenheit sind, führen die US-Amerikaner*innen öffentliche Vorwahlen durch. Bei diesen sogenannten *primaries* ist grundsätzlich jede*r US-Amerikaner*in stimmberechtigt, der*die als Wähler*in bei der entsprechenden Partei registriert ist – es handelt sich also um eine sehr viel losere Verbindung als eine Parteimitgliedschaft in Deutschland.

Und doch lässt sich dieser Ansatz auf den deutschen Kontext in etwa so übertragen: Eine zivilgesellschaftliche Graswurzel-Initiative mit Verbindungen in die bereits genannten aktivistischen Gruppen sucht gezielt nach politischen Hoffnungsträger*innen. Die Kandidat*innen der Initiative erhalten strategische und organisatorische Beratung, inhaltlichen Input zu Organizing und Campaigning und finanzielle Zuschüsse zu ihren Kampagnen. Im innerparteilichen Aufstellungsprozess erfolgt eine strategische Begleitung, je nach Einzelfall wird auch eine Kontaktaufnahme zu Parteigliederungen und Delegierten abgestimmt. Die Unterstützung der Initiative bringt dem*der Kandidat*in im innerparteilichen Verfahren den Vorteil, auch die Stimme der engagierten Zivilgesellschaft hinter sich zu wissen – nicht unwesentlich in einem möglichen Wahlkampf gegen konservative, neoliberale oder faschistoide Wettbewerber*innen.

Die Initiative versteht sich als progressiv, definiert diesen Begriff jedoch über die zukunftsweisenden Inhalte hinaus, deren Umsetzung politisches Handeln dringend erfordert. Sie ist also überparteilich. Auch parteilose Kandidat*innen, die sich mit den inhaltlichen Forderungen der Initiative identifizieren, können daher unterstützt werden.

Hierdurch wachsen Zivilgesellschaft und institutionalisierte Politik enger zusammen. Es entsteht ein Bindeglied auch für das progressive Lager, das sich auf die gemeinsamen Zielsetzungen konzentriert und hierfür pragmatisch streitet – anstatt sich über Detailfragen zu entzweien. Die große sozial-ökologische Transformation erfordert breite Mehrheiten, die nicht an Partei- oder sonstigen dogmatischen Grenzen enden. Die Überparteilichkeit kann ein Tor zur nachhaltigen Gesellschaft sein – wenn die maßgeblichen Akteur*innen sich hierauf einlassen.

Um diesen Ansatz im deutschen politischen Kontext in die Tat umzusetzen, starteten Eva-Maria Thurnhofer, Daniel Veldhoen und ich im Sommer 2019 die Graswurzel-Organisation Brand New Bundestag und riefen Menschen in ganz Deutschland dazu auf, jene Personen in ihrem Umfeld zu nominieren, die aus ihrer Sicht unbedingt in die Politik gehören.

Aus diesen 120 Nominierungen haben wir Persönlichkeiten ausgewählt, von denen wir glauben, dass sie die Politik der kommenden Jahre in neue Bahnen lenken können. Hinzu kommen gezielt gescoutete Personen, die wir über das letzte halbe Jahr hinweg näher kennenlernten. Zusammen mit unseren Kandidat*innen kämpfen wir bei der Wahl 2021 um Bundestagsmandate. Nach der Wahl werden wir unsere Arbeit auf Landes- und Kommunalebene fortsetzen. Getragen wird das Projekt von einem aus drei Personen bestehenden Kernteam, das mittlerweile über hundert Freiwillige koordiniert, Tendenz stark steigend.

Mit Brand New Bundestag leisten wir unseren Beitrag dazu, dass politisches Engagement für mehr Menschen eine konkret greifbare Option wird. Wir wollen einem Verständnis entgegenwirken, das Parteien und Zivilgesellschaft als getrennte Welten begreift. So sind auch wir teils Mitglieder progressiver Parteien, teils bringen wir Vorerfahrungen aus unserem zivilgesellschaftlichen oder aktivistischen Engagement mit.

Wir fördern gezielt Menschen, die für gesellschaftliche Gruppen stehen, welche aktuell im politischen Betrieb unterrepräsentiert sind – u. a. Menschen ohne höheren Bildungsabschluss, Menschen mit Migrationsgeschichte, Menschen aus Ostdeutschland und Menschen nichtmännlichen Geschlechts. Für uns kann progressive Politik nur in einer vielfältigen, adäquat repräsentierten Gesellschaft ihre Entfaltung finden.

Wir schaffen einen Raum, in dem jenseits von Partei-strukturen und -gremien Politik gestaltet werden kann. Pragmatisch und mit Blick auf konkrete Wahlmandate. In diesem Raum begegnen sich Parteimitglieder, partei-lose Kandidat*innen, Aktivist*innen und jene, die zwar überaus politisch sind, sich allerdings bislang nicht für ein Parteiengagement erwärmen konnten.

In diesem Raum besteht vor allem die Möglichkeit, eine Menge voneinander zu lernen. Getragen von dem überparteilichen Ansatz von Brand New Bundestag kommen all diese Menschen zusammen, um für dieselben Ziele zu kämpfen. Für uns alle ist in der täglichen Arbeit spürbar, dass wir unsere Kraft gemeinsam auf diese gro-ßen anstehenden Umgestaltungsprozesse richten müssen – und uns nicht in tagespolitischen Details verlieren dür-fen. Dies gilt so für das progressive Lager insgesamt.

Wollen wir verhindern, dass sich weitere, insbesonde-re die jungen Teile der Gesellschaft von den Parteien des demokratischen Spektrums abwenden und dass die Kluft zwischen den politischen Repräsentant*innen und der Ge-sellschaft weiter wächst, braucht es aus unserer Sicht diese Eindeutigkeit ebenso wie die Bereitschaft, neue Wege in der strategischen Zusammenarbeit zu gehen. Wir glauben, dass es uns durch die Verbindung von Parteien und enga-gierter Zivilgesellschaft gelingen kann, eine Dynamik zu entfalten, die ein Gegengewicht zu rechtspopulistischen Strömungen werden kann. Bislang scheitert dies zu oft an den Partikularinteressen der einzelnen Akteur*innen, die sich, anstatt das gemeinsame übergeordnete Ziel der nachhaltigen Transformation zu verfolgen, nicht selten in gegenseitigen dogmatischen oder inhaltlichen Vorwürfen verfangen und so das progressive Lager schwächen.

Alle wollen, dass unser Planet bewohnbar bleibt und nicht durch menschliches Handeln zerstört wird. Alle wollen, dass unser Wirtschaftssystem sozial verträglich ist und Menschen ein würdiges Leben beschert. Alle wollen in einem friedlichen, solidarischen Europa miteinander leben.

Für diese Ziele kämpfen Menschen in der Zivilgesellschaft, Bewegungen und Parteien von Linkspartei über Fridays for Future, Grüne, SPD, #unteilbar, #BlackLivesMatter, gar bis hinein in die progressiven Flügel von CDU und FDP. Klar setzen alle unterschiedliche Schwerpunkte, streiten sich leidenschaftlich über die »richtigen« Maßnahmen, kämpfen für unterschiedliche Priorisierungen. Es gibt jedoch einen breiten gesellschaftlichen Konsens in der Frage, wo wir am Ende landen wollen. Auf der globalen Ebene drückt sich dieser Konsens auch in der im Rahmen der Vereinten Nationen verhandelten universellen Nachhaltigkeitsagenda mitsamt den Sustainable Development Goals aus. Hierauf können wir gemeinsam aufbauen.

Mit dem Gedanken im Kopf, dass es eine breite gesellschaftliche Mehrheit für zukunftsweisende Politik gibt, können wir miteinander die große Transformation anstoßen. Wir können und müssen den Ordnungsrahmen der Wirtschaft mutig und umfassend so umgestalten, dass sozial und ökologisch unverträgliche Unternehmen nicht mehr profitabel sind – und nachhaltige Unternehmen es werden. Das Beispiel des »Green New Deal«, für den Bernie Sanders alleine für die USA ein öffentliches Investitionsvolumen von über 16 Billionen US-Dollar veranschlagt, lässt uns begreifen, in welchen Größenordnungen wir hier denken müssen. Der politische Minimalkonsens wird nicht ausreichen, um diese enorme Herausforderung zu unseren Lebzeiten zu bewältigen – doch das müssen wir.

Für diese Transformation braucht es Menschen, die über sich hinauswachsen wollen. Ihre eigene politische

Laufbahn kann dabei nur Mittel zum Zweck sein, nie Selbstzweck. Es braucht Menschen, die vernetzt denken. Menschen, die andere in Zivilgesellschaft und Parteien für sich begeistern können. Menschen, die mutig vorangehen, Strukturen aufbrechen und große Reformen anpacken. Menschen, die einen Blick für die Bedürfnisse jener haben, die nach uns kommen.

Thomas Willms

NIE VERSCHWUNDEN, IMMER NEU ENTSTEHEND – RECHTSTERRORISMUS IN DEUTSCHLAND

Blickt man ein paar Jahre zurück und erinnert sich an die wichtigsten politischen Schlagzeilen, tauchen Kürzel, Namen und Orte auf: NSU, Hanau, Halle, Lübcke … Sie sind zu Zeichen für rassistische und neofaschistische Morde geworden – Morde an politischen Gegner*innen und Menschen, die aus Sicht der Täter*innen die falschen Namen oder das falsche Aussehen hatten oder einfach nur zur falschen Zeit am falschen Ort gewesen sind.

Der rechte Terror ist somit jeder und jedem vertraut, er spukt in den Köpfen der Menschen herum. Er ist eine abstrakte Gefahr, irgendwo im Augenwinkel. Für eine Gruppe von Minderheiten ist er aber mehr als das. Er bedeutet mehr für jüdische Menschen, die auf dem Weg zur Synagoge oder zu einer jüdischen Schule sind; mehr für die Bewohner*innen migrantisch geprägter Viertel, wenn sie einkaufen gehen; mehr für gleichgeschlechtliche Paare, die zusammen spazieren gehen; mehr für mit Namen und Gesicht bekannte Aktivist*innen gegen Rechts, wenn sie sich in die Öffentlichkeit begeben. Für alle als Angehörige von »Feindgruppen« Markierten ist rechter Terror eine Bedrohung, die ihre Freiheit einschränkt. Der Terror ist der Gipfel aus ungezählten schiefen Blicken, Beleidigungen, Diffamierungen und körperlichen Angriffen.

Man kann nie wissen, ob sich hinter den Beleidigungen und Rempeleien noch mehr verbirgt, sich nicht die Bereitschaft zu Mord und Totschlag aufbaut. So war der Mörder von Regierungspräsident Lübcke sowohl Pöbler und Schläger – als eben auch Mörder.

Und dann sind da die Institutionen, deren Auftrag es ist, für öffentliche Ordnung zu sorgen, für den Schutz aller, gegebenenfalls für die Verfolgung von rechts motivierter Gewalt und für deren Aburteilung. Welches Gefühl erzeugen Polizei und Gerichte bei denen, die davon betroffen sind oder die befürchten müssen, irgendwann betroffen zu sein? Ermittelt wird »in alle Richtungen«, oft genug nur nicht in die offensichtlich richtige. Den Betroffenen wird nicht richtig zugehört oder sie werden selbst unter Verdacht gestellt. *Die haben gedacht, wir waren das*, lautet denn auch der Titel eines Buches, das sich aus migrantischer Perspektive mit dem behördlichen Umgang mit dem »Nationalsozialistischen Untergrund« beschäftigt.

Sind Täter*innen gefasst, werden sie reflexhaft als isolierte Einzelwesen dargestellt, ihre Motivlage überall gesucht, nur nicht bei ihren klar zutage liegenden politischen Vorstellungen, selbst dann nur widerwillig, wenn sie diese in Bekennerschreiben selber als Grundlage ihres Handelns benennen.

Natürlich ist nicht jede*r Polizist*in voller rassistischer Vorurteile, vermutlich ist es nur eine Minderheit. Aber man wüsste doch wirklich gerne, wie weit sie verbreitet sind und welchen Einfluss sie auf polizeiliches Handeln haben. Dafür braucht es genau die neutralen wissenschaftlichen Untersuchungen, die Bundesinnenminister Seehofer unbedingt verhindern möchte.

Jede Person of Color und jede Schwarze Person weiß, dass er oder sie häufiger anlasslos im öffentlichen

Raum kontrolliert wird als andere. »Racial Profiling« ist aber nur das sichtbarste Anzeichen eines tiefreichenden Problems. Alarmglocken haben zu läuten, wenn beispielsweise »Marko G.«, ein früherer SEK-Mann, zur führenden Figur im Nordkreuz-Netzwerk werden konnte, 55.000 Schuss Munition und eine Maschinenpistole hortete und dafür mit einer Bewährungsstrafe davonkam. Ein Einzelfall? Mitnichten – gerade und ausgerechnet das Kommando Spezialkräfte, die abgeschottete und besonders trainierte Speerspitze der Bundeswehr, hat sich als in besonders hohem Maße faschistisch durchsetzt erwiesen. Wie viele sich radikalisierende und bewaffnete Gruppen bereiten sich noch auf einen »Tag X« vor, an dem sie die Durchsetzung des angeblichen »Volkswillens« Wirklichkeit werden lassen wollen?

Nicht besser werden diese Entwicklungen dadurch, dass die politisch-administrativen Führungen über lange Zeit zu wenig oder nichts unternahmen, um diese Fehlentwicklungen, Entgleisungen und strafbaren Handlungen aufzudecken, zu unterbinden und ihnen vorzubeugen.

Blickt man nicht nur Jahre, sondern Jahrzehnte zurück, erkennt man, dass all dies nicht neu ist. Die Bundesrepublik kennt und kannte sie: nie verschwundene, immer neu entstehende und sich an die Situation anpassende legale und illegale neofaschistische Netzwerke, die andere bedrohten, angriffen und ermordeten. Welches terroristische Attentat war denn eigentlich in der Bundesrepublik Deutschland das größte und schlimmste, wer hat es verübt und was folgte daraus?

Es war das Münchner Oktoberfestattentat vom 26. September 1980. Der Neonazi Gundolf Köhler tötete mit einer Bombe 13 Menschen und verletzte 221, davon 68 schwer. Er war Mitglied der »Wehrsportgruppe Hoffmann«, einer militanten, die Waffen-SS als Vorbild kultivierenden Gruppierung im deutschen Neofaschismus. Aus behördlicher Sicht konnte auch damals schon nicht sein, was offen zutage lag. Es konnte und durfte nur ein Einzeltäter sein, der aus persönlichen und unpolitischen Motiven mordete. Auch nach vierzig Jahren und endlosen Untersuchungen und kritischen Interventionen ist dies die offizielle Interpretation.

Und doch hatte Köhlers Tat Zwecke, und allein fühlen musste er sich nicht. Er konnte sich als Teil einer nationalen Erweckungsbewegung empfinden, als Vollstrecker dessen, was andere schrieben und schrien. Die politischen Funktionen der Tat waren: Furcht und Angst säen, die Demokratie destabilisieren, politische Gegner*innen einschüchtern und mit Franz-Josef Strauß einem »starken Mann« den Weg an die Macht ebnen.

Blicken wir noch länger – drei Generationen – zurück, auf den 8. Mai 1945:

Es ist der Tag, an dem die Verantwortlichen des Nazi-Regimes, ihre strategischen Verbündeten in Militär, Staat und Industrie, aber in unterschiedlichem Grade auch die meisten Deutschen von einer antifaschistischen Welt-Allianz endgültig niedergeworfen worden sind.

Was vor 1933 und nach 1945 untergründig, halb- oder gänzlich illegal an rechtem Terror verübt wurde oder wieder verübt wird, war ein Dutzend Jahre lang Staatsdoktrin. Ein Dutzend Jahre reichten, um Europa in eine ungeheuerliche Katastrophe zu stürzen. Sie reichten für Verbrechen, die alles bis dato Existierende an Maßlosigkeit, Ruchlosigkeit und Grausamkeit übertrafen. Aber auch diese Verbrechen, so sinnlos und monströs sie erscheinen, waren zielgerichtet. Kontinente umfassende Herrschaftsräume sollten erobert und von allem »Feindlichen« gesäubert, sprich ganze »Völker« umgebracht werden.

Die österreichische Republik, die DDR und die Bundesrepublik entstanden auf dem vom NS-Regime errichteten Berg von Leichen und setzten sich auf ihre jeweils eigene Weise damit auseinander. Die zentrale Antwort der Bundesrepublik war 1949 das Grundgesetz. Es wurde als Gegenentwurf zum NS-Regime geschaffen. Und trotzdem – nach einer kurzen Phase der Reue und Erschütterung in der unmittelbaren Nachkriegszeit – war rasch Schluss mit einer kritischen Auseinandersetzung. Die Verbrechen wurden ad acta gelegt, es herrschten Ignoranz, Verdrängung, Selbstrechtfertigung und Schuldabwehr. Die Täter*innen kamen weitgehend davon. Es fanden sich immer Entschuldigungen, juristische Winkelzüge, Seilschaften und Kameradennetzwerke, die dafür sorgten.

Aber es wuchsen neue Generationen heran und stellten vor allem ab den 1960er Jahren Eltern, Vorgänger*innen, Traditionen, Mythen und Strukturen in Frage. Ein langsames Umdenken setzte ein, schmerzliche Erkenntnisprozesse brachen sich Bahn. Heute, mehr als sieben Jahrzehnte nach der »Befreiung«, gibt es keine Politiker*innen der demokratischen Parteien, die sich auf die Verbrechen des NS-Regimes nicht mit glaubhafter Abscheu beziehen. »Nie wieder!« ist nicht mehr nur der Weckruf gesellschaftlich isolierter Gruppen Überlebender wie in den Nachkriegsjahren. Das ist von enormer Wichtigkeit, es ist ein historischer Fortschritt, der gar nicht hoch genug geschätzt werden kann. Nur leider ist der Höhepunkt der Selbstreflexion offenbar schon wieder überschritten. Mit der AfD sitzt seit 2017 eine Partei im Deutschen Bundestag, die »endlich Schluss machen« möchte mit der Vergangenheitsbewältigung, die, geht es nach Björn Höcke, dem inoffiziellen Anführer ihres rechtesten Flügels, eine »geschichtspolitische Wende um 180 Grad« erreichen will.

Und blickt man im letzten Schritt noch etwas weiter zurück, in eine Zeit, aus der wir keine mündliche Generationenüberlieferung mehr haben, sehen wir auch dort die gleiche Gemengelage wie heute. Die politische Situation vor 1933 ist in einem wichtigen Aspekt der unseren ähnlich. Nicht weil eine neue Machtübertragung bevorstünde, sondern weil der Faschismus genau wie heute eine gut organisierte Opposition war. Wer sich diese Zeit vergegenwärtigen möchte, schaue sich gerne die Fernsehserie *Babylon Berlin* an. Man erlebt am Bildschirm die beklemmende Symbiose aus legalen und illegalen Mitteln, aus offenem Terror und heimlicher Unterstützung. Rechter Terror stand auch in der Weimarer Republik nicht für sich, sondern glaubte, in höherem Auftrag zu handeln, und konnte sich nachsichtiger Behandlung bis zur erst heimlichen und dann offenen Unterstützung durch maßgebliche Behörden sicher sein.

Was lernt man daraus?

Wer immer heute in Politik, Verwaltung, Polizei und anderen Behörden Verantwortung trägt und in irgendeiner Weise mit rechter Gewalt beschäftigt ist, ist Glied einer langen Kette, die hier skizziert wurde. Die Geschichte und leider auch die Gegenwart geben genügend Anlass zur Skepsis, dass die Verantwortlichen sich ihrer Verantwortung auch bewusst sind und entsprechend handeln. Leugnung, Abwiegelung, Vertuschung, klammheimliche oder offene Unterstützung verlangen nach Aufklärung, nach Transparenz und nach Taten.

Die Kette muss zerrissen werden. Es gab in den letzten hundert Jahren immer Polizist*innen, Staatsanwält*innen und Richter*innen, die die politisch motivierte rechte Kriminalität als solche verstanden und entsprechend gehandelt haben. Diese grundlegende Anständigkeit muss zur professionellen Regel werden. Der AfD-Führer im Wartestand, Björn Höcke, hat uns eine Warnung gegeben: Er setzt nicht nur auf den Aufbau der Macht in den Parlamenten und auf der Straße, sondern auch auf die unzufriedenen Rassist*innen in den Behörden, die anzustacheln er sich bemüht.

Es muss das Gegenteil von dem erreicht werden, was Höcke als Losung ausgegeben hat. Es muss Transparenz geschaffen werden über rechte Netzwerke als Voraussetzung zu ihrer Zerschlagung. Da, wo Sondermittler*innen in der Polizei das nicht schaffen oder nicht schaffen wollen – wie beispielsweise im Berliner »Neukölln-Komplex« –, müssen parlamentarische Untersuchungsausschüsse her. Es kann nicht angehen, dass in einem Berliner Stadtteil jahrelang Dutzende von Anschlägen gegen Migrant*innen und politische Aktivist*innen durchgeführt werden bei offenkundiger Unfähigkeit oder Unwilligkeit der Polizei, die Täter*innen zu stellen.

Fortschritt wird es realistischerweise nur geben, wenn eine starke gesellschaftliche Bewegung darauf drängt. Der Faschismus von heute ist nicht anders als der von damals. Er ist genauso brutal, aber auch genauso populistisch und verlogen.

Der Vorteil der heute lebenden Generationen ist, dass sie aus der Katastrophe von damals lernen können. Die sich bis 1933 aufs Blut bekämpfenden Sozialdemokrat*innen und Kommunist*innen, die Liberalen und Antifaschist*innen jeder Couleur fanden sich gemeinsam im Exil oder in den Konzentrationslagern wieder. Im Angesicht der faschistischen Bedrohung von heute müssen sie zusammenhalten. Und zwar dann, wenn es noch geht, wenn es nicht schon zu spät ist. Erich Kästner schrieb in »Über das Verbrennen von Büchern«:

»Die Ereignisse von 1938 bis 1945 hätten spätestens 1928 bekämpft werden müssen. Später war es zu spät.

Man darf nicht warten, bis der Freiheitskampf Landes-
verrat genannt wird. Man darf nicht warten, bis aus dem
Schneeball eine Lawine geworden ist. Man muß den rol-
lenden Schneeball zertreten. Die Lawine hält keiner mehr
an! Sie ruht erst, wenn sie alles unter sich begraben hat.
Das ist die Lehre, das ist das Fazit dessen, was uns 1933
widerfuhr, das ist der Schluß, den wir aus unseren Erfah-
rungen ziehen müssen, und es ist der Schluß meiner Rede.
Drohende Diktaturen lassen sich nur bekämpfen, ehe sie
die Macht übernommen haben. Es ist eine Angelegenheit
des Terminkalenders. Nicht des Heroismus.«

Die faschistische Bewegung aufzuhalten steht auf unser
aller Terminkalender.

Jamila Schäfer
HEUTE ALS ANFANG VON MORGEN BEGREIFEN – PROJEKTE FÜR EINEN KRISENFESTEN HUMANISMUS

Als ich 1999 in die Schule kam, hat mein Opa mal zu mir gesagt, dass ich wohl den Anfang vom schönsten Teil der Menschheitsgeschichte erleben dürfte. Als er 1933 eingeschult wurde, kamen gerade die Nazis an die Macht. Er ist im Zweiten Weltkrieg aufgewachsen, hatte den Kalten Krieg erlebt und blickte nun optimistisch auf das neue Jahrtausend.

Heute weiß ich, dass wir noch einiges dafür tun müssen, damit das 21. Jahrhundert wirklich der Anfang vom schönsten Teil der Menschheitsgeschichte wird, und dass Geschichte niemals Schicksal ist, sondern immer das, was wir draus machen.

In den 1990er Jahren glaubten viele – so wie mein Opa –, dass wir uns auf dem Weg in eine immer fortschrittlichere und demokratischere Zukunft befänden. Aber spätestens das Brexit-Referendum, die Wahl Donald Trumps im November 2016 und die Wahl der AfD in den Bundestag haben uns gezeigt, dass die Demokratie nicht in Stein gemeißelt ist. Unser kollektives Bewusstsein wurde an die Zerbrechlichkeit sicher geglaubter Errungenschaften erinnert.

Die Erfolge antidemokratischer Kräfte ließen uns in den letzten Jahren in Abgründe blicken, die wir aus Geschichtsbüchern kennen. Und wir wurden daran erinnert, dass Demokratie von Voraussetzungen lebt, die sie selbst nicht garantieren kann, und dass sie mit ihren eigenen Mitteln geschlagen werden kann. Diese Erkenntnisse haben vielen Menschen wieder neue Gründe geliefert, sich zu engagieren. Sie haben gezeigt, dass das Engagement jeder*jedes Einzelnen darüber entscheidet, wie die Zukunft aussehen wird.

Der Protest gegen einen politischen Rechtsruck und der Wunsch nach einer humanistischen Politik hat in den letzten Jahren viele Menschen politisiert. Demonstrationen von Bündnissen wie #ausgehetzt oder #unteilbar gegen den Rechtsruck, Aktionen von #LeaveNoOneBehind und der Seebrücke für eine humane Geflüchtetenpolitik brachen Mobilisierungsrekorde. Die meisten Menschen wollen, dass wir die Geschichtsbücher von morgen ohne neue Abgründe schreiben. Viele sind bereit, daran persönlich mitzuwirken.

Klimakrise, Wirtschaftskrise und die immer stärker werdende soziale Spaltung – all die großen Probleme unserer Zeit erfordern eine Politik, die sich ihren strukturellen Ursachen stellt. Durch Fridays for Future ist klargeworden, dass eine Politik, die sich vor notwendigen Veränderungen drückt, die Probleme immer größer werden lässt, anstatt für Stabilität zu sorgen. Viele Menschen haben auch dank der jungen Klimabewegung verstanden, dass wir gerade in einer Zeit der Umbrüche eine wegweisende Regierung brauchen, die die Menschen mitnimmt und Mut macht, um notwendige Veränderungen solidarisch anzugehen. Diese Regierung könnte ein grün-rotrotes Bündnis sein, das dank vieler Gemeinsamkeiten in Programm und Analyse Handlungsfähigkeit in schwierigen Zeiten beweisen könnte.

Um diejenigen zu mobilisieren, die sich eine krisenfeste und humanistische Gesellschaft wünschen, braucht es eine Vision einer besseren Zukunft, die den Menschen Lust macht, Teil der Veränderung zu sein.

Corona als Drehscheibe in eine neue Normalität
Als die Corona-Pandemie begann, ahnte kaum jemand, wie fest sie uns für viele Monate im Griff haben würde. Wenn man in fünfzig Jahren zurückblickt, wird die Pandemie vermutlich als das einschneidendste Ereignis dieser Zeit gelten. Welche Lehren später daraus gezogen werden, ist heute noch nicht entschieden.

Doch ein paar Erkenntnisse aus der Krise zeichnen sich bereits ab: Gerade im ersten Lockdown haben wir deutlich zu spüren bekommen, dass wir in einer Gesellschaft leben, die eigentlich immer schneller rennen muss, um am Leben zu bleiben. Es gibt kaum ein Unternehmen, das einige Wochen stillstehen kann, ohne am staatlichen Tropf zu hängen. Unsere Wirtschaft besteht aus einem klapprigen Gerüst von Abhängigkeiten, das schnell aus dem Gleichgewicht geraten kann. Wenn auch nur eine Schraube fehlt, wird es gefährlich.

Als Lieferketten rissen, waren viele Länder zunächst abgeschnitten vom Zugang zu Atemmasken und Medikamenten. Während sich einige Industriestaaten nach erfolgreicher Entwicklung des Impfstoffes ein Vielfaches der notwendigen Dosen sicherten, wurden die ärmsten Länder bei der Bekämpfung der Pandemie im Stich gelassen. Viele Gesundheitssysteme und einige Wirtschaftszweige haben sich als so krisenfest erwiesen wie ein Kartenhaus im Wind. Und nahezu überall waren diejenigen die Leidtragenden, die sowieso schon die schlechteren Voraussetzungen hatten, um die Krise zu überstehen. Wie unter einem Brennglas wurde deutlich: Der Markt »regelt« zwar, aber schlecht.

Ja, die Coronakrise hat sehr deutlich gemacht, dass die profitgeleitete Globalisierung daran gescheitert ist, unsere

Wertschöpfung nach humanistischen Standards zu organisieren und auf krisenfeste Füße zu stellen. Sie zeigt, dass die Unterwerfung unter ausbeuterische Marktlogiken uns viel verletzlicher gemacht hat, als wir sein müssten.

Dass diese strukturellen Schwachstellen offenbart wurden, erhöht die Resonanz für progressive Forderungen nach sozialen und ökologischen Korrekturen unseres Wirtschafts- und Finanzsystems. »Die Krise als Chance begreifen«, lautet deshalb ein beliebtes progressives Mantra in diesen Zeiten. Doch gleichzeitig sorgt die Krisenerfahrung bei vielen Menschen für Verunsicherungen, für Verlust- und Zukunftsängste. Die Angst vor Veränderungen und dem eigenen sozialen Abstieg haben sich reaktionäre Kräfte in der Vergangenheit immer wieder zunutze gemacht. Dass eine Krise nicht automatisch zur Chance für solidarische Veränderungen wird und auch Gegenteiliges eintreten kann, hat der politische Aufwind für Nationalismus und autoritäre Politikangebote nach den vergangenen Wirtschaftskrisen immer wieder bewiesen.

Gemeinsam müssen wir dafür sorgen, dass es diesmal anders kommt. Es braucht reflektierten Optimismus, um unsere Handlungsspielräume für progressive Mehrheiten realistisch einzuschätzen und zu nutzen.

Eine progressive Mehrheit, aus der eine progressive Regierung werden könnte, ist kein Selbstzweck. Ihr Vorteil wird nur deutlich, wenn ein progressiver Zukunftsentwurf an der Lebensrealität der Menschen ansetzt und konkrete Projekte beinhaltet, hinter denen sich in diesen Zeiten viele versammeln können. Hier ein paar Ideen, wie sie aussehen könnten:

1. Job-Garantie einführen

Noch immer ist der Umbau in eine klimaneutrale Wirtschaft für viele Menschen mit der Sorge verknüpft, ihren

Arbeitsplatz zu verlieren. Das macht es einfacher, soziale Gerechtigkeit gegen ökologische Politik auszuspielen. Natürlich ist Klimaschutz eigentlich auch Teil einer guten und vorsorgenden Sozialpolitik, da die Ärmsten der Armen am meisten darunter leiden. Dennoch kann die ökologische Transformation des Wirtschaftens kurzfristig mit der sozialen Absicherung von Angestellten in bestimmten Branchen in Konflikt geraten. Mit einer Job-Garantie könnte der ökologische Umbau aber direkt mit einer sozialen Garantie verknüpft werden.

Der Umbau unseres Wirtschaftens erfordert viele neue Aufgaben und Arbeitsplätze, viel Know-how im Bereich sozialer, technologischer und ökologischer Innovation. So könnte der Staat selbst gemeinwohlorientierte Arbeitsplätze in diesen Bereichen schaffen, um möglichst vielen Menschen in Zeiten der Transformation einen sicheren Arbeitsplatz zu garantieren. Konkret könnte die staatlich finanzierte Job-Garantie kommunal umgesetzt werden und Projekte aus gesellschaftlich relevanten Bereichen wie Bildung, Pflege, Umweltmanagement, Sicherheit oder Stadtpflege beinhalten. Investitionen in die Zukunft könnten so mit einem sozialpolitischen Sicherheitsversprechen verbunden werden.

2. Arbeitszeit auf 30 Stunden reduzieren

Immer mehr Menschen werden durch die hohe Arbeitsbelastung psychisch krank, leiden unter Burnout und Depressionen. Auch die körperliche Gesundheit leidet aufgrund der gestiegenen Arbeitsbelastung immer mehr. Eine schrittweise Reduktion der Normalarbeitszeit würde Arbeitslosigkeit zurückdrängen, die Arbeit gerechter verteilen und die Vereinbarkeit von Familie und Beruf verbessern. Die Lebenszufriedenheit würde steigen, weil die Menschen mehr Zeit in zwischenmenschliche Beziehungen investieren könnten und dafür, ihre Träume zu verwirklichen.

Auch für die Gleichberechtigung der Geschlechter hätte eine Arbeitszeitverkürzung positive Auswirkungen: Das Ungleichgewicht zwischen Teilzeit- und Vollzeitbeschäftigten und die Doppelbelastung, unter der vor allem Frauen leiden, könnte so massiv reduziert werden.

3. Klimaabkommen einhalten

Das Pariser Klimaabkommen muss endlich zum verbindlichen Handlungsrahmen werden. Wir müssen so schnell wie möglich auf den 1,5-Grad-Pfad kommen und eine dem entsprechende Minderung des CO_2-Ausstoßes jedes Jahr schaffen. Das klappt nur mit einem schnelleren Kohleausstieg und einem ambitionierten Ausbau erneuerbarer Energien. Aber auch in der Landwirtschaft und in der Verkehrspolitik muss der CO_2-Ausstoß runter. Dazu gehört auch ein Ausstieg aus den Verbrennungsmotoren bis 2030 und eine Reform der europäischen Landwirtschaftspolitik, die noch immer Großgrundbesitz mehr belohnt als Gemeinwohl- und Zukunftsorientierung. Alle politischen Entscheidungen müssen unter den Vorbehalt gestellt werden, die Klimaziele einzuhalten.

4. Nachhaltigkeitsvorbehalt für alle Politikbereiche setzen

Unsere Regierungspolitik krankt daran, Entscheidungen nicht mit einem klaren Blick auf langfristige Ziele treffen zu können. Viele Entscheidungen werden mit einem fachpolitischen Tunnelblick gefällt, so dass sich Beschlüsse ein und derselben Regierung gegenseitig sabotieren. Klassische Bereiche sind Entscheidungen des Wirtschaftsressorts, die etwa außen- oder entwicklungspolitische Ziele unterminieren. Die Folge ist eine inkohärente Politik des sich Durchwurschtelns. Eigentlich haben wir als Weltgemeinschaft mit den Menschenrechten, den Klimazielen von Paris und der Agenda 2030 mit den Zielen für eine nachhaltige Entwicklung die richtigen Werkzeuge, um die Welt nach humanistischen Standards zu gestalten. Noch werden sie aber nicht als konsequenter Handlungsrahmen gesetzt. Damit sich das endlich ändert, müssen alle politischen Entscheidungen einem verpflichtenden Nachhaltigkeitscheck unterzogen werden. Eine stärkere Orientierung an Lebensqualität, Gemeinwohl und den Bedürfnissen nachfolgender Generationen statt an kurzfristigen privaten Profiten könnte so gewährleistet werden. Das sorgt für Kohärenz durch die unterschiedlichen Politikbereiche hindurch und kann viele Krisen verhindern, bevor sie entstehen.

5. Bürger*innenräte einführen
Das Partizipationsversprechen unserer Demokratie wird nur unzureichend erfüllt. Studien zeigen immer wieder, dass die Anfälligkeit für Verschwörungsmythen, autoritäre und antidemokratische Einstellungen steigt, wenn ein Mensch glaubt, dass die eigenen Bedürfnisse und Interessen im demokratischen Prozess kein Gehör finden können.

Die Einführung von Bürger*innenräten, die per Bürgerbegehren, Parlamentsbeschluss oder Regierungsbeschluss zur Beratung einer konkreten Fragestellung eingesetzt werden können, könnte das *ownership*-Gefühl in Bezug auf politische Entscheidungen erhöhen. Das würde, gerade bei schwierigen Abwägungsentscheidungen, die Lösungsorientierung erhöhen, die Akzeptanz der Bevölkerung für wegweisende Entscheidungen verstärken und Populist*innen den Nährboden entziehen.

6. Krisenlasten fair verteilen und Zukunftsinvestitionen ermöglichen

In der Finanzkrise nach 2008 wurde die Chance verpasst, das System mit Hilfe der staatlichen Rettungsmaßnahmen ökologischer und sozial gerechter zu gestalten. Während die Risiken der Wirtschaftsweise großer Konzerne auf die Steuerzahlenden abgewälzt wurden, blieben die so geretteten Profite privatisiert. Die Coronakrise bietet eine neue Chance, die Gelder, die zur Stimulierung der Wirtschaft genutzt werden, direkt mit gemeinwohlorientierten Zielen zu verbinden. Anstatt Konzerne ohne Umweltauflagen mit Steuergeldern zu retten, könnten die Hilfen sozial und ökologisch konditionalisiert werden, also mit einem Verbot unnötiger Boni-Auszahlungen oder exzessiver Dividenden, der verpflichtenden Vorlage einer Klimaneutralitätsstrategie und einem Ende der Ausnutzung von Steuersümpfen verbunden werden.

Die Finanzierung dieser Rettungsmaßnahmen darf nicht zulasten der öffentlichen Infrastruktur erfolgen. Nicht zuletzt die Coronakrise selbst hat deutlich gemacht, dass ein gutes öffentliches Gesundheitssystem unerlässlich ist und dass gerade im Bildungsbereich viel mehr Investitionen notwendig sind, um ein stabiles System zu schaffen, das niemanden zurücklässt. Mit einer coronabedingten Vermögensabgabe könnte eine solidarische Beteiligung von Wohlhabenden an den Krisenlasten und an wichtigen gesellschaftlichen Investitionen ermöglicht werden.

7. Digitalsteuer und europäische Körperschaftssteuer einführen

Die EU bietet hervorragende Möglichkeiten, die Macht großer Konzerne und Steuerdumping zu beenden. Große Digitalkonzerne erwirtschaften zwar immer größere Gewinne, zahlen dafür aber wenige bis keine Steuern in der EU. Die deutsche Bundesregierung hat eine Digitalsteuer bisher blockiert. Dabei würden wir alle profitieren, wenn sich die einzelnen EU-Staaten nicht weiter gegeneinander ausspielen ließen, sondern Steuersümpfe austrocknen und gemeinsame Besteuerung beschließen würden. Das würde auch die Handlungsfähigkeit des europäischen Haushaltes in Krisenzeiten verbessern und den europäischen Binnenmarkt auf krisenfestere Füße stellen.

8. #LeaveNoOneBehind: Mit der Initiative für humanitäre Aufnahmeprogramme für eine menschenrechtsorientierte Geflüchtetenpolitik sorgen
Die Fokussierung auf scheinbar unlösbare Probleme verstellt seit Jahren den Blick auf die realen Handlungsmöglichkeiten einer menschenrechtsbasierten Asylpolitik in Europa. Die Folge sind Elendslager und systematische Menschenrechtsverletzungen an den europäischen Außengrenzen. Die Bundesregierung sollte vorangehen und einen Verteilungsmechanismus zwischen den aufnahmebereiten Staaten initiieren. Damit ließe sich ein System etablieren, wonach die Registrierung und erste Checks an den Außengrenzen, die Verteilung und danach die Durchführung rechtsstaatlicher Asylverfahren in aufnahmebereiten EU-Staaten sowie die Möglichkeit zur finanziellen Unterstützung durch alle anderen EU-Staaten gewährleistet würde.

Eine solche pragmatische Lösung würde funktionieren auf Basis der verstärkten Zusammenarbeit und ohne das stetige Schielen auf Blockiererstaaten wie Ungarn, Dänemark oder Österreich. So könnten das Chaos und die Entrechtung an den Außengrenzen endlich gestoppt und der Weg für funktionierende, rechtsstaatliche Asylverfahren freigemacht werden.

Bündnisse schmieden

All diese Forderungen und Visionen brauchen gesellschaftliche Resonanz. Die können wir als linke Parteien nicht alleine schaffen. Wir sind auf gesellschaftliche Voraussetzungen angewiesen, die wir aus eigener Kraft heraus nicht schaffen können. Es braucht Bewegungen, außerparlamentarische Akteur*innen und eine aktive Zivilgesellschaft, die die notwendigen Veränderungen so lautstark einfordern, dass die Politik nicht daran vorbeikommt.

Lasst uns gemeinsam das Setting verändern, in dem Politik gestaltbar ist. Nur wenn wir als progressive Kräfte an einem Strang ziehen und überzeugende und konkrete Angebote machen, können wir den Hegemoniewechsel weiter voranbringen.

Es liegt in unseren Händen, ob diese Zeit der Anfang vom besten Teil der Menschheitsgeschichte wird oder nicht. Eine große Chance liegt direkt vor uns. Nutzen wir sie!

II. VERBÜNDET EUCH: THEMEN!

Bärbel Bas
WIE WOLLEN WIR LEBEN? PFLEGE ALS SPIEGEL DER GESELLSCHAFT

»Ich soll im Alter von 80 Jahren für meinen Unterhalt beim Sozialamt betteln gehen?« Diese Frage stellte mir vor kurzem ein Ehemann, der das Pflegeheim für seine Frau bezahlen muss. Mit 2.650 Euro haben die beiden eine Rente, die viele gerne hätten. Und doch bleibt, bei fast 2.500 Euro Eigenanteil, selbst damit nichts zum Leben.

Pflege ist teuer. Für viele Familien zu teuer. Mit rund 3.000 Euro wird ein Platz in einem Pflegeheim veranschlagt, die regionalen Unterschiede sind groß. Die Leistungen der Pflegeversicherung richten sich nach dem Pflegebedarf, jedoch werden maximal 1.995 Euro übernommen, oft weniger. Im Durchschnitt bleibt eine Lücke von 2.015 Euro, die den Pflegebedürftigen jeden Monat in Rechnung gestellt werden.

36 Monate leben Menschen durchschnittlich in einem Pflegeheim. Mehr als 70.000 Euro Eigenanteil kommen da zusammen. Die Rente und das Vermögen reichen bei vielen dafür nicht aus. 30 Prozent der Menschen, die vollstationär gepflegt werden, haben deshalb beim Sozialamt die Hilfe zur Pflege beantragt. Sie empfinden das häufig als Stigmatisierung, denn sie standen ihr ganzes Leben lang auf eigenen Beinen und wollen auch im Alter nicht »betteln gehen«.

Das Sozialamt übernimmt die Kosten, prüft aber erst, ob es unterhaltspflichtige Kinder gibt. Pflege wird zu einer immer größeren Belastung für die ganze Familie.

Dies ist die eine Seite. Die andere Seite erlebe ich im Gespräch mit Pflegekräften. Ich treffe Menschen, die ihren Beruf lieben, und erlebe, dass diese Menschen an ihrem Beruf verzweifeln: Die Stationen sind unterbesetzt, die Einkommen niedrig, die Schichtpläne nicht mit den Öffnungszeiten von Kitas und Schulen vereinbar.

1,1 Millionen Menschen – davon 310.000 Altenpfleger*innen und Altenpflegehelfer*innen – sind in 13.300 ambulanten Pflegediensten und in 13.600 stationären Pflegeeinrichtungen beschäftigt. Allein in den Pflegeheimen leben mehr als 800.000 Menschen. Die Beschäftigten dort beschreiben eine chronisch zu hohe Arbeitsbelastung, die durch die Schwierigkeiten bei der Besetzung freier Stellen verschärft wird. Ohne einen steuerfinanzierten Bundeszuschuss werden wir den Anforderungen, die wir an gute Pflege haben, nicht gerecht werden können.

Die Würde des Menschen ist unantastbar. Diesem Grundsatz werden wir im Bereich Pflege zu oft nicht gerecht. Dabei kann unser Anspruch nur sein, dass alle Menschen unabhängig von Herkunft, sozialem Status und Einkommen in jeder Lebensphase gut und würdevoll leben können. Mehr Personal, bessere Bezahlung – das steht zu Recht weit oben auf der Liste jeder pflegepolitischen Agenda. Was dabei aber oft nicht berücksichtigt wird: Die Pflegeversicherung funktioniert als Teilkostenversicherung, ihre Leistungen sind gedeckelt. Kosten, die von der Pflegeversicherung nicht übernommen werden, müssen von den Pflegebedürftigen und deren Angehörigen bezahlt werden. Kostensteigerungen gehen zu deren Lasten. Oder – über die Sozialhilfe – zu Lasten der Kom-

munen, wenn das Einkommen und das Vermögen der Angehörigen nicht ausreichen.

Mehr Personal, das besser bezahlt wird, führt in diesem System also zwangsläufig zu höheren Eigenantei-
len. Doch drehen wir das Prinzip doch einfach mal um:
Statt der Leistungen werden in einem ersten Schritt die
Eigenanteile gedeckelt.

Kraft kann eine solche Forderung aber nur dann entfalten, wenn wir auch den zweiten Schritt mitdenken: Man
würde die Eigenanteile immer weiter zurückzufahren und
am Ende aus der Pflegeversicherung eine Pflegekostenvoll-
versicherung machen, was eine ungeheure Entlastung der
Pflegebedürftigen und ihrer Angehörigen bedeuten würde.

Aber machen wir uns nichts vor: Gute Pflege kostet
Geld und ist nicht allein über die Beiträge der bisher Ver-
sicherten finanzierbar. Auch bei der Pflege sind diejenigen
mit den hohen Einkommen oft privat versichert. Bezieht
man die in eine Pflegebürgerversicherung mit ein, wird die
Beitragsbasis breiter. Ohne einen steuerfinanzierten Bundeszuschuss wird es aber trotzdem nicht gehen. Ein Fi-
nanzierungskonzept, das unserem Anspruch nach würde-
voller Pflege gerecht werden kann, braucht demnach eine
Finanz- und Wirtschaftspolitik, die ihre gesellschaftliche
Aufgabe begreift und die Mittel zur Verfügung stellt.

Gute Pflege, das bedeutet vor allem gute Arbeitsbedingungen in der Pflege

Gute Pflege braucht gute Arbeitsbedingungen für die Pflegenden, also eine angemessene Personalausstattung und
ausreichend Zeit. Pflege muss ein Beruf werden, der so attraktiv ist, dass junge Menschen ihn erlernen möchten. Nicht
zuletzt die Erfahrungen in der Coronakrise haben gezeigt,
wie katastrophal die Zustände teilweise sind. Abendlicher
Applaus vom Balkon in durchgentrifizierten Vierteln, in de-

nen Leute in Pflegeberufen nicht mal die Miete bezahlen könnten, wird von den Pflegenden schon lange nicht mehr als Ausdruck der nötigen Wertschätzung wahrgenommen.

Wir haben ein Projekt angestoßen, das auf Basis eines wissenschaftlich fundierten Verfahrens den Personalbedarf in der Pflege feststellt.[1] Es wurde ein Algorithmus entwickelt, der individuell den Bedarf in einer Einrichtung an Fach- und Assistenzkräften anhand der Pflegebedarfe der Bewohner*innen berechnet. Die Ergebnisse sind alarmierend: Die Personalschlüssel sind durchweg zu niedrig – bei den Fachkräften, vor allem aber bei den Assistenzkräften. Dabei können offene Stellen schon jetzt oft nicht besetzt werden.

Um die Attraktivität der Pflegeberufe zu steigern, arbeiten wir an vielen Stellen an besseren Arbeitsbedingungen: Wir haben die Ausbildung neu aufgestellt, das Schulgeld ist für viele Pflegeschulen abgeschafft. Diese Ansätze müssen wir weiterverfolgen. Die Fort- und Weiterbildung in der Pflege ist sicher noch genauso eine Baustelle wie flexiblere Arbeitszeitmodelle. Dies alles verfängt aber nur, wenn auch die Bezahlung besser wird. Pflege ist nicht nur systemrelevant und ideell wertvoll, es ist eine anspruchsvolle Arbeit, die entsprechend entlohnt werden muss.

Die Tarifpartner sind mit in der Verantwortung, in den Tarifverträgen neben dem Gehalt auch andere wichtige Rahmenbedingungen zu regeln: Arbeitszeiten, Ansprüche auf Fort- und Weiterbildung, Urlaubsanspruch, Weihnachtsgeld sowie den Anspruch auf eine betriebliche Altersvorsorge. Die Politik muss dies flankieren: Wegen der Tarifflucht von Arbeitgeber*innen entfalten Tarifverträge nur begrenzt Wirkung. Ist ein Tarifvertrag abgeschlossen, muss er für die ganze Branche als verbindlich erklärt werden. Er gilt dann auch in den Unternehmen, die nicht Mitglied im Arbeitgeberverband sind. Damit profitieren alle Beschäftigten.

Pflege ist weiblich

In vielen Debatten wird immer wieder betont, wie offen und bunt unsere Gesellschaft sei. Gerade Gleichberechtigung wird – außer in rechtskonservativen Milieus – mittlerweile als selbstverständlich akzeptiert. Geschlechtergerechtigkeit – das zeigt ein Blick auf die Pflege überdeutlich – ist aber noch lange nicht erreicht. Pflege ist immer noch weiblich, als Beruf, aber auch privat. Frauen leisten nach wie vor einen Großteil der Sorgearbeit. Um gleiche Chancen und eine gleichberechtigte Teilhabe am Erwerbs- und Familienleben zu schaffen, brauchen wir dringend weitere Initiativen für eine gerechte partnerschaftliche Verteilung von Sorge- und Erwerbsarbeit.

Mit Kita-Ausbau und Elterngeld wurden (anders als mit dem Erziehungsgeld bzw. der »Herdprämie«) wichtige Impulse gesetzt. Geplant sind außerdem ein Rechtsanspruch auf Ganztagsbetreuung im Grundschulalter und eine Familienarbeitszeit, mit der Zeiten für Arbeit, Familie oder auch Pflege flexibler verteilt werden können. Das sind richtige Ansätze. Durchgreifend verändert haben sie das Geschlechterverhältnis in der Sorgearbeit aber noch nicht. Statt einer gerechten partnerschaftlichen Verteilung sind es in der Regel nur die beiden Vätermonate, in denen sich die Männer um ihr Kind kümmern.

Mehr Zeit für die Sorgearbeit? Oder mehr Zeit für die Erwerbsarbeit, damit man sich professionelle Sorgearbeit leisten kann? Beide Ansätze werden in der Debatte um die Sorgearbeit vertreten und in der Politik verfolgt. Beide haben ihre Berechtigung und ihre Grenzen. Weder darf eine stärkere Honorierung der Sorgearbeit zu einem Zurückdrängen der Frauen aus dem Erwerbsleben führen. Noch darf eine stärkere Nachfrage nach Sorge-Dienstleistungen zu prekärer – dann auch wieder von Frauen ausgeübter – Beschäftigung in den privaten Haushalten führen.

Hier ist noch vieles zu klären. Die seit den 90ern geführte Diskussion um die Sorgearbeit spiegelt sich nur sehr begrenzt in der Politik wider. Eine Auseinandersetzung mit den Perspektiven, die in dieser Diskussion eingenommen werden, kann dazu beitragen, eine geschlechtergerechte Verteilung der Pflege gesellschaftlich zu etablieren.

Pflege muss den Menschen gerecht werden
Wie werden wir heute den Pflegebedürftigen gerecht, die möglichst selbstbestimmt leben und an der Gesellschaft teilhaben wollen? Und wo bekommen die Angehörigen Unterstützung? Der Großteil pflegebedürftiger Menschen wird weiterhin zu Hause gepflegt. Die Pflege wird meistens noch immer, zumindest teilweise, von den Angehörigen übernommen. Familienstrukturen und Lebensentwürfe sind aber immer vielfältiger geworden. Dem muss sich Pflege anpassen, sie muss flexibel auf die Bedürfnisse der Menschen reagieren können.

An manchen Stellen müssen wir Angebote ausbauen. Gerade wenn pflegende Angehörige krank werden oder Urlaub machen möchten, brauchen sie Unterstützung. Ein Ausbau der Kurzzeitpflegeplätze ist dringend notwendig. Und auch Rehabilitationsangebote, vor allem mobile, müssen ausgebaut werden.

Viel wichtiger ist es aber, die Organisation von Pflege einfacher zu machen. Pflegebedürftige und pflegende Angehörige haben Anspruch auf viele Unterstützungsleistungen. Sie stehen aber oft vor diesen Leistungen wie vor einem undurchdringlichen Dschungel. Sie wissen nicht, welche Leistungen es gibt. Sie fragen sich, welche in ihrer Situation sinnvoll sind und wo sie zu beantragen sind. Und sie haben Angst, in einen Verschiebebahnhof verschiedener Leistungserbringer zu geraten und am Ende ohne Leistung dazustehen. Diese Angst ist berechtigt. Wenn mich

Bürgerinnen und Bürger um Hilfe bitten, geht es sehr oft genau darum: Dass eine Leistung zusteht, ist unstrittig, aber es wird darum gestritten, welcher Leistungsträger sie finanzieren muss, etwa ob die Pflegeversicherung oder die Eingliederungshilfe ambulante Leistungen tragen muss. Solche Schnittstellenprobleme bei den verschiedenen Leistungsträgern gehen regelmäßig auf Kosten der Pflegebedürftigen und deren Angehöriger.

Vielfalt und flexible Kombinationsmöglichkeiten sind notwendig, um der individuellen Lebenssituation Rechnung zu tragen. Die Angehörigen aber brauchen jemanden, der ihnen die Bresche schlägt, am besten eine*n einzige*n Ansprechpartner*in, der*die sie berät und unterstützt und dessen*deren Aufgabe es ist, für sie gute Pflege möglich zu machen.

Dies ist auch eine Aufgabe für die Kommunen, hier können Beratungsangebote verbessert und gebündelt werden. Kommunale Pflegelotsen können gemeinsam mit den bereits eingerichteten Pflegestützpunkten für eine unbürokratische, wohnortnahe Beratung sorgen. Sie kennen das Angebot vor Ort, sie können im Rahmen des Quartiersmanagements auch den Ausbau der Pflegeinfrastruktur genauso anstoßen wie neue Wohnformen oder eine altersgerechte Quartiersentwicklung.

Auf der anderen Seite müssen Leistungen dringend gebündelt werden. Ein einziger Antrag muss reichen. Im Bundesteilhabegesetz wurde dafür das Teilhabeplanungsverfahren eingeführt. Hinter diesem Begriff verbirgt sich folgendes Konzept: Die Leistungsträger, die Pflegebedürftigen und deren Angehörige setzen sich zusammen und planen gemeinsam, wie die Teilhabe sichergestellt werden kann. Die Kostenaufteilung wird unter den einzelnen Leistungsträgern geklärt, nachdem die Leistung gewährt ist. Im Bundesteilhabegesetz spricht man von

Leistungen wie aus einer Hand. Ein solches Modell ist – am besten mit Unterstützung der kommunalen Pflegelotsen – auch für die Pflege sinnvoll.

Pflege geht uns alle an: Jetzt, morgen oder vielleicht auch erst in einigen Jahrzehnten. Wie gehen wir mit schwachen, kranken oder älteren Menschen in unserer Gesellschaft um? Wie mit denjenigen, die die Sorgearbeit leisten? Pflege ist ein Brennglas. Tief verankert in diesem Thema liegt die Frage, wie und in welcher Gesellschaft wir leben wollen. Unser Umgang damit zeigt, wie wichtig wir Würde und Solidarität nehmen.

Wie wir sehen, besteht Handlungsbedarf. Gerade die hohen Eigenanteile sorgen dafür, dass die Menschen Angst haben, zum Sozialamt zu müssen, wenn sie Pflege brauchen. Wir brauchen einen Sozialstaat, der Vertrauen schafft, statt Angst zu machen. Dort, wo der Sozialstaat Menschen stigmatisiert, dort ist er einfach nicht gut genug. Gute Pflege gehört zu einem tragfähigen sozialen Netz, auf das die Menschen vertrauen. Ein Netz, das die Sicherheit gibt, nicht ins Bodenlose zu fallen.

Schon jetzt trägt das soziale Netz auch deshalb, weil es mit Steuermitteln gestärkt wird. Es geht letztlich um Geld. Wir brauchen eine Finanzpolitik, die der Pflege den notwendigen Wert beimisst, die notwendige Spielräume schafft und auf einem solidarischen Fundament fußt. Eine solche Politik ist möglich. Lasst uns mutig für die Wertschätzung der Arbeit in der Pflege und für eine würdevolle Pflege kämpfen. Gemeinsam können wir die Probleme angehen, die wir dafür lösen müssen. Nur so schaffen wir dieses Vertrauen.

Anmerkungen

1 https://www.gs-qsa-pflege.de/wp-content/uploads/2020/10/PM_qsa_ Abschlussbericht.pdf

Christoph Twickel
DIE POLITIK DES *SOCIAL RETURN* IST AM ENDE: WARUM DIE WOHNUNGS-POLITIK EINE GRUNDSÄTZLICHE WENDE BRAUCHT UND WIE DIESE AUSSEHEN KÖNNTE

Für SPD-Politiker∗innen ist die Wohnungsfrage »die soziale Frage des 21. Jahrhunderts«, CSU-Mann Horst Seehofer nennt sie »die soziale Frage unserer Zeit«, der Grüne Robert Habeck fordert gleich ein Recht auf bezahlbares Wohnen. Doch manchmal ist die falsche Diagnose das Grundübel. Wenn Politiker∗innen der SPD, der Grünen oder der Linken zum Beispiel das Problem der hohen Mieten lösen wollen, sagen sie gerne: Man dürfe das Wohnen nicht alleine den Marktkräften überlassen. Aus CDU und FDP kommt dann schnell die Warnung: Wer den Markt gängelt, sorge bloß dafür, dass nicht investiert werde. Doch dieser Streit führt in die falsche Richtung, denn die Grundannahme ist verkehrt: Der Wohnungsmarkt in Deutschland ist nicht den Marktkräften überlassen. Er war es nie und er ist es nicht. Seit jeher greift der Staat massiv in das Geschehen auf dem Wohnungsmarkt ein – oftmals viel massiver als in andere Märkte. Das Problem ist: Deutschland fördert die Falschen. Statt jene Immobilienunternehmen massiv zu fördern, die sich zum Bau günstiger Wohnungen verpflichten und ihre Gewinne reinvestieren, verschenkt der Staat öffentliche Mittel an ein internationales Immobilienroulette, das Mieten, Haus- und Grundstückspreise in die Höhe treibt. Das deutsche Steuerrecht ist merkwürdig generös gegenüber Immobilieninvestor*innen. Wer Häuser baut oder kauft, kann üblicherweise fünfzig Jahre lang jährlich zwei Prozent der Bau- oder Kaufkosten als Abschreibung absetzen. Auch die Zinsen für die Bankkredite lassen sich steuermindernd geltend machen. Der Gentrifizierungsforscher Andrej Holm hat in einer Beispielrechnung[1] vorgerechnet, dass der Fiskus beim Bau eines Berliner Mietshauses mit 50 Wohnungen in 25 Jahren auf rund 7 Millionen Euro Steuern verzichtet, im Gegenzug aber nur etwa 1,6 Millionen von den Eigentümer*innen kassiert. Will heißen: Die öffentliche Hand subventioniert jedes Mietshaus mit Millionensummen, ohne dass sich die Bauherren im Gegenzug zu irgendetwas verpflichten. Und das ist nur einer von vielen Steuervorteilen, die der deutsche Fiskus der Immobilienbranche in den vergangenen Jahrzehnten gewährt hat: die bis 1990 existierende Berlinförderung, die Sonderabschreibungen des »Fördergebietsgesetzes« für die Neuen Bundesländer und die Abschreibungsmöglichkeiten für Modernisierungen in Sanierungsgebieten. Zwischen 1990 und 2014 haben private Investor*innen 105 Milliarden Euro an Steuervorteilen kassiert. Von den 185 Milliarden Förderungen und Subventionen, die bei Vermieter*innen gelandet sind, haben gerade mal 10 Prozent dafür gesorgt, dass Sozialwohnungen entstehen. In Hamburg sind die Angebotsmieten zwischen 2008 und 2019 um 34 Prozent gestiegen, in Berlin um satte 80 Prozent. Kein Wunder, dass die heftigsten wohnungspolitischen Schlachten derzeit in der Hauptstadt ausgefochten werden: Eine Volksinitiative, die für die Enteignung großer Wohnungskonzerne kämpft, eine rot-rot-grüne Koalition, die für Hunderte von Millionen Wohnungen zurückkauft, die die Stadt Berlin Mitte der 2000er Jahre verschleudert hat – und die einen Mietendeckel beschlossen hat, der die Mieten für fünf Jahre einfrieren soll.

In den vergangenen Jahren haben sich mehr und mehr Städte und Kommunen in Deutschland dazu entschlossen, von den Immobilieninvestor*innen, die der Fiskus so großzügig fördert, bescheidene Beiträge zur sozialen Wohnraumversorgung zu fordern. 2011 hat Hamburg der lokalen Wohnungswirtschaft das Zugeständnis abgerungen, dass mindestens 30 Prozent der Wohnungen in Neubauentwicklungen als Sozialwohnungen gebaut werden. Auch wenn bei den Neubauwohnungen in Hamburg de facto nur 18 Prozent der Gesamtfläche auf Sozialwohnungen entfallen, hat das Beispiel Schule gemacht. In Frankfurt a. M. gibt es seit 2014 nur Baurecht, wenn mindestens 30 Prozent der gebauten Fläche als Sozialwohnungen entstehen, in Berlin gilt das »Berliner Modell«, das ebenfalls eine Quote von 30 Prozent vorsieht – es sei denn, sie wird »in begründeten Fällen« reduziert.[2] In Düsseldorf gilt ein »Handlungskonzept Wohnen«, das 20 Prozent geförderten und 20 Prozent preisgedämpften Wohnungsbau bei Neubauprojekten verlangt. Was passieren kann, wenn man den Anteil weiter hochsetzt, lässt sich in Norderstedt bei Hamburg besichtigen: Nachdem die Kommune beschlossen hatte, für Neubauprojekte ab 30 Einheiten einen Anteil von 50 Prozent Sozialwohnungen zu verlangen, stiegen die Verbandschefs der Wohnungswirtschaft empört aus einem »Bündnis für das Wohnen« aus. Tatsächlich ist eine 50-Prozent-Quote für Sozialwohnungen, wenn man es ernst meint mit dem bezahlbaren Wohnen, eine angemessene Forderung. Laut einer Studie der Böckler-Stiftung von 2018 fehlen in Deutschland rund 1,9 Millionen Wohnungen zu leistbaren Mietkonditionen. Dass man angesichts dieser Situation nicht allein auf die Selbstverpflichtung der Wohnungswirtschaft setzen kann, hat auch die Bundesregierung inzwischen eingesehen: In Bebauungsplänen soll es zukünftig möglich sein, Flächen nur für den sozialen Wohnungsbau auszuweisen – so sieht es ein Gesetzesentwurf zur Baulandmobilisierung vor. Eine Praxis, die in Österreich seit Jahren erfolgreich angewendet wird: Wien etwa vergibt nur Baugenehmigungen, wenn mindestens zwei Drittel der Wohnungen gefördert gebaut werden.

Tatsächlich ist der soziale Wohnungsbau in Deutschland ein wenig nachhaltiges Projekt. Sozialwohnungen in Deutschland seien »Wirtschaftsförderung mit sozialer Zwischennutzung«, so der österreichische Wohnungswissenschaftler Christian Donner treffend.[3] Die in Deutschland übliche Förderungspraxis führt dazu, dass Sozialwohnungen nach fünfzehn oder zwanzig Jahren wieder dem Markt anheimfallen – nach der vereinbarten Belegungs- und Mietpreisbindung können die Investor*innen sie wieder frei vermarkten. Das führt dazu, dass der Bestand an Sozialwohnungen jedes Jahr um einige Zehntausend abschmilzt. Der in vielen Großstädten in den letzten Jahren wieder angekurbelte soziale Wohnungsbau schafft es nicht, die Masse an Wohnungen zu kompensieren, die aus der Förderung fallen. Grob zusammengefasst, versuchen deutsche Städte und Kommunen derzeit, eine sozialere Wohnungsbaupolitik durchzusetzen, indem sie die Investor*innen zu gefördertem oder preisgedämpftem Wohnungsbau anhalten und sie dazu zwingen, Investitionen in die soziale Infrastruktur von Quartieren zu machen. Die Rechnung lautet: Baurecht wird nur vergeben, wenn die Investor*innen sich zu bestimmten sozialen Maßnahmen verpflichten. Doch dieses Modell des *social return* führt nicht zu sozialen Quartieren, sondern oft zu einer Situation, in der sich Investor*innen für die ihnen gemachten Auflagen schadlos halten an den Immobilienbeständen, die sie frei vermarkten können. An einem Hamburger Beispiel erklärt: Mitte der 2010er Jahre verkaufte der Getränkekonzern Carlsberg das Gelände der Holsten-Brauerei in Hamburg-Altona für 153 Millionen Euro an eine Düsseldorfer Immobilienholding. Der Preis galt seinerzeit schon als überhöht und spekulativ, doch vier Jahre und diverse Übernahmen später wird das Areal abermals für 320 Millionen Euro verkauft. Sprich: Vier Jahre nach dem ersten Verkauf erzielt es mehr als das Doppelte des damaligen Preises – ohne dass ein einziger Spatenstich passiert ist. Die Behörden verweisen auf Auflagen zur sozialen Mischung des Quartiers: Auch auf dem Holstenareal soll es ein Drittel Sozialwohnungen geben, außerdem müssen sich die Investor*innen am Schulbau, an Kitas, am Park und anderen sozialen Einrichtungen beteiligen. Damit sich bei diesen Auflagen und den überhöhten Grundstückspreise das Investment noch rechnet, kalkulieren die Investor*innen inzwischen bei den frei vermietbaren Wohnungen mit Kaltmieten um die 20 Euro pro Quadratmeter. Das Resultat ist ein Nebeneinander von subventionierten Sozialwohnungen und Wohnungen zu Luxuspreisen. Wegmarken und Argumente für die Preistreiberei sind Planungsbroschüren, Vorentwürfe und Vereinbarungen zwischen den Investoren und den kommunalen Planungsbehörden, die damit unfreiwillig zu Komplizen der Spekulation werden: Indem sie die Planung vorantreiben, liefern sie Argumente für das lukrative Weiterverkaufen. Investor*innen, die mit Portfolios in begehrten Lagen spekulieren, weil sie auf immer weiter steigende Preise setzen, lassen sich schwerlich durch Auflagen eine soziale Wohnraumversorgung abringen. Eine soziale Stadtentwicklungspolitik muss tatsächlich in den Immobilienmarkt eingreifen können. Ein zentrales Problem ist, dass es immer noch zu wenige gesetzliche Instrumente gibt, um Akteur*innen vom Immobilienmarkt zu vertreiben, die dort ausschließlich nach Renditeaspekten agieren. Diese Investor*innen sind keinesfalls nur die bösen, ausländischen Hedgefonds, wie im populistischen Diskurs gerne geraunt wird. Das Investieren in Immobilien ist eines der Kerngeschäfte von grundsoliden institutionellen Investor*innen – sprich Institutionen, die das Geld ihrer Mitglieder einsammeln und als Kapital anlegen. Dazu gehören Versicherungen, Pensionskassen, Versorgungswerke, Kirchen und mehr. Die »Gesellschaft für Analyse und Consulting« schätzt, dass in Deutschland über fünfhundert Kapitalsammelstellen ungefähr 3 Billionen Euro verwalten, also drei mal 1000 Milliarden. Mit dem Geld könnte man acht Jahre lang den Haushalt der Bundesrepublik Deutschland finanzieren. All diese institutionellen Investor*innen sind auf der Suche nach Gelegenheiten, ihr Geld so anzulegen, dass es die ihnen satzungsgemäß vorgeschriebenen Renditen erbringt. Weil sie selbst nicht unternehmerisch und spekulativ tätig werden können, überlassen die institutionellen Investor*innen die Spekulation und die Preistreiberei gerne risikofreudigen Immobilienentwickler*innen, um nach getaner Drecksarbeit die fertigen Immobilien zu erwerben. Dem neoliberalen Erbe der 1980er bis 2000er Jahre kommen die Metropolen durch Mietpreisbremsen, Quoten für Sozialwohnungen oder die Anwendung von Vorkaufsrechten nur sehr langsam und mühselig bei. Mit einer Unternehmenssteuerreform zur Jahrtausendwende zum Beispiel befreite ausgerechnet die damalige rot-grüne Regierung deutsche Kapitalgesellschaften von der lästigen Pflicht, Steuern auf die Gewinne zahlen, die sie beim Verkauf von Aktienpaketen oder ganzen Tochterunternehmen erzielen. Zwei Jahrzehnte später treiben Immobilien-AGs deutschlandweit durch Weiterverkäufe, Übernahmen und Fusionen die Werte ihrer Immobilienportfolios nach oben – ohne dass der Staat viele Einflussmöglichkeiten hat. Statt Grundstücke zu kaufen und zu verkaufen, wechseln nur die Anteile von Objektgesellschaften die Eigentümer. *Share deal* heißt das Fachwort, es ist ein Trick, mit dem man sich Grundstücke hin- und herschieben kann, ohne Grunderwerbssteuer zahlen zu müssen. Außerdem verhindern die *share deals*, dass Kommunen – wie bei einem Verkauf möglich – ein Vorkaufsrecht beanspruchen. Dem Ende 2020 formulierten Gesetzesentwurf zu Baulandmobilisierung ist anzusehen, wie die Regierung mit den Folgen solcher EU-weiten neoliberalen Reformen zu kämpfen hat. So soll das Gesetz etwa das kommunale Vorkaufsrecht stärken, in dem Sinne, dass »auch die Deckung eines Wohnbedarfs in der Gemeinde zu den Gründen des Wohls der Allgemeinheit gehört, der die Ausübung des Vorkaufsrechts rechtfertigen kann.« Tatsächlich schrecken Städte und Kommunen aus nachvollziehbaren Gründen oft davor zurück, Vorkaufsrechte in Anspruch zu nehmen, um Grundstücke für soziale Zwecke zu sichern – sie begeben sich auf juristisch unsicheres Terrain, müssen mit schlecht ausgestatteten Rechtsabteilungen gegen Topanwält*innen großer Konzerne antreten und sich auf jahrelange Auseinandersetzungen vor Gericht einstellen. Stattdessen geht man den Weg des geringeren Widerstands und versucht den Investor*innen Zugeständnisse abzuringen. Doch diese Politik des social return ist angesichts eines Immobilienmarktes, in dem Immobilien zunehmend spekulative Anlageobjekte von Finanzkonzernen sind, ein Kampf gegen Windmühlen.

Eine soziale Bodenpolitik, die diesen Namen verdient, müsste andere Akteur*innen stärken – nämlich Baugenossenschaften und Bausparvereine, kommunale Wohnungsunternehmen und andere gemeinwohlorientierte Zusammenschlüsse wie das Mietshäusersyndikat oder alternative Kleingenossenschaften. Man stelle sich vor, die öffentliche Hand nähme die vielen Milliarden Euro, die sie per Steuervergünstigungen an Investor*innen verschenkt – und förderte damit Akteur*innen, die für bezahlbaren Wohnraum sorgen. Seit der Abschaffung der Gemeinnützigkeit für Wohnungsbauunternehmen Ende der 1980er Jahre geistert immer wieder der Vorschlag zu einer »Neuen Gemeinnützigkeit« durch den stadtpolitischen Diskurs. Wie sinnvoll eine solche Gemeinnützigkeit ist, entscheidet sich letztlich an der Bodenfrage und an der Eigentumsfrage. Erst wenn es gelingt, Stadtentwicklungspolitik an nicht-profitorientierten Akteur*innen auszurichten und die Macht der Konzerne zurückzudrängen, für die Immobilien Objekte für satte Renditen und Wertsteigerung sind, ist der Kampf um das bezahlbare Wohnen gewonnen.

Anmerkungen

1 Holm, Andrej / Schreer, Claus: »Wohnungsmangel und Mietpreisexplosion – Ursachen und Alternativen«. ISW-Report 116/117, 2019.

2 https://www.tagesspiegel.de/berlin/wohnraum-in-berlin-sozialwohnungsquote-eine-regel-voller-ausnahmen/20892018.html

3 Donner, Christian: *Wohnungspolitiken in der Europäischen Union: Theorie und Praxis.* Wien: 2000.

Elisabeth Kaiser und Florian Pronold
RADIKAL PRAGMATISCH – SOZIALES UND NACHHALTIGES WOHNEN IN STADT UND LAND

Gemeinwohlorientierung oder profitgetriebene Marktlogik? Das ist die fundamentale Frage in der heutigen Wohn- und Baupolitik. Was dabei herauskommt, wenn man allein auf Marktlogik setzt, lässt sich vielerorts beobachten: Die Mieten steigen dramatisch, die Bodenpreise explodieren. Wohnen ist zur Ware, zum Objekt für Spekulant*innen geworden.

Schaut man auf die politischen Maßnahmen der letzten Jahre, kommt man nicht umhin, Fehler und Versäumnisse einzuräumen und zu reflektieren: In der großen Koalition ließ sich ein Politikwechsel hin zu nachhaltigem und bezahlbarem Wohnen aufgrund des Widerstands von CDU/CSU nicht erreichen. Auch die Grünen opferten in Regierungsbündnissen die Interessen von Mieter*innen: In Schleswig-Holstein haben sie mit Robert Habeck an der Spitze die Mietpreisbremse abgeschafft. In Baden-Württemberg spielt sozialer Wohnungsbau keine Rolle und in Hessen lehnen sie eine wirksame Begrenzung der Mieten ab. Auch Sozialdemokrat*innen und LINKE müssen aus Fehlern der Vergangenheit lernen: Die Privatisierung kommunaler oder öffentlicher Wohnungsbestände darf sich nicht wiederholen! SPD und LINKE haben Nachhaltigkeit und Klimapolitik beim Bauen und in der Stadtentwicklung oft zu wenig beachtet.

Dabei ist Wohnen ein zentraler Bestandteil der Daseinsvorsorge, und wir brauchen radikale Ideen, aber auch realistische Konzepte für Metropolen, Städte und ländliche Räume, die Mieter*innen schützen, die aber auch Menschen, die von einem Eigenheim träumen, bei einer Konzeption für bezahlbares Wohnen berücksichtigen:

Linke »Enteignungsphantasien« lösen keine Probleme auf dem deutschen Wohnungsmarkt. Das zeigen die realen Eigentumsverhältnisse an den Mietwohnungen. 55 Prozent der Menschen wohnen in Deutschland zur Miete. In Großstädten sind es deutlich mehr, in Berlin 82 Prozent, in Hamburg 76 Prozent. Etwa 65 Prozent der Mietwohnungen gehören Privatpersonen, rund 20 Prozent gehören Genossenschaften und Kommunalunternehmen. Weniger als 15 Prozent des Mietwohnungsbestandes sind in der Hand von privatwirtschaftlichen Unternehmen. Auch hier gibt es regionale Unterschiede. In Berlin sind fast ein Drittel der Mietwohnungen im Eigentum von Deutsche Wohnen, Vonovia & Co.

29 Milliarden Euro würde die Enteignung dieser privaten Gesellschaften die Berliner Steuerzahler*innen kosten, die dann für den Neubau von bezahlbarem Wohnraum und die nachhaltige Umgestaltung der Stadt fehlen. Realistische linke Politik setzt dem Kapitalismus trotzdem deutliche Grenzen: Besserer Schutz von Mieter*innen, ein soziales Bodenrecht, um den Spekulanten einen Riegel vorzuschieben, und eine neue Gemeinnützigkeit, die auch privates Kapital in bezahlbaren und nachhaltigen Wohnraum lenkt.

Neue Gemeinnützigkeit – sozial und ökologisch nachhaltig

Eine neue Wohngemeinnützigkeit muss mehr bezahlbaren Wohnraum absichern und schaffen. Insbesondere in den großen deutschen Städten stehen dem explodierende Grundstückspreise im Wege. Entgegenwirken kann man, indem man das knappe Gut Grund und Boden dem freien Marktgeschehen entzieht und ein neues, soziales Bodenrecht einführt. Denn eine sozial gerechte und nachhaltige Stadtentwicklung ist nur machbar, wenn z. B. Kommunen einen besseren Zugriff auf Grundstücke und ein Vorkaufsrecht haben. Damit kann es der öffentlichen Hand gelingen, preisgünstig Wohnraum für gemeinnützige Zwecke zur Verfügung zu stellen bzw. selbst anzubieten. Zudem brauchen Kommunen bessere Instrumente, um Mieter∗innen vor Umwandlungen von Miet- in Eigentumswohnungen zu schützen oder Baugebote anzuwenden. Langfristig sollte mindestens die Hälfte der Mietwohnungen einer Stadt dauerhaft gemeinwohlorientierten Bindungen unterliegen, um so soziale Wohnraumversorgung zu garantieren. Das »rote Wien« ist Vorbild: Rund 62 Prozent der Mietwohnungen gehören dort Genossenschaften oder der Kommune. Über viele Jahrzehnte hat Wien aktive Wohnungs- und eine soziale Bodenpolitik betrieben und ist dadurch im Vergleich zu Hamburg, Berlin oder München geradezu ein Paradies für Mieter∗innen.

Neben den Kommunen adressiert eine neue Wohngemeinnützigkeit Privatpersonen und Wohnungsunternehmen, die in langfristig sozialgebundenen Wohnraum investieren. Attraktiv wird diese Investition durch steuerliche Anreize. Von den Vorteilen profitieren können die privaten Investor∗innen und Bauunternehmen aber nur, wenn sie nachhaltigen Wohnraum schaffen und niedrige Mieten über sehr lange Zeiträume garantieren. Gewinne zu erwirtschaften soll durch bestimmte Regeln nicht länger im Widerspruch zur Gemeinnützigkeit stehen müssen. Große Kapitalanleger wie z. B. Versicherungsgesellschaften, die langfristige und sichere Anlagen suchen, könnten als Investor*innen gewonnen werden. Warum können wir nicht auch im Sinne von nachhaltiger Finanzierung eine Anlageform schaffen, die gemeinwohlorientierten Wohnungsprojekten zugute kommt?

Langfristig können gemeinnützige Wohnungsgesellschaften für eine soziale und ökologische Gestaltung des Wohnumfeldes sowie Klimaanpassungsmaßnahmen im Quartier sorgen. Ihr Angebot beschränkt sich dabei nicht auf den klassischen Wohnzweck, sondern geht darüber hinaus. Beispielsweise in Form von Inklusions- und Integrationsprojekten für Menschen, für die es derzeit fast unmöglich ist, zentrumsnah geeigneten Wohnraum zu finden: kinderreiche Familien, Obdachlose oder Geflüchtete. Geförderter Wohnraum, eine rege Quartiersarbeit und das Einüben partizipativer Prozesse können Fehlentwicklungen, die aktuell vor allem durch die Städtebauförderung bzw. das Programm »Soziale Stadt« behoben werden, von vornherein verhindern. Dieses Programm hatte die Neuerung, dass es nicht nur in Beton, sondern in das Zusammenleben von Menschen investierte. Bauliche Maßnahmen wurden mit Quartiersmanagement und Sozialarbeit kombiniert. So gelang es in vielen Städten, »Glasscherbenviertel« in die Stadtgesellschaft zurückzuholen. Slum-Bildungen wie in Frankreich oder den USA wurden verhindert. Dieser Zusammenhalt muss vorausschauend gestärkt werden, nicht als teure Korrektur von Fehlentwicklungen im Nachhinein.

Nachhaltig und bezahlbar – klimaneutraler Gebäudebestand

Eine solche Vision neuer Wohngemeinnützigkeit muss unter der Prämisse stehen, die Umwelt und das Klima zu schützen. Viel zu lange wurde die Baubranche in Sachen ökologischer Fußabdruck außen vor gelassen. Für

Neubauten wurden bereits hohe energetische Standards gesetzt. Um den Klimawandel zu begrenzen, muss aber auch der Gebäudebestand in Deutschland CO_2-neutral werden.

Der Schlüssel dafür liegt hauptsächlich in Quartierslösungen, die für viele Gebäude eine klimaneutrale Strom- und Wärmeversorgung garantieren. Es ergibt keinen Sinn, jedes einzelne Gebäude auf höchstem Niveau zu sanieren. Oft stehen die möglichen Energie- und damit CO_2-Einsparungen nur auf dem Papier, denn das Nutzer*innenverhalten gibt diese Einsparungen in den meisten Fällen nicht her. Bei der Beurteilung der Öko-Bilanz wird bisher zu wenig berücksichtigt, welche Energie bereits bei der Herstellung von Sanierungs- und Renovierungsmaterialien aufgewendet werden musste und was sich im Lebenszyklus eines Gebäudes als ökologisch sinnvoll darstellt.

Bei der Gesamtbetrachtung nachhaltigen Bauens kommt es zudem auf die verwendeten Baustoffe an. Wenn für den weltweit massiven Bevölkerungszuwachs bis 2050 der erforderliche Wohnraum mit Beton gebaut würde, dann verbrauchte das Bauen alleine 60 Prozent des CO_2-Budgets, das der Weltgemeinschaft bei Einhaltung des Pariser Klimaziels bis 2050 überhaupt noch zur Verfügung steht. Ein alternativer Baustoff, der CO_2 nicht verbraucht, sondern bindet – und das weit über 2050 hinaus – ist Holz. Die Nachverdichtung in Innenstädten und die Aufstockung von bestehenden Gebäuden lassen sich schon aus statischen und aus Kostengründen (serielle Vorfertigung) am leichtesten im Holzbau realisieren. Zur Nachhaltigkeit gehören aber nicht nur die CO_2-Bilanz, sondern auch andere Umweltfragen, wie die Recyclingfähigkeit von Baustoffen. Auch dort ist in der Vergangenheit viel Unsinn getrieben worden: Dämmungen an die Wand zu kleben, die nach fünfzehn Jahren reif für den Sonder-

müll sind, ist nicht nachhaltig. Kurz: Neben der »grauen
Energie«, die bereits in den Materialien ruht, müssen die
Wiederverwertbarkeit der verbauten Materialien und deren Lebenszyklus Leitlinien für Bauvorschriften der Zukunft sein.

Neue Wohngemeinnützigkeit außerhalb der Metropolen
Mit Blick auf die Knappheit von Boden und Wohnraum
in den Großstädten wird es in den nächsten Jahren entscheidend darauf ankommen, die Potenziale der ländlichen Regionen kreativ zu nutzen, um dort ein attraktives
Wohnumfeld entstehen zu lassen und damit die Ballungs-
räume zu entlasten.

Dabei geht es nicht um die massenhafte Ausweisung
von Bauland auf der grünen Wiese. Eine nachhaltige
Wohnungs- und Baupolitik sollte sich gezielt auf bestehende Gebäude konzentrieren und damit die innerörtliche
Entwicklung, sprich die Ortskerne, die in vielen ländlich
geprägten Gegenden von Wohnungs- und Gebäudeleer-
stand gekennzeichnet sind, wiederbeleben.

Aber was könnte die Leute dazu bewegen, zurück in
die Dörfer, kleine und mittelgroße Städte zu ziehen oder
dort zu bleiben? Mit den vielfältigen Vorteilen einer Stadt
können ländliche Regionen nur mithalten, wenn sie neben
mehr Platz, Natur und meist günstigeren Mieten Angebote machen, die attraktiv für die unterschiedlichen Ansprüche von jungen Menschen, Familien und Älteren sind.

Warum entwickeln wir nicht zum Beispiel das Baukin-
dergeld in eine Art Generationengeld um? Damit würde
die Sanierung von Gebäuden gefördert und die Aufwertung der Ortskerne vorangebracht. Junge Familien könnten neben einer Kaufprämie eine kostenlose Beratung darüber erhalten, welche Immobilien zum Verkauf stehen,
was sie kosten und welche Möglichkeiten zu Umbau und

nachhaltiger Sanierung es gibt. Die Kommunen wiederum sollten eine regionale Immobilienbörse erstellen, um darzustellen, welche Gebäude oder Grundstücke nicht mehr oder noch genutzt werden und welche Immobilien in absehbarer Zeit zum Verkauf stehen.

Damit ältere Menschen möglichst lange auch abseits der großen Städte in ihrem gewohnten Umfeld leben können, muss altersgerechtes Wohnen stärker unterstützt werden. Dies gilt sowohl für Eigentümer*innen als auch für die Wohnungsunternehmen, die in ländlichen Regionen günstigen und attraktiven Wohnraum anbieten und in soziale Projekte investieren.

Ein bezahlbares eigenes Haus ist für viele Menschen der Beweggrund Nummer eins, um aufs Land zu ziehen, und daraus ergibt sich eine Chance für die Belebung von Kleinstädten und Dörfern. Eigentumsförderung mag im Kontext von Gemeinnützigkeit verwundern, aber den Fokus allein auf Mieter*innen in den Großstädten zu richten, greift zu kurz. Wohneigentum ist in Zeiten von Niedrigzinsen und wenig rentablen Lebensversicherungen eine vergleichsweise sichere Möglichkeit, für das Alter vorzusorgen. Rund 45 Prozent der Haushalte wohnen hierzulande in Wohnungen oder Häusern, deren Eigentümer*innen sie sind. Der OECD-Durchschnitt liegt weit darüber bei 70 Prozent. Ziel eines linken Reformprojektes muss es auch sein, einer durchschnittlichen Familie den Traum vom eigenen Haus bzw. von Wohneigentum zu ermöglichen. Für junge Menschen mit eher mittleren bis kleinen Einkommen, die kaum eigenes Kapital für den Kauf einer Wohnung haben, könnte der Staat in Vorleistung gehen und den Bau und die Finanzierung von Eigentumswohnungen beauftragen. Die Käufer*innen erwerben diese Wohnungen dann sukzessive über laufende Zahlungen an den Staat, die vergleichbar sind mit monatlichen Mietzahlungen. Stabile monatliche Tilgungsraten sorgen dafür, dass Vermögen für die Altersvorsorge aufgebaut wird und keine Gefahr der Überschuldung besteht. Dieses sogenannte Mietkauf-Modell ist natürlich auch als Alternative zu überteuerten Mietwohnungen privater Anbieter*innen in Städten mit angespannten Wohnungsmärkten denkbar. Attraktiv ist eine Wohnumgebung aber nur dann, wenn die Infrastruktur leistungsfähig ist. Gerade in ländlichen und strukturschwachen Gegenden muss deshalb besonders in die verkehrliche und soziale Infrastruktur investiert werden. Eine Idee wäre, kommunale Flächen und Liegenschaften für künstlerische, soziale und kulturelle Projekte, wie bspw. Dorfläden, die nicht nur Waren des täglichen Bedarfs, sondern auch Dienstleistungen anbieten, zu nutzen. Davon würde letztlich die ganze Stadt oder Gemeinde profitieren. Ehemals verlassene Orte könnten so wieder an Attraktivität gewinnen.

Was kann man noch tun gegen das allmähliche Ausknipsen der Lichter in strukturschwachen Regionen? Das zeigen Projekte wie das der »Raumpioniere« – eines losen Zusammenschlusses von Akteur*innen, die ländliche Räume mit neuen Ideen und Denkweisen wiederzubeleben versuchen. Raumpioniere sind Menschen, die in strukturschwache Regionen ziehen, um dort unternehmerisch oder ehrenamtlich ihre Ideen zu verwirklichen und neue Initiativen zu gründen. Da gibt es Bürgerbusinitiativen, alternative Wohnkonzepte, Vermarkter*innen ökologischer und regionaler Erzeugnisse, aber auch Designer*innen, die in ausgebaute Textilfabriken ziehen und diese Räume neu bespielen. Den Raumpionieren geht es dabei nicht nur darum, sich selbst zu verwirklichen, sondern einen sozialen Mehrwert für die Gesellschaft zu erzeugen. Daher kann dieses Engagement den Grundstein dafür legen, eine neue Dynamik und ein neues Miteinander zwischen Zugezogenen und der angestammten Bevölkerung zu entwickeln. Innovative Projekte wie diese, aber auch die aktuelle Raumforschung zeigen uns immer wieder, dass lebenswerte Städte und Dörfer oft erst dann entstehen, wenn eine lebendige Mischung aus Wohnen, Arbeiten und öffentlichen Räumen existiert, die Platz für Begegnungen und kreatives Schaffen bietet.

Ziel von politischen Maßnahmen sollte es deshalb sein, gemeinsam mit den Kommunen und privaten Eigentümer*innen die Attraktivität und integrative Funktion von Zentren, ob in Dorf oder Kleinstadt, positiv zu steuern, Leerstände zu beheben und ein neues, fortschrittliches Kapitel für die Zukunft des ländlichen Raums aufzuschlagen!

In einem progressiven Entwurf für das Wohnen von morgen darf das Thema Digitalisierung nicht fehlen. Neue Technologien und digitale Innovationen sind wichtige Puzzlestücke einer neuen Wohngemeinnützigkeit in kleinen Orten wie in Großstädten. Doch bevor wir über Smart City, Smart Country oder Smart Living sprechen, sollten erst einmal die grundlegenden Voraussetzungen für ein digitales (Zusammen-)Leben geschaffen sein: flächendeckend schnelles Internet und gute Mobilfunkverbindungen in allen Regionen Deutschlands.

Richtig implementiert, kann Digitalisierung das Leben in peripheren, ländlichen Gegenden in vielen Bereichen erleichtern. Nachhaltiges Bauen, intelligente Energienutzung, digitale Beteiligungsprozesse, App-basierte Mobilitätsangebote, intelligente Nahversorgungsangebote – all das kann ländliche Regionen attraktiver machen und die Großstädte und Metropolen entlasten. Aber nicht alles, was technisch möglich ist, ist sinnvoll. Nur durch Vernetzung und intelligente Verknüpfung von Stadt und

Land, von Digitalem und Analogem kann man Mehrwerte schaffen, die die Lebensqualität und das Wohnen für Menschen nachhaltig steigern.

Meint man es ernst mit gleichwertigen Lebensverhältnissen, bleibt eine linke Wohnungs- und Baulandpolitik die einzige Alternative. Denn sie setzt auf den Ausgleich zwischen Metropolen und Umland, folgt dem Prinzip der Nachhaltigkeit und schafft für alle Menschen ein ihren individuellen Bedürfnissen angepasstes Wohnungsangebot. Kurz, mit einem progressiven Ansatz einer modernen Wohnungs- und Baulandpolitik wollen wir weg von Diskussionen um Enteignungen und Eigentumserwerb in den Städten und sehen in der Förderung kreativer Ideen eine Chance für ländliche Regionen. Wir lassen niemanden zurück, egal, ob auf dem Land oder in der Stadt.

Sven-Christian Kindler
VERKEHRSWENDE – EINE FRAGE
DER GERECHTIGKEIT

Die Verkehrswende ist eines der wichtigsten Projekte gegen die Klimakatastrophe. Doch progressive Verkehrspolitik stellt neben den Klimafragen auch die Verteilungsfragen in den Vordergrund. In der Frage, wie Mobilität in Zukunft aussehen soll, verstecken sich heftige Verteilungskonflikte. Auch deswegen wird um die Verkehrswende so hart gerungen.

Aktuell ist Lingen Deutscher Meister: Am 25. Juli 2019 erreichte das Thermometer in der Stadt im Emsland 42,6 Grad Celsius. Hitzerekord, der höchste je gemessene Wert in Deutschland. In den letzten drei Jahren haben wir in den Hitzesommern in Deutschland – inklusive Dürre und Waldsterben – eine leise Ahnung davon bekommen, dass die Klimakrise längst da ist. Und das sind erst die Auswirkungen bei einem Grad Erderhitzung. Doch wir befinden uns momentan auf einem Pfad, der uns auf vier Grad – vielleicht sogar mehr – Erderhitzung führt. Die Folgen sind in ihrer Massivität kaum zu erfassen. Der Gründungsdirektor des Potsdam-Instituts für Klimafolgenforschung, Hans Joachim Schellnhuber, warnte bereits zur Klimakonferenz im Jahr 2009, dass eine Erde, die sich um vier Grad erhitzt, nur noch für rund eine Milliarde Menschen eine Lebensgrundlage

140

bietet. Aktuell leben auf der Erde knapp acht Milliarden Menschen.

Deswegen ist klar: Wir brauchen radikale Veränderungen, um das fossile, kapitalistische Wirtschaftssystem grundlegend zu transformieren. Sozial und ökologisch. Und vor allem schnell. Das Fenster, in dem wir noch handeln können, schließt sich immer mehr. Ein zentrales Handlungsfeld eröffnet der Verkehrssektor. Seit 1990 sind in allen Sektoren der deutschen Volkswirtschaft die CO_2-Emissionen gesunken, nur nicht im Verkehrssektor. Insbesondere die vergangenen zwölf Jahre unter den CSU-Bundesverkehrsministern waren zwölf verlorene Jahre, in denen einseitig Priorität auf den Straßenbau, die Autolobby und den Wahnsinn rund um die Pkw-Maut gelegt wurde.

Straßenbau-Moratorium: Schienenausbau statt neuer Autobahnen

»Wer Straßen sät, wird Autoverkehr ernten.« So hat es der große Sozialdemokrat Hans-Jochen Vogel auf den Punkt gebracht. Und das schon im Jahr 1972. Er sollte leider recht behalten. Zwar sind Pkw und Lkw in den letzten Jahren deutlich effizienter geworden, aber gleichzeitig fahren die Menschen einfach immer mehr und größere Autos und es werden immer mehr Güter über die Autobahnen und Bundesstraßen transportiert. Auch wegen mangelnder Alternativen. Ein Vergleich verdeutlicht das Problem: Seit 1995 sind knapp 2.000 Kilometer neue Autobahnen gebaut worden, gleichzeitig wurden 3.000 Kilometer Bahnstrecke stillgelegt. In Anbetracht der immer stärker eskalierenden Klimakatastrophe ist es geradezu grotesk, immer weiter neue Straßen zu bauen. Vor allem neue Autobahnen, deren Planung noch zu Zeiten des Kalten Krieges begonnen wurde, ergeben heute keinen Sinn mehr. Deutschland hat bereits eines der dichtesten Straßennetze der Welt.

Daher ist jetzt ein klimapolitisches Straßenbau-Moratorium notwendig, bis das Pariser Klimaabkommen bei der Bewertung der Frage, ob eine neue Straße gebaut werden soll oder nicht, endlich vollständig berücksichtigt wird. Die Bundesregierung muss damit aufhören, Straßenbauprojekte schönzurechnen und die Folgen für Umwelt, Natur und Klima auszublenden. Durch das Straßenbau-Moratorium können auch die Ressourcen im Verkehrssektor neu und sinnvoll verteilt werden. Planungs- und Baukapazitäten können für den Ausbau der klimafreundlichen Schiene eingesetzt werden. Geld, das vorher in den Neubau von Straßen geflossen ist, kann für klimafreundliche Verkehrsträger genutzt werden.

Autozentrierte Verkehrspolitik – Politik für Privilegierte

Die Verkehrswende ist aber nicht nur aus ökologischen, sondern auch aus sozialen Gründen erforderlich. Das Auto ist zwar für viele längst nicht mehr das Statussymbol, das es früher einmal war. Aber die Wirkungen des Autoverkehrs zeigen, dass vor allem Menschen mit höheren Einkommen und großen Privilegien profitieren, während Menschen mit niedrigeren Einkommen leiden. Viele Rentner*innen, Auszubildende, Arbeitslose oder Geflüchtete können sich kein Auto leisten. Sie sind in ihrer Mobilität eingeschränkt, weil kostengünstige und verlässliche Angebote im ÖPNV und im Bahnfernverkehr fehlen – insbesondere im ländlichen Raum. Sie wohnen eher an den Hauptverkehrsachsen in den Großstädten und leiden unter Lärm und Abgasen. Auch Kinder und Jugendliche sind durch den Autoverkehr in ihrer Mobilität eingeschränkt und gefährdet. Noch immer werden jedes Jahr Tausende Menschen durch den Straßenverkehr getötet.

Und: Verkehrspolitik hat eine klare Geschlechterdimension. Seit 1949 war unter den 18 Bundesverkehrsministern keine einzige Frau. Verkehrs- und Stadtplanung wird vor allem von Männern für Männer gemacht. Sprich: Klarer Fokus auf den Pendelweg von zu Hause zur Arbeit und zurück – in vielen Fällen mit dem Auto. Die vielen Alltagswege zur Arbeit, Schule, Kita oder Supermarkt, welche wegen der ungleichen Verteilung der unbezahlten Sorgearbeit meistens Frauen machen, erfordern dagegen eine andere Art der Verkehrspolitik: Eine inklusive Mobilität, die auf bezahlbaren, flächendeckenden ÖPNV mit sinnvoller Taktung und ohne die potenzielle Gefahr sexueller Belästigung setzt, auf ein gut ausgebautes, sicheres Radwegenetz, und die für Gehwege sorgt, auf denen ein Rollstuhl und ein Kinderwagen aneinander vorbeipassen. Es ist höchste Zeit für eine feministische Verkehrspolitik.

Eine progressive Verkehrswende muss diese Konflikte in den Blick nehmen und als Verteilungskonflikte adressieren. Das ist Kern linker Politik: Für Menschen mit wenig Macht und Einkommen einzutreten und die strukturellen Verhältnisse, die zu dieser Ungleichheit führen, zu beseitigen. Es muss darum gehen, eine saubere, gesunde Mobilität für alle zu organisieren. Unabhängig davon, ob jemand einen Führerschein hat oder nicht. Oder, wie es die Verkehrsexpertin Katja Diehl auf den Punkt bringt: Es geht um die #Autokorrektur.

Verkehrswende in den Städten – Kampf um den öffentlichen Raum
Die Konflikte, welche die autozentrierte Verkehrspolitik verursacht, treten mit großer Wucht in unseren Städten auf. Denn der Flächenfraß des Autoverkehrs im Vergleich zu allen anderen Mobilitätsformen in der Stadt ist gigantisch groß. Das Auto verbraucht zehnmal mehr Platz pro

beförderter Person als das Fahrrad oder die Straßenbahn. Es geht bei der Verkehrswende in den Städten um die Frage, welches Verkehrsmittel wie viel Platz bekommt und wie der öffentliche Raum verteilt wird.

Das Auto ist für Städte mit Platzproblemen kein sinnvolles und effizientes Verkehrsmittel. Die meiste Zeit steht es ungenutzt rum und nimmt Platz weg. Wenn es fährt, macht es Lärm, Dreck, schlechte Luft, von Unfällen ganz zu schweigen. Gerade für Städte ist also klar, dass eine reine Antriebswende beim Automobil viel zu kurz gesprungen ist. Die Städte müssen die Chance ergreifen, die in einer Umverteilung von Fläche und Ressourcen weg vom Auto liegt. Die Luft wird besser, der Lärm nimmt ab, und es ist mehr Platz für Wohnungen, Gehwege, Spielplätze, für Begegnung und Kommunikation. Selbst der Einzelhandel profitiert von autofreien Innenstädten. In Berlin hat sich der rot-rot-grüne Senat auf den Weg gemacht: Mehr Radwege, autofreie Zonen wie auf Teilen der Friedrichstraße, Rückbau von Parkplätzen, Hunderte neue S- und U-Bahn-Wagen. In Kopenhagen, Amsterdam, Utrecht oder Malmö kann man sehen, wie eine fahrradfreundliche Politik die gesamte Stadt belebt. Und man kann damit Wahlen gewinnen. Belit Onay, Oberbürgermeister von Hannover, und Anne Hidalgo, Bürgermeisterin von Paris, haben bei ihren erfolgreichen Wahlkampagnen die Verkehrswende und die Schaffung einer lebendigen, autofreien Innenstadt in den Mittelpunkt gestellt.

Automobilindustrie – Transformation als Chance begreifen

Trotz der Verkehrswende und der notwendigen Reduzierung des Autoverkehrs bleibt die Automobilindustrie eine zentrale Industrie in Deutschland. Aber sie wird sich verändern müssen. Es darf nicht mehr darum gehen, das schnellste und größte Auto zu verkaufen, sondern Mobilität als Dienstleistung anzubieten: Autonomes Fahren, Elektromobilität in ihrer ganzen Breite, Car-Sharing, die Kombination verschiedener Mobilitätsservices, das wird die Zukunft sein.

Dafür ist eine klare und verlässliche Ordnungspolitik notwendig. Spätestens ab 2030 dürfen keine Autos mit fossilen Verbrennungsmotoren mehr zugelassen werden. Darauf können sich die Hersteller einstellen und ihr Geschäftsmodell dementsprechend verändern. Das ist auch aus ökonomischen Gründen für die Unternehmen sinnvoll. Bei Digitalisierung und Elektromobilität sind die deutschen Automobilhersteller international betrachtet – gegenüber den USA und China – hinten dran.

Diesen großen Umbau der Automobilwirtschaft sollte der Staat im Sinne einer sozial-ökologischen Industriepolitik aktiv unterstützen. Klimafeindliche Subventionen wie die Dienstwagensubventionierung für Spritschlucker oder das Dieselprivileg gehören einerseits gestrichen. Andererseits sind finanzielle Transformationshilfen für den ökologischen Umbau und Forschungsprojekte notwendig.

Es ist nicht zu leugnen: Durch eine Reduzierung der Autos, den Umstieg auf Elektromobilität, aber auch durch Automatisierung und stetig steigende Arbeitsproduktivität werden Arbeitsplätze in der Automobilindustrie verschwinden. Aber da wir das bereits heute wissen, können wir auch bereits heute Instrumente finden, die diese Transformation abfedern, wie zum Beispiel ein neues Qualifizierungs-Kurzarbeitergeld, das Beschäftigte im Umbauprozess finanziell unterstützt und ihre Arbeitsplätze absichert. Außerdem entstehen durch die Verkehrswende auch viele neue Arbeitsplätze im Mobilitätssektor, zum Beispiel bei der Bahn oder im öffentlichen Nahverkehr. Daher ist es sinnvoll, wenn der Staat Unternehmen und Beschäftigte durch die Förderung von Weiterbildungsmaßnahmen unterstützt, damit niemand »unter die Räder« kommt. Der Umbau in der Automobil- und Mobilitätswirtschaft muss politisch gestaltet werden, anstatt durch Tatenlosigkeit oder Leugnung der Verkehrswende harte Strukturbrüche zu verursachen.

Die Bahn – Rückgrat der Verkehrswende
Das zentrale Verkehrsmittel für die Verkehrswende ist die Bahn, insbesondere im Güter- und Fernverkehr. Doch leider ist hier in den letzten Jahrzehnten viel falsch gemacht worden. Nach der richtigen Absage der Bahnprivatisierung wurde der Konzern Deutsche Bahn AG von der Bundesregierung einfach sich selbst überlassen. Die Folge sind ein Investitionsstau in Höhe von 57 Milliarden Euro, eine Konzernstruktur mit über 500 Tochterunternehmen auf der ganzen Welt, immense Kosten für externe Beratung und fehlende Transparenz.

Für eine funktionierende Bahn sind zwei Dinge notwendig, die parallel laufen müssen. Es braucht erstens einen neuen Anlauf für eine Bahnreform mit dem Fokus auf das Gemeinwohl. Der Konzern muss verschlankt werden und sich wieder mehr auf das Kerngeschäft konzentrieren. Eine eigene Infrastruktursparte, die das gesamte Netz im Blick hat, also neben der Schieneninfrastruktur auch Bahnhöfe und saubere Energieversorgung, ist dringend nötig. Und die Vorgabe der Renditemaximierung muss fallen. Das bedeutet auch einen Wechsel der Rechtsform. Die Aktiengesellschaft muss aufgegeben werden – für mehr demokratische Kontrolle und Transparenz. Eine solche Strukturreform ist nur zusammen mit den Beschäftigten und den Gewerkschaften erfolgreich umsetzbar. Gute Entlohnung und faire Arbeitsbedingungen für motivierte Eisenbahner*innen sind eine zentrale Voraussetzung für die Bahnreform.

146

Das zweite Element ist eine Investitionsoffensive für ein modernes Netz und einen zuverlässigen Betrieb. Digitalisierung der Schiene, Erhalt der bestehenden Infrastruktur und Neu- und Ausbau müssen im Zentrum der Mobilitätspolitik des Bundes stehen. Dafür sind andere Prioritäten im Haushalt notwendig: Mehr Geld für die Schiene, weniger Geld für die Straße. Der sogenannte Finanzierungskreislauf Straße muss beendet werden. Es ist heller Wahnsinn, dass nach jetzigem Stand die Milliardeneinnahmen aus der Lkw-Maut wieder vollständig in die Straße zurückgehen müssen. Ein großer Teil der rund 7 Milliarden Euro Mauteinnahmen ist im Erhalt und Ausbau des Schienennetzes und in modernen Bahnhöfen viel besser angelegt als in sinnlosen und klimaschädlichen neuen Autobahnen.

Finanzierung sichern – Privatisierung stoppen
Die Verkehrswende gibt es nicht zum Nulltarif. Doch Geld ist genug da. Man muss nur wollen. Zur Finanzierung ist es sinnvoll, auf einen klugen Mix zu setzen und dafür folgende vier Reformen umzusetzen:
1) Die umweltschädlichen Subventionen im Verkehrsbereich für die Auto- und Flugindustrie, die laut Umweltbundesamt 28 Milliarden Euro pro Jahr betragen, müssen konsequent und schnell abgebaut werden.
2) Der Etat des Bundesverkehrsministeriums muss vom Kopf auf die Füße gestellt werden: Priorität auf die Finanzierung von Bahn, Bus und Rad, nicht auf neue, überflüssige Straßen.
3) Die Verschwendung von Steuergeld für Öffentlich-Private Partnerschaften (ÖPP) bei Bundesfernstraßen muss gesetzlich verboten werden. Alle Analysen – inklusive der klaren Berichte des Bundesrechnungshofs – zeigen: ÖPP-Projekte im Stra-

ßenbau sind nicht wirtschaftlich. Diese teure und intransparente Privatisierungspolitik muss gestoppt werden.

4) Der Staat kann aktuell und auf absehbare Zeit zu historisch niedrigen (z. T. negativen) Zinsen Kredite aufnehmen. Angesichts des immensen Investitionsstaus, der Klimakrise und der Verkehrswende wäre es ein Akt politischer Verantwortungslosigkeit, diese Chance nicht zu nutzen. Wem nützt die schwarze Null, wenn die Infrastruktur zerfällt und die Erde brennt? Eine Reform der Schuldenbremse ist notwendig, um Nettoinvestitionen, also Investitionen, die neue Werte schaffen und das Infrastrukturvermögen erhöhen, zukünftig über Kredite zu finanzieren.

Progressive Verkehrswende – breite Bündnisse schmieden

Progressive Verkehrspolitik in diesem Jahrzehnt muss beides in den Blick nehmen: Den Klimaschutz und die sozialen Verteilungskonflikte. Das Ziel ist nicht nur eine saubere Mobilität, sondern auch eine Mobilität, die für alle zugänglich ist, die nicht krank macht und nicht tötet. Das umzusetzen wird nicht einfach, aber der Kampf lohnt sich – vor allem angesichts von zwölf katastrophalen Jahren CSU-Verkehrspolitik. Die nächste Bundesregierung muss die Verkehrswende zum Schlüsselprojekt machen und gemeinsam mit Unterstützung von vielen progressiven Akteur*innen durchfighten. Deswegen brauchen wir breite Bündnisse: Progressive Parteien, Klimabewegung, Gewerkschaften, moderne Unternehmen, Aktive in Städten und auf dem Land. Dicke Bretter bohrt man am besten gemeinsam.

Isabella Hermann
MEHR DEMOKRATIE DURCH KI?

[...] das Gesetz aber schreibt Öffentlichkeit nicht vor. Infolgedessen sind auch die Schriften des Gerichts, vor allem die Anklageschrift, dem Angeklagten und seiner Verteidigung unzugänglich, man weiß daher im Allgemeinen nicht oder wenigstens nicht genau, wogegen sich die erste Eingabe zu richten hat, sie kann daher eigentlich nur zufälligerweise etwas enthalten, was für die Sache von Bedeutung ist. Wirklich zutreffende und beweisführende Eingaben kann man erst später ausarbeiten, wenn im Laufe der Einvernahmen des Angeklagten die einzelnen Anklagepunkte und ihre Begründung deutlicher hervortreten oder erraten werden können. Unter diesen Verhältnissen ist natürlich die Verteidigung in einer sehr ungünstigen und schwierigen Lage.

Franz Kafka, *Der Prozess*, Siebtes Kapitel

In Franz Kafkas *Der Prozess* wird Josef K. verhaftet und vor Gericht gestellt, ohne überhaupt zu wissen, welches Verbrechen er begangen haben soll. In dem undurchsichtigen Verfahren hat K. weder ein durchsetzbares Recht auf Einspruch oder Auskunft noch anderweitige Möglichkeiten, sich gegen die Willkür der Bürokratie zur Wehr zu setzen. In demokratischen Regierungssystemen sollen die Bürger*innen gerade vor solchen Auswüchsen geschützt werden. Betrachtet man jedoch aktuelle Beispiele für automatisierte/algorithmische Entscheidungsfindung (*automated/algorithmic decision-making* – ADM) bzw. den Einsatz von Künstlicher Intelligenz (KI)[1] auf Seiten von Behörden, kommt einem bisweilen das Adjektiv kafkaesk in den Sinn. In den USA werden beispielsweise Rückfallquoten von Strafgefangenen durch eine Software ermittelt, die – wie sich inzwischen herausgestellt hat – nicht-*weiße* Menschen systematisch benachteiligt. Oder Lehrer*innen an öffentlichen Schulen erhalten Bewertungs-Scores, ohne zu wissen, wie diese entstanden sind, was sie selbst konkret verbessern sollen oder wie sie dagegen Einspruch erheben können. Oftmals ist beim Einsatz von ADM nicht klar, wie und warum bestimmte Prognosen zustande kommen. Doch selbst wenn die Funktionsweisen einigermaßen bekannt sind, kann die konkrete Anwendung aus Bürgerrechtsperspektive problematisch sein. Aber nicht nur in den USA, auch in Europa werden bedenkliche ADM-Systeme eingesetzt.

Nenn' mir deine Schule und ich sag' dir deine Note
In Großbritannien beispielsweise errechnete Ende des Schuljahres 2020 ein Algorithmus die Abschlussnote der Schulabsolvent*innen, da die Prüfungen wegen der Covid-19-Pandemie ausfielen. Die für Benotungen zuständige Behörde (Office of Qualifications and Examinations Regulation – Ofqual) wollte sich nicht allein auf die Einschätzung der Lehrer*innen verlassen, weil man eine Schwemme an zu guten Noten befürchtete, die zu einer Überlastung der Universitäten führen könnte. Infolgedessen kam es bei mehr als einem Drittel der Schüler*innen zu einer Herabstufung der Noten gegenüber der Lehrer*inneneinschätzung, die mehrheitlich Schüler*innen aus leistungsschwächeren und öffentlichen bzw. unterfinanzierten Schulen betraf. Man könnte auch sagen,

dass der Algorithmus teurere Privatschulen bevorzugte. Wie sich herausstellte, war die Software so programmiert, dass sie die Leistungen der Schulen der letzten drei Jahre abbildete. Es war also möglich, dass die Noten einer sehr guten Schülerin aus einer eher leistungsschwachen Schule ohne eigenes Verschulden herabgestuft wurden, um der Statistik der letzten Jahre zu entsprechen. Nach Protesten wurden wieder die Bewertungen der Lehrer*innen für die Noten herangezogen.

Ein oft genanntes Argument für den Einsatz von ADM ist, dass die Computersysteme gerechter und fairer »entscheiden« würden, weil sie im Gegensatz zum Menschen objektiv und neutral urteilen könnten. Maschinen werden jedoch von Menschen programmiert und folgen daher menschlichen Modellen und Bewertungsmaßstäben. Bei allen guten Absichten besteht bei der Verwendung von ADM die Gefahr, dass die Systeme bestehende Vorurteile verfestigen und verstärken. Das soll nicht heißen, dass Menschen prinzipiell besser entscheiden, sondern dass sich menschliche Schwächen und Fehleinschätzungen durch den Einsatz von ADM unter dem Deckmantel vermeintlicher Objektivität aufskalieren können.

Das System wird dabei leicht zur selbsterfüllenden Prophezeiung, weil es genau die Realität erzeugt, für die es programmiert ist. Wie sollte sich eine Schule jemals verbessern, wenn sie nach einem festgelegten Modell wie in der Vergangenheit performen muss? Negative Feedbackschleifen können nicht mehr ohne Weiteres durchbrochen werden, weil das System aus sich selbst heraus nicht aus Fehlern lernt. Von den Entscheidungen betroffen sind am Ende einzelne Individuen, die aber nicht individuell betrachtet, sondern aufgrund bestimmter Daten in eine definierte Kategorie einsortiert werden. Das ist problematisch, wenn dadurch strukturell vorherrschende

Defizite perpetuiert werden. Wäre es da nicht gerechter, die Ergebnisse des Algorithmus zum Anlass zu nehmen, um das Bildungssystem zu verbessern, als die Noten der ohnehin Schlechtergestellten herabzustufen?

Wie in der Vergangenheit, so in der Zukunft?
Der Algorithmus des Österreichischen Arbeitsmarktservice (AMS), der Mitte 2020 in Betrieb gehen sollte, geht noch einen Schritt weiter, weil er mit personenbezogenen Daten der Betroffenen arbeitet. Das »Arbeitsmarktchancen-Assistenzsystem« (AMAS), das sich seit 2018 im Testbetrieb befand, wurde daher vorerst von der Datenschutzbehörde gestoppt, weil es nicht konform mit der Europäischen Datenschutzgrundverordnung ist und deswegen weiterer gesetzlicher Regelung bedarf. Das AMAS sollte die Reintegrationschancen von Arbeitssuchenden in den regulären Arbeitsmarkt berechnen und teilte die Menschen dazu in drei Kategorien mit guten, mittleren und schlechten Jobaussichten ein. Aus Gründen der Schulungseffektivität sollte v. a. die mittlere Kategorie kostenlose Weiterbildungsangebote erhalten. Zur Einteilung in die Kategorien sucht das System nach historischen statistischen Zusammenhängen zwischen erfolgreicher Erwerbstätigkeit und individuellen Merkmalen Arbeitsuchender wie Alter, Geschlecht, Ausbildung, Betreuungspflichten und gesundheitlicher Beeinträchtigung sowie vergangener Beschäftigung.

Der AMS sieht sich u. a. mit dem Vorwurf konfrontiert, dass das System verschiedene Formen von Bias[2] aufweise und infolgedessen potenziell bestimmte Personengruppen aufgrund von Merkmalen einstufen würde, die nach dem österreichischen Antidiskriminierungsgesetz und den entsprechenden EU-Richtlinien unzulässig sind, beispielsweise wegen des Geschlechts, einer Behinderung oder

der Staatsangehörigkeit. Laut wissenschaftlichen Studien bewertet das AMAS beispielsweise Frauen schlechter als Männer, Personen mit gesundheitlicher Beeinträchtigung schlechter als solche ohne und Nicht-Österreicher*innen schlechter als Österreicher*innen.[3] Die Frage nach Betreuungspflichten richtet sich ausschließlich an Frauen, als sei Kinderbetreuung in Vergangenheit wie Zukunft reine Frauensache. Diese Gruppen landen also eher in der schlechtesten Kategorie. Das Problem dabei ist, dass das AMAS genau jene sensiblen Merkmale zur Einordnung der Personen in die Kategorien verwendet, welche in der Vergangenheit zur sozioökonomischen Schlechterstellung geführt haben.

Anstatt hier Ungleichbehandlung am Arbeitsmarkt und gesellschaftliche Vorurteile zu hinterfragen, werden sie in das System implementiert und können in weniger Unterstützung für die Betroffenen enden – was die strukturelle Benachteiligung in die Zukunft überträgt und zementiert. AMS-Vorstand Johannes Kopf sagte dazu, »dass der Arbeitsmarkt nicht diskriminierungsfrei ist, aber es hätte keinen Sinn, hier weltfremde Bilder ›vorzugaukeln‹«.[4] Aber das wäre ein Sein-Sollen-Fehlschluss: Nur weil die Realität so ist – wenn sie denn so ist –, heißt das noch lange nicht, dass sie auch so sein sollte. Der AMS perpetuiert die Ungerechtigkeiten, die er eigentlich überwinden möchte, und vertut die Chance, auf eine Veränderung der gesellschaftlichen Realität hinzuwirken. Obwohl der Algorithmus die Berater*innen nur unterstützen soll, ist nicht auszuschließen, dass mit zunehmendem Effizienzdruck seitens des AMS die Einstufungen des AMAS routinemäßig übernommen werden, ohne dass die Bürger*innen – nach aktuellem Stand – im Falle von Beschwerden ihr Recht durchsetzen könnten.

Realitäten nicht übernehmen, sondern verändern!
Ein umfassendes System wie in Österreich scheint in Deutschland aktuell nicht in der Planung, auch wenn die Bundesagentur für Arbeit und die Jobcenter zahlreiche Computersysteme benutzen, »die ADM-Komponenten enthalten könnten«.[5] ADMs werden allerdings in anderen Bereichen in mehr oder weniger großem Ausmaß verwendet, beispielsweise vom Bundesamt für Migration und Flüchtlinge (BAMF), das sich bei der Prüfung von Asylverfahren durch verschiedene KI-Komponenten unterstützen lässt. Die Meinungen darüber gehen auseinander; es gibt sowohl starke Kritik, z. B. an der Fehlerquote der Technik (bei der Spracherkennungssoftware liegt sie bei 15 Prozent) sowie an der Schulungsqualität für die Mitarbeiter∗innen,[6] als auch positive Stimmen, weil das BAMF ansonsten überfordert wäre und die Algorithmen helfen würden, »seine hoheitlichen Aufgaben besser und gerechter zu erfüllen und einen Beitrag zu mehr gesellschaftlicher Stabilität zu leisten«[7].

Die unterschiedlichen Betrachtungsweisen zeigen, wie kontrovers der Einsatz von Algorithmen von staatlicher Seite ist. Selbstverständlich sollten staatliche Stellen auf die besten technischen Möglichkeiten zurückgreifen, um den Service für die Menschen zu verbessern. Der Einsatz von Algorithmen kann diesem Ziel allerdings entgegenstehen, wenn sie vorhandene Ungerechtigkeiten, die wir überwinden möchten, reproduzieren und verfestigen. In der deutschen KI-Strategie sieht sich die Bundesregierung »in der Pflicht, eine verantwortungsvolle und gemeinwohlorientierte Nutzung von KI voranzubringen« und beachtet dabei »an unserer freiheitlich-demokratischen Grundordnung orientierte ethische und rechtliche Grundsätze im Hinblick auf den gesamten Prozess der Entwicklung und Anwendung Künstlicher Intelligenz«.[8]

Um diesen hohen Ansprüchen gerecht zu werden, muss der Staat besondere Sorgfalt beim Einsatz automatisierter Systeme walten lassen.[9] Hier bedarf es sowohl einer breiten gesellschaftlichen Diskussion als auch einer Technik- und Risikofolgenabschätzung durch unabhängige Expert*innen, die die möglichen negativen Konsequenzen der Systeme mitdenken und die Grenzen des Einsatzes von ADM definieren. Um sicherzustellen, dass die Betroffenen nicht das gleiche Schicksal erleiden wie Josef K. in *Der Prozess*, müssen algorithmische Entscheidungen erklärbar und vor allem einspruchsfähig sein – was übrigens auch für den Einsatz von ADM und KI seitens der Privatwirtschaft gelten sollte.[10] Das bedeutet auch, dass entsprechende Stellen sowie genügend kompetente Mitarbeiter*innen für Einzelfallprüfungen zur Verfügung stehen müssen. Gerade weil algorithmische Systeme bestehende Ungleichheiten so offenkundig vor Augen führen können, sind sie eine Chance, um strukturelle Defizite zu beheben – nicht, um sie weiter zu zementieren. Demokratien und ihre Bürger*innen sollten immer eine gerechtere Gesellschaft als Ziel vor Augen haben, dabei können und sollten wir durchaus auf modernste Technik zurückgreifen.

Anmerkungen

1 In einer breiteren Definition von Künstlicher Intelligenz werden darunter regelbasierte Expertensysteme genauso verstanden wie solche Systeme, die auf künstlichen neuronalen Netzen basieren. Diesem Verständnis folgt auch die Definition der deutschen KI-Strategie: Die Bundesregierung (2018): *Strategie Künstliche Intelligenz der Bundesregierung*. Ber-

lin. https://www.bundesregierung.de/resource/blob/975226/1550276/3f
7d3c41c6e05695741273e78b8039f2/2018-11-15-ki-strategie-data.
pdf?download=1. S. 5 [01.01.2021].

2 Unter einem *Bias* versteht man im Allgemeinen verzerrende oder
fehlerhafte Einflussfaktoren, die zu voreingenommenen Ergebnissen
von ADM- bzw. KI-Systemen führen.

3 Eine detaillierte Analyse des AMAS findet sich unter Allhutter,
D. / Mager, A. / Cech, F. / Fischer, F., & Grill, G.: *DER AMS-ALGO-
RITHMUS Eine soziotechnische Analyse des Arbeitsmarktchan-
cen-Assistenz-Systems (AMAS)*. Wien 2020. https://epub.oeaw.ac.at/
ita/ita-projektberichte/2020-02.pdf. [01.01.2021].

4 Kopf, J. (2020): »Der Beipackzettel zum AMS-Algorithmus«.
https://futurezone.at/meinung/der-beipackzettel-zum-ams-algorith
mus/400641347 [01.01.2021].

5 Algorithm Watch: *Atlas der Automatisierung – Automatisierte Entscheidungen und Teilhabe in Deutschland*. Berlin 2019. https://atlas.algorithm-
watch.org/report/verkehr-stadt-aktienhandel/ S. 46 [01.01.2021].

6 Biselli, Anna (2018): »Die IT-Tools des BAMF: Fehler vorprogram-
miert«. https://netzpolitik.org/2018/die-it-tools-des-bamf-fehler-vor
programmiert/ [01.01.2021].

7 Dräger, J., Müller-Eiselt, R.: *Wir und die intelligenten Maschinen*.
München 2019, S. 109.

8 Die Bundesregierung (2018), S. 9.

9 Datenethikkommission (2019): Gutachten der Datenethikkommission Kurzfassung. https://www.bmi.bund.de/SharedDocs/downloads/
DE/publikationen/themen/it-digitalpolitik/gutachten-datenethikkom
mission-kurzfassung.pdf. S. 25ff. [01.01.2021].

10 Erklärbarkeit (bzw. auch Nachvollziehbarkeit) bedeutet gemein-
hin, dass algorithmische Entscheidungen beschrieben und verständlich
vermittelt werden können. Erklärbarkeit muss *by design* sichergestellt
werden, was allerdings nicht zwangsläufig eine Offenlegung bzw.
komplette Transparenz des Algorithmus bedeutet; dies ist aus Gründen
der Komplexität häufig gar nicht durchführbar und oft nicht im Interesse der Geschäftsgeheimnisse von Privatunternehmen.

Sarah Ryglewski
VERTEILUNGSGERECHTIGKEIT BEGINNT VOR ORT: STUNDE NULL FÜR DIE KOMMUNEN

Deutschland ist ein heterogenes Land. Jede Region hat ihre Traditionen und Bräuche: An der deutschen Nordseeküste lebt es sich anders als in den bayerischen Alpen. Diese Unterschiede werden teilweise offensiv gepflegt und sie gehören zur Identität unseres Landes. Wo wir herkommen und leben, prägt uns und unsere Entwicklung. Darum sind die Rahmenbedingungen wichtig, die wir in unserer Umgebung vorfinden, und noch wichtiger ist es, dass wir auf die Gestaltung dieser Lebensumgebung, also auf unsere Städte und Gemeinden, Einfluss nehmen können.

Unterschiedliche Lebensbedingungen sind nicht per se etwas Schlechtes. Im Gegenteil. Unterschiede sind sogar erwünscht. Denn natürlich bringt die im Rahmen der Verfassung festgelegte kommunale Selbstverwaltung diese Unterschiede hervor – die Bürger*innen gestalten ihr Umfeld ihren Bedürfnissen entsprechend. Die Möglichkeit dazu zu haben, ist ein wesentliches Element des demokratischen Aufbaus unseres Staates. Kritisch wird es, wenn unterschiedliche Lebensverhältnisse eben nicht mehr Folge politischer Entscheidungen vor Ort sind, sondern strukturell bedingt, und die Lebensbedingungen sich regional so stark unterscheiden, dass Zukunftschancen und Lebensqualität weit auseinanderklaffen.

Hier kommt die Finanzfrage ins Spiel. Denn obwohl geografische Aspekte und natürliche Ressourcen für die Prosperität einer Region weiterhin eine Rolle spielen, sind die Einkommens- und Beschäftigungsmöglichkeiten, die Ausgestaltung der Mobilitätsinfrastruktur, der schulischen sowie der Betreuungs- und Freizeitangebote sowie der generelle Zustand der öffentlichen und privaten Infrastruktur in einer Kommune wesentlich wichtiger, wenn es um die Entwicklungschancen der Bürger*innen geht. Diese verfügbaren kommunalen Leistungen sind das Ergebnis von Investitionen. Die Fähigkeit, Investitionsentscheidungen zu treffen, hängt ganz entscheidend von der kommunalen Finanzlage ab – und hier tun sich tiefe Gräben auf.

Während sich die Finanzen vieler Kommunen nach der Wirtschafts- und Finanzkrise konsolidiert haben und einige mittlerweile sogar Überschüsse erwirtschaften, sind über 2.500 der insgesamt fast 11.000 Städte und Gemeinden in Deutschland so überschuldet, dass sie sich nur noch über Kassenkredite finanzieren können. Das heißt: Sie können ihre laufenden Kosten nicht mehr aus ihren Einnahmen decken, sondern müssen dafür auf Kredite zurückgreifen. Damit sind sie quasi im Dispo. In vielen dieser Kommunen ist schon eine Gegenfinanzierung von Bundesprojekten eine Herausforderung. Meist stecken sie in einem Teufelskreis aus hohen Altschulden, überdurchschnittlich hohen Sozialausgaben und weit unterdurchschnittlichen Einnahmen bei der wichtigsten kommunalen Einnahmequelle, der Gewerbesteuer. Eine gestaltende Politik vor Ort, die über Pflichtaufgaben hinausgeht, ist auf dieser Grundlage nicht möglich, was die Bürger*innen im Alltag schmerzhaft bemerken. Sei es, weil der ÖPNV schlechter ausgebaut ist und seltener fährt, weil die Beantragung eines Ausweises oder des

Kindergeldes wegen fehlenden Personals lange dauert oder die Ausstattung der Schulen und die Versorgung mit Kitaplätzen schlecht ist. Und das, obwohl die eher prekär lebenden Bürger*innen der betroffenen Kommunen in der Regel überdurchschnittlich stark auf eine gute öffentliche und soziale Infrastruktur angewiesen sind. Fast noch schwerer wiegt jedoch die Tatsache, dass diese Städte und Gemeinden nicht in der Lage sind, ihre Situation aus eigener Kraft zu ändern: Durch die schlechte Infrastruktur sind sie weniger attraktiv für Neubürger*innen, insbesondere auch für jene, die durch ein höheres Einkommen dazu beitragen könnten, die Einnahmesituation langfristig zu verbessern. Darüber hinaus haben strukturschwache Regionen häufig Probleme, junge und gut ausgebildete Menschen vor Ort zu halten. Investitionen, die dazu dienen, die Gemeinde für Betriebe attraktiver zu machen, können nicht getätigt werden. Stattdessen sind die Kommunen gezwungen, über die Hebesätze Gewerbesteuern zu erhöhen, um ihre Einnahmen zu stabilisieren. Im Wettbewerb um die Ansiedlung von Unternehmen geraten sie so weiter ins Hintertreffen. Ein Teufelskreis, der nur schwer zu durchbrechen ist.

Die Kommunen sind für die meisten von uns der Ort, an dem wir Politik und staatliches Handeln regelmäßig und unmittelbar erleben. Eine schlechte Straße, ein Mangel an Betreuungsplätzen oder auch überlange Verwaltungsvorgänge aufgrund von Personalmangel werden daher nicht einfach nur als Ärgernis, sondern als Staatsversagen und bewusste Vernachlässigung durch die Politik empfunden. Und das in Bezug auf alle staatlichen Ebenen. So entsteht das Gefühl des Abgehängtseins, das sich massiv auf die Akzeptanz unserer demokratischen Strukturen auswirkt, was sich an Wahlergebnissen für extreme Parteien und einer niedrigen Wahlbeteiligung in den betroffenen Regionen ablesen lässt. Hinzu kommt, dass eben nicht nur die wachsende Ungleichheit der Lebensverhältnisse ein Demokratieproblem aufwirft, sondern schon die begrenzten kommunalen Handlungsmöglichkeiten aufgrund knapper Kassen ein demokratisches Problem sind. In einer Kommune, die schon Probleme hat, Regelaufgaben zu finanzieren, können Bürger*innen bzw. ihre gewählten Vertreter*innen nur noch wenig beeinflussen. Der Anspruch, die Bürgerinnen und Bürger an der Erfüllung staatlicher Aufgaben unmittelbar zu beteiligen, rückt so in weite Ferne.

All diese Zusammenhänge sind seit langem bekannt, und immer wieder wird an den verschiedenen Stellschrauben gedreht. Zum Teil gab es erfolgreiche Maßnahmen, um strukturelle Nachteile einzelner Regionen zumindest teilweise auszugleichen. So übernimmt der Bund mittlerweile einen großen Teil der Kosten der Unterkunft für Grundsicherungsempfänger*innen, die als Pflichtausgaben viel Geld binden. Die Kommunen erhalten damit unmittelbar zusätzliche Handlungsspielräume. Und auch die in der 19. Legislaturperiode eingesetzte »Kommission gleichwertige Lebensverhältnisse« hat viele Lösungsansätze entwickelt, um die Unterschiede der Kommunen anzugleichen. An einem Gesamtkonzept mangelt es bisher jedoch, und vor allem am Willen und der Bereitschaft, das Auseinanderdriften der Kommunen nicht mehr länger vor allem als Problem der betroffenen Städte und Gemeinden (und ihrer jeweiligen Länder) selbst zu begreifen, sondern als ein Thema, das unseren gesamtstaatlichen und -gesellschaftlichen Zusammenhalt gefährdet und letztlich vor allem eine Verteilungsfrage ist.

So wird unser föderales System immer noch als eines des Wettbewerbs verstanden, in dem es vor allem darum geht, die eigenen Stärken möglichst klug auszuspielen. Die Einsicht, dass auch finanzstärkere Länder und Kommunen langfristig darunter leiden, wenn einzelne Regionen abgehängt werden, und dass sie im Umkehrschluss von einer besseren Entwicklung aller profitieren würden, hat sich noch nicht durchgesetzt. Exemplarisch dafür war etwa die Debatte um eine Lösung für die Altschulden der Kommunen im Frühjahr 2020. Das Bundesfinanzministerium unter Olaf Scholz hatte eine »Stunde Null für die Kommunen« vorgeschlagen. Konkret wären die Altschulden der 2.000 bis 2.500 am stärksten verschuldeten Kommunen je zur Hälfte von Bund und ihrem jeweiligen Bundesland übernommen worden. Die dafür notwendige Grundgesetzänderung scheiterte aber am Widerstand der Union und der weniger betroffenen Länder. Und das, obwohl es den Ländern jeweils freigestanden hätte, die Schulden ihrer Kommunen zu übernehmen oder nicht, und obwohl kein Land für die Schulden der anderen hätte zahlen müssen. Statt Solidarität gab es Schuldzuweisungen. An die Länder, aber auch die betroffenen Kommunen. Diese hätten über ihre Verhältnisse gelebt und eine Übernahme der Altschulden würde nicht zu der notwendigen Kostendisziplin führen. Benachteiligt würden die Städte und Gemeinden, die in der Vergangenheit gut gewirtschaftet hätten. Völlig ausgeblendet wird bei dieser Betrachtung, dass die hohen Schuldenstände der allermeisten Kommunen eben nicht auf freiwilligen Ausgabenexzessen beruhen, sondern überwiegend auf – wie bereits geschildert – regionalen Strukturschwächen.

Was also ist zu tun? Zuallererst braucht es das gemeinsame Verständnis, dass eine weitere Entwicklung der kommunalen Finanzen, bei der die einen aufgrund guter Ausgangsbedingungen Überschüsse erwirtschaften, während die anderen ihre Ausgaben über Kredite finanzieren müssen, kein individuelles Problem ist.

Ausgehend davon brauchen wir eine *solidarische Finanzpolitik*, die Voraussetzungen für *kommunale Ermög-*

lichungspolitik schafft. Finanzpolitik soll für eine nachhaltige positive Entwicklung der wirtschaftlichen und sozialen Perspektiven der Menschen sorgen und erhält so zugleich unsere natürlichen Lebensgrundlagen. Sie garantiert bei entsprechender Ausgestaltung eine hohe Lebensqualität für alle Menschen, Chancengleichheit, soziale Gerechtigkeit und gesellschaftlichen Zusammenhalt. Daneben muss Finanzpolitik Verteilungsgerechtigkeit herstellen. In einem System, das den Wettbewerb zwischen den Kommunen grundsätzlich zulässt, braucht es eine nachträgliche Kompensation für alle, die in diesem Wettbewerb das Nachsehen haben. Hierbei handelt es sich um die Notwendigkeit, die bisherigen kommunalen Beziehungen um kooperative Elemente zu ergänzen. Und schließlich darf solidarische Finanzpolitik die Kommunen bei anstehenden Herausforderungen wie der demografischen Entwicklung, der Digitalisierung und der Bewältigung der Klimakrise nicht alleine lassen. Sonst geraten finanzschwache Kommunen noch weiter ins Hintertreffen, und auch die Klimaziele, zu denen sich Deutschland verpflichtet hat, werden nur eingehalten, wenn Energie- und Verkehrswende im ganzen Land gelingen. Da dies nicht zentral geplant und gestaltet werden kann, ist es zwingend notwendig, den Entscheidungsträger*innen vor Ort Gestaltungsspielräume zu geben.

Dazu gehört es auch, Kommunen bei exogenen Faktoren zu entlasten, die ihre Position im interkommunalen Wettbewerb schwächen, auf die sie selbst nur wenig Einfluss haben und die ihre Gestaltungsmöglichkeiten beschneiden. Hierzu zählen etwa historische Pfadabhängigkeiten durch zurückliegende und langfristig wirksame Infrastruktur-Entscheidungen, langjährig bestehende politische Konstellationen oder Standortverflechtungen mit Konsequenzen bzw. subjektiv wahrgenommenen kommunalen Handlungszwängen, die aus dem interkommunalen Wettbewerb resultieren. So können Vorhaben in einer Gemeinde bei ihren nahegelegenen Nachbarn zu Abgrenzungsverhalten oder Kooperationsbemühungen führen. Ein »klassischer« exogener Faktor besteht zudem in strukturellen Veränderungen wie tiefgreifenden Strukturbrüchen (z. B. das Ende der Montanindustrie im Ruhrgebiet und im Saarland oder globalisierungsbedingte Abwanderung von Textil- und Schuhindustrie aus Rheinland-Pfalz).

Zentral ist, dass es in einem Akt der nationalen Solidarität endlich zu einer »Stunde Null« für die Kommunen kommen muss. Ohne sie werden weitere Maßnahmen gerade in den am stärksten betroffenen Kommunen nur begrenzt Wirkung entfalten. Hinzu kommt, dass jede Entwicklung in der Zukunft durch Zinsrisiken bedroht ist, was es nahezu unmöglich machen würde, dem beschriebenen Teufelskreis zu entkommen. Darüber hinaus brauchen die Städte und Gemeinden Unterstützung im Kampf gegen Armut und Langzeitarbeitslosigkeit, denn diese Probleme müssen gesamtgesellschaftlich angegangen werden. Die sukzessive gestiegene Übernahme der Kosten der Unterkunft für Grundsicherungsempfänger*innen ist hier der richtige Weg.

Genauso wichtig ist es, die Kommunen im Kontext gesamtgesellschaftlicher und globaler Herausforderungen stärker mitzudenken. Als Betroffene, aber eben auch als kompetente Akteur*innen, die zu Lösungen beitragen können. Nicht ohne Grund hat die kommunale Selbstverwaltung diesen Stellenwert im staatlichen Aufbau der Bundesrepublik.

Besonders deutlich wird die Bedeutung der Kommunen, wenn es um die Bewältigung der Folgen der menschengemachten Klimakrise geht. Die damit einhergehenden notwendigen Veränderungen sind so tiefgreifend, dass sie nur dann ohne größere Friktionen gelingen können, wenn ihre Umsetzung kleinteilig gedacht und auf passgenaue Lösungen gesetzt wird, die vor Ort entwickelt werden. Für Maßnahmen zur Bekämpfung des Klimawandels werden in den nächsten Jahren und Jahrzehnten Milliarden investiert werden. Dieses Geld gilt es so zu investieren, dass es neue Strukturbrüche verhindert, und zwar nicht nur in unmittelbar betroffenen Regionen wie den ehemaligen Kohlegebieten, sondern es muss auch nach regionalwirtschaftlichen Kriterien eingesetzt werden. Natürlich müssen in erster Linie Projekte gefördert werden, mit denen der ökologische Umbau erreicht wird. Aber es wäre eine vertane Chance, auch für die Akzeptanz des Klimaschutzes, wenn die dafür notwendigen Gelder nicht auch zur Wirtschaftsförderung genutzt würden. Ein solcher Ansatz wird aller Voraussicht nach zu erheblichen Widerständen führen, da er dem bisherigen Wettbewerb der Kommunen und auch der Länder entgegensteht. Ihn durchzuhalten lohnt sich aber. Wird er konsequent verfolgt, kann er einen wichtigen Beitrag leisten, um die wirtschaftliche und damit auch finanzielle Situation der Kommunen zu verbessern, ihnen mehr Gestaltungsspielräume zu verschaffen und die Lebensbedingungen vor Ort zu verbessern. So würde beispielsweise der Aufbau einer Wasserstoffregion Nord-West die Chance bieten, Arbeitsplätze z. B. in einer klimaneutralen Stahlindustrie, aber auch im Flugzeugbau im 21. Jahrhundert zu sichern. Weil die Wertschöpfungskette zur Erzeugung grünen Wasserstoffes lang, komplex und kleinteilig ist, eröffnet sich die Möglichkeit für viele Kommunen daran zu partizipieren. Und das in einer Schlüsseltechnologie für die Verkehrs- und Klimawende.

Nach vielen Jahren des Stillstands in der Debatte zeigt sich einmal mehr, dass ein gutes Leben für alle nur gemeinsam geht: Schaffen wir für die Kommunen mehr Möglichkeiten zur Kooperation, anstatt uns nur auf den Wettbewerb zu konzentrieren. Nehmen wir Bund und Länder in die Verantwortung und sorgen wir dafür, dass die mit den großen gesellschaftlichen Herausforderungen einhergehenden Veränderungen zu Chancen auch für die Kommunen werden, die bisher strukturell eher benachteiligt waren. Damit entstehen nicht nur Lösungen für die großen Herausforderungen unserer Zeit, sondern gleichzeitig ein Leitbild für den gesellschaftlichen Umgang miteinander und somit schließlich für unsere Demokratie.

Yasmin Fahimi
GERECHTE VERÄNDERUNG –
AUFBRUCH IN DIE SOZIALE
DEMOKRATIE

Der disruptive Veränderungsdruck von Globalisierung, Digitalisierung und Klimakrise schafft Verunsicherungen, tatsächliche Ungleichheiten und neue Verheißungen, die in ihrer Gesamtheit polarisieren. »Zurück in die Vergangenheit« nennen es die einen, »mutig nach vorn« die anderen. Eine zum Teil aggressive Ambivalenz nicht nur zwischen den Menschen, sondern oft in jedem einzelnen selbst. Was ist meine Arbeit noch wert? Wer darf ich sein? Was oder wer gehört zu Deutschland?

Für viele entstehen Gefühle der Ohnmacht, Zweifel an der Steuerungsfähigkeit unseres Miteinanders. Manche versuchen, dieser Angst mit alten Mustern zu begegnen, mit einer neuen Deutschtümelei, die mehr als erträglich an »Blut und Boden« erinnert. Ergebnis der substanziellen Veränderungen ist ein massiver Identitätsverlust für den »klassischen Arbeiter« ebenso wie für »Migrantenkinder«, die sich ihrerseits mangels wertschätzender Integration in Teilen verstärkt auf ihre »alten Wurzeln« rückbesinnen.

Doch eigentlich sind die Ursachen dafür älter: Dreißig Jahre nach dem Mauerfall müssen wir feststellen, dass es nicht nur einen Systemzusammenbruch im Osten gegeben hat, sondern auch einen Wandel des westlichen Systems

der sozialen Marktwirtschaft. Denn die Schaffung einer
»Sonderwirtschaftszone Ost« hatte 1990 alle neoliberalen
Phantasien geradezu beflügelt und ihnen das Versuchsfeld
gleich mitgeliefert. Man wollte einen stärker regelfreien
Markt, und der forciert seitdem einen schonungslosen
Konkurrenzkampf, zusätzlich verstärkt von den oben ge-
nannten Transformationen.

Dieser anhaltende tägliche Einzelkampf schafft heute
kein gesellschaftliches »Wir«, auf das man sich positiv
bezieht, und das hat Folgen für ganz Deutschland. Mittlerweile sind die Strukturbrüche im Alltag der Menschen
gleich mehrfach spürbar: wachsende soziale Ungleichheit, ungleiche Verhältnisse zwischen den Regionen und
ein Auseinanderfallen der alltäglichen Arbeits- und Le-
benswelten.

Verteilungskämpfe und kulturelle Konflikte bestim-
men heute das Alltagsgefühl. Die politische Polarisierung, die kulturellen Scheingefechte und die materielle
Spaltung sind allesamt Folgen des Rückzugs aus gesellschaftlich organisierter Teilhabe sowie mangelnder Umverteilung durch Staat und mangelnder Mitbestimmung.

In einer sozialen Demokratie wollen wir daher nicht nur
eine materielle Umverteilung, sondern eine Rückgewinnung von politischer Steuerung für eine stärker gemeinwohlorientierte Wirtschaft. Wir wollen gleiche Chancen
für alle, ein solidarisches Miteinander und nachhaltigen
Fortschritt. Die objektiven Disruptionen der Gegenwart
können nicht allein individuell beantwortet werden. Der
einzelne Mensch muss ermündigt UND ermächtigt werden, selbstbestimmt sein Leben zu gestalten und verantwortlich für die Gesellschaft mitbestimmen zu können.
Aber dafür bedarf es einer Reform der Spielregeln. Das
betrifft vorrangig die Arbeitswelt, aber auch die kommunale Daseinsvorsorge. Erst eine gemeinwohlorientierte

Rückgewinnung der gesellschaftlichen Steuerung schafft die Voraussetzungen auch für einen kulturellen Aufbruch.

Nachhaltiges Wirtschaften durch Steuerung und Teilhabe in der Arbeitswelt

Unsere Industrie, solides Fundament unseres Wohlstandes und bislang Ort der eher sicheren und gut bezahlten Arbeitsplätze, wird zunehmend entkernt. Tarifbindung und zentrale Betriebsstätten für die Masse der Beschäftigten nehmen ab. Es besteht sogar die Gefahr, dass Gewerkschaften nur noch als Vertretung einer Arbeitselite wahrgenommen werden.

Es geht noch nicht einmal mehr darum, wie »der Kuchen« verteilt wird, sondern darum, dass ein Großteil der Gesellschaft gar nicht mehr am Tisch sitzt. Umverteilung beginnt nicht mit Steuern. Umverteilung beginnt dort, wo Profit erwirtschaftet wird – mit Tarifverträgen. Die große Spreizung der Reallohnentwicklung zwischen den Branchen mangels Tarifbindung hat daher fatale Folgen für die Gesellschaft. Sie hängt Beschäftigte ganzer Branchen von einer Wohlstandsentwicklung ab. Und sie spaltet die Beschäftigten in gut organisierte (Industrie-)Beschäftigte und den Rest – oft auch zwischen Männern und Frauen. Das darf so nicht bleiben. Die schöne neue Arbeitswelt digitaler Tagelöhner*innen und Selbstständiger im Franchise entledigt Arbeitgeber*innen lediglich der Verantwortung und Verlässlichkeit. Die Verhandlungsposition Geringqualifizierter und atypisch Beschäftigter wird sich weiter verschlechtern, so dass noch dramatischere Unterschiede in den Arbeitsbedingungen zu erwarten sind.

Ein bedingungsloses Grundeinkommen, als Ersatz für eine existenzsichernde Beschäftigung, wäre aber die faktische Aufgabe des politischen Ziels der Vollbeschäftigung und der gemeinschaftlichen Gestaltung humaner

Arbeit. Die reine Alimentierung von »Ungebrauchten« zerrüttet die Moral. Es ist kaum zu erwarten, dass man sich die »neu gewonnene Freiheit« massenhaft aneignet, sondern es droht vielmehr ein umfassender Rückzug aus dem gesellschaftlichen Miteinander.

Auch der derzeitige Arbeitsmarkt vermag schlicht nicht, die Spaltung aufzuhalten zwischen High-Potential-Gewinner*innen einerseits und nicht-existenzsichernder, unsicherer und gesundheitsgefährdender Beschäftigung andererseits. Dabei gäbe es klare Wege, dem Einhalt zu gebieten: gesetzliche Reregulierung des Arbeitsmarktes hinsichtlich der Abschaffung sachgrundloser Befristungen, Erhöhung des Mindestlohns und Eindämmung der Zeitarbeit bzw. menschenhandelähnlicher Geschäftsmodelle bei Werkverträgen.

Und dennoch wird auch dann der*die Crowdworker*in seine*ihre Arbeitsbedingungen und Entlohnung nicht allein gegen die Monopolisten auf dem digitalen Markt durchsetzen können. Tatsächlich human gestaltete Arbeitsplätze der Zukunft können nur in der Wirtschaft selbst verwirklicht werden – durch mehr Mitbestimmung, durch kollektive und sozialpartnerschaftliche Vereinbarungen und Tarifverträge. Unternehmen, die eine solche Sozialpartnerschaft leben, entlasten den Staat von übermäßigen Kontrollpflichten und unterstützenden Sozialleistungen. Zukünftig sollten sie daher durch einen Sozialpartnerbonus steuerlich begünstigt werden. Unternehmen, die letztlich kein Interesse an einem sozialpartnerschaftlichen Miteinander haben, müssen dann durch flächendeckende Arbeitsinspektionen rigoros überwacht werden.

Tarifbindung – und damit gute Einkommen und Arbeitsbedingungen – entsteht nicht von allein. Sie beginnt mit betrieblicher Mitbestimmung. Daher müssen wir das Betriebsverfassungsgesetz ausweiten, Betriebsrät*innen besser schützen und ihnen mehr Initiativrechte einräumen. Da aber viele Beschäftigte in kleinen Unternehmen arbeiten, die sich auch in Zukunft schwertun werden, einen eigenen Betriebsrat zu gründen, brauchen wir neben dem Betriebsverfassungsgesetz eine weitere, vereinfachte Säule der betrieblichen Mitbestimmung: die mögliche Bildung einer überbetrieblichen Interessenvertretung, in der sich diverse Arbeitnehmer*innen unterschiedlichster kleinerer Unternehmen in einer Region zusammenschließen können, um zumindest rudimentäre Anliegen des Arbeitssicherheits- und Gesundheitsschutzes sicherzustellen. Das wäre auch ein neuer gewerkschaftlicher Anknüpfungspunkt für mehr Tarif- und Kollektivverträge in der Breite.

Darüber hinaus müssen wir die Unternehmensmitbestimmung zukünftig viel stärker als Instrument nachhaltiger Unternehmensstrategie nutzen. Arbeitnehmer*innen müssen aktive Beteiligte für eine fortschrittliche, nachhaltige und sozial verantwortliche Transformation werden. Sie sind es, die quasi naturgegeben Interesse an einer nachhaltigen Unternehmensstrategie haben. Und ökologisches Wirtschaften wird nicht durch Verdrängung und Verlagerung in andere Regionen der Welt gelingen – im Gegenteil. In Aufsichtsräten muss daher im Konfliktfall zukünftig der Aufsichtsratsvorsitz, als neutrales Mitglied zwischen Kapital- und Arbeitnehmerseite, vermitteln. Dramatische Eingriffe in Unternehmen, wie z. B. Standortverlagerungen, können dann nicht mehr einfach einseitig beschlossen werden. Nur so machen wir Beschäftigte zu Gestaltern des Wandels.

Diese Gestaltungsaufgabe muss flankiert, quasi unterfüttert werden durch staatliche und gesetzliche Rahmenbedingungen. Gemeinsam mit allen gesellschaftlichen Gruppen muss ein neuer Energie-Pakt geschlossen werden, der den Speicherausbau massiv fördert und Interessenkonflikte beim Ausbau der Netze endlich ausräumt. Mehr Investitionen in klimagerechte Produkte und Produktionsverfahren gerade auch in der Automobil- und ihrer Zulieferindustrie müssen durch einen Transformationsfonds aktiv vorangetrieben werden. Steuerliche Forschungsförderung sollte neben dem Forschungsstandort auch den Erhalt der Produktionsstätten fördern. Denn Produktion und Forschung hängen voneinander ab. Sie zu trennen birgt die große Gefahr, dass auf Dauer beides verloren geht.

Wir können Standorte für eine nachhaltige Wirtschaft zukunftsfest aufstellen, wenn wir Energiepreise stabil halten, Mitbestimmung stärken, Forschungspolitik stärker operativ ausrichten und Transformationsfonds schaffen, die Beschäftigtenqualifizierung und Technologieumbau gleichermaßen fördern. Eine erfolgreiche Nachhaltigkeitsstrategie beschreibt nicht nur Ziele, sondern hat einen Plan zur praktischen Umsetzung. Und zur Umsetzung braucht es Akteur*innen über den Staat hinaus. Dann wird aus Strukturwandel Zukunft.

Teilhabe und biografische Selbstbestimmung durch Bildung und Weiterbildung garantieren

Einen Beruf zu erlernen bedeutet immer noch, sich eine Existenzgrundlage zu schaffen. Er ist auch Teil der mentalen und kulturellen Identität. Das Recht auf Arbeit, das Recht auf freie Berufswahl und das Recht auf Selbstbestimmung sind untrennbar miteinander verbunden und gleichwertig. Wenn also diese Werte der Arbeit und des Berufs nicht mehr allein durch eine gute Erstausbildung sichergestellt sind, müssen wir Fortbildung so aufstellen und finanziell ermöglichen, dass eine selbstbestimmte und existenzsichernde, berufliche Lebensplanung wieder möglich wird. Ein neues Erwachsenenbildungsgesetz könnte das Recht auf Weiterbildung manifestieren und für die Dauer von mindestens drei Jahren ein bedingungsloses Grundeinkommen für abschlussorientierte Qualifizierung nach der Erstausbildung gewährleisten. Ein solches Bildungsgrundeinkommen wäre ein starkes Signal für die Wiederbefähigung des*der Einzelnen, seine*ihre eigene Erwerbsbiografie in Zeiten des Wandels zu gestalten.

Einen qualifizierten Anschluss kann es aber erst geben, wenn der Abschluss in einer Erstausbildung erfolgreich war. An diesem Übergang von Schule in Ausbildung scheitern immer noch zu viele: Etwa 250.000 Jugendliche befinden sich jedes Jahr im Übergangssystem statt in Ausbildung. Und inzwischen gibt es über zwei Millionen Jungerwachsene ohne Berufsabschluss. Es ist endlich an der Zeit für eine Ausbildungsplatzgarantie, um jeder Generation einen guten Einstieg in ein gutes Leben zu ermöglichen. Dafür können außerbetriebliche Ausbildungsstätten in öffentlicher oder gemeinnütziger Trägerschaft ausgebaut werden, idealerweise mit einer integrierten Ausbildungsassistenz. Damit aber das Prinzip einer echten dualen Ausbildung gewährleistet bleibt, müssen regionale Kooperationsbetriebe mit im Verbund sein, die zumindest Teile der betrieblichen Ausbildung weiterhin mit übernehmen. Spätestens nach dem ersten Ausbildungslehrjahr kann dann eine direkte Vermittlung in einen der Betriebe erfolgen, die die Jugendlichen inzwischen besser kennengelernt haben. So handhabt Österreich das bereits erfolgreich.

Leider unterliegt die wachsende Zahl von Gesundheits-, Erziehungs- und Sozialberufen einem Wildwuchs von Verfahren und Ordnungen zwischen den Bundesländern. Wenn Qualitätssicherung und Anerkennung der Berufe noch nicht einmal innerhalb der Bundesrepublik Deutschland einheitlich geregelt sind, bleiben Mobilität und Freiheit des*der Einzelnen auf der Strecke. Nicht zufällig sind diese »Frauenberufe« am meisten betroffen. Es ist endlich an der Zeit, sie am dualen Ausbildungssystem zu orientieren: einheitlich zertifizierte Abschlüsse, sozial-partnerschaftliche Entwicklung der Verordnungen und duale Lernorte müssen in neuen Bundesberufsgesetzen abgesichert werden.

Kommunale Daseinsvorsorge heißt: Grundbedürfnisse gemeinwohlorientiert sichern

Es bleibt ein Irrglaube, der Markt allein würde die Bedürfnisse der Menschen und der Gesellschaft im Ganzen befriedigen können. Wir brauchen eine Neuauflage der sozialen Marktwirtschaft, eine Gemeinwohlorientierung, die einen starken Hebel zur Umverteilung weg vom rein profitorientierten Markt hin zur Sicherung vielfältiger Grundbedürfnisse schafft. Denn »sozial« heißt nicht »karitativ«, es bedeutet eine gemeinsame und gemeinschaftliche Entwicklung und Steuerung aller für alle.

Eine gemeinwohlorientierte Marktregulierung schafft den Markt auch gar nicht ab. Sie schafft ein Gegengewicht zur reinen Profitorientierung. Sie fördert kommunale Unternehmen, Genossenschaften und Baugemeinschaften auf dem Wohnungsmarkt. Sie kooperiert mit gemeinnützigen Trägern, um soziale Dienste flächendeckend anzubieten für Pflege, Gesundheit, soziale Beratung und Integration. Sie sichert mit kommunalen Unternehmen Mobilität und Energieversorgung für eine nachhaltige Entwicklung in den Regionen. Sie schafft eine Umverteilung für eine gemeinwohlorientierte Absicherung sozialer Grundbedürfnisse – unabhängig vom Geldbeutel des Einzelnen.

Soziale Demokratie ist die progressive Erzählung der Zukunft

Veränderung macht Angst. Disruptive Transformation erst recht. Dass Veränderung aber nicht den Verlust von Selbstbestimmung, Identität und Freiheit bedeutet, erfahren wir durch gemeinsame soziale und demokratische Gestaltung. Der*die Einzelne kann und muss dazu in den Austausch mit anderen treten und einen Kompromiss unterschiedlicher Interessen oder Bedarfe finden. Mit anderen Worten: Demokratie schafft Freiheit. Sie ist aber auch anstrengend und verlangt die Bereitschaft zum Perspektivwechsel.

Wer Gerechtigkeit ernten will, muss Chancen säen. In einer sozialen Demokratie geht es daher um eine gerechte Umverteilung durch mitbestimmte Steuerung und damit die echte Chance auf Teilhabe. In einer sozialen Demokratie verstehen wir auch Vielfalt als Chance. Denn wir wollen die Freiheit von der Herkunft – der sozialen ebenso wie der regionalen Herkunft. Das macht Demokratie stark. Deshalb muss Selbstbestimmung auf der Basis gleicher Chancen und Rechte im Mittelpunkt einer progressiven Politik stehen.

Die Welt wird eine andere sein – immer wieder. Und es ist an uns allen, ihr einen Wert und Sinn zu geben – immer wieder.

Lisa Herzog
POLITISCHE DEMOKRATIE UND WIRTSCHAFTSDEMOKRATIE

Dass wir eine Art Krise der Demokratie erleben, diese These gehört spätestens seit 2015 zum Grundrauschen der öffentlichen Debatte. Doch entscheidender als diese allgemeine These, deren Konjunktur demokratische Gesellschaften in regelmäßigem Auf und Ab begleitet, ist die Frage, um welche Art der Krise es sich handelt. Geht es um Kritik an den Idealen der Demokratie oder um Unzufriedenheit mit der konkreten Umsetzung dieser Ideale in die institutionelle Wirklichkeit? Es scheint, zumindest in Deutschland, viel dafür zu sprechen, dass es um Letzteres geht – und in jedem Fall möchte ich mich im vorliegenden Beitrag darauf konzentrieren, ohne anderen Gegenwartsdiagnosen und den sich aus ihnen ergebenden Reformvorschlägen die Berechtigung absprechen zu wollen.

Zwei Aspekte der derzeitigen Kritik an Demokratie, wie wir sie kennen, möchte ich dabei in den Mittelpunkt stellen: Repräsentativität und Effektivität. Bei Repräsentativität geht es um die Frage, wessen Stimmen im politischen Prozess gehört werden: Sind es die aller Mitglieder »des Volkes« gleichermaßen oder die von Untergruppen, die sich durch Lobbyismus und die unterschiedlichsten Arten von Interessenvertretung überproportional Gehör verschaffen? Bei Effektivität geht es um die Frage, wie gut Politik darin ist, ihre Aufgaben zu erfüllen und Maßnah-

175

men, gegebenenfalls auch gegen Widerstand, kompetent durchzusetzen und dadurch Output-Legitimität, wie Fritz Scharpf es nennt, zu erzeugen. Beide Aspekte sind freilich verschränkt: Repräsentativität entscheidet darüber, wer definieren kann, was die Aufgaben der Politik überhaupt sind, die dann mehr oder weniger effektiv umgesetzt werden. Dass die Repräsentativität und Effektivität heutiger demokratischer Politik verbesserungswürdig sind, kann man zugestehen, ohne damit ins Lager der Populist*innen zu geraten – und man kann deren Anhänger*innen damit ein Stück weit entgegenkommen, ohne nationalistischen oder patriarchalischen Tendenzen stattzugeben.

Es stellt sich die Frage, ob eine Strategie, um die Repräsentativität und Effektivität der heutigen Demokratien zu verbessern, eine stärker partizipative und demokratische Gestaltung der Wirtschaftswelt sein könnte. Damit würde, so meine Hypothese, eine der Tiefenursachen der derzeitigen Malaise angegangen – ein Projekt, das sicherlich langfristig gedacht werden muss, für das aber auch ganz konkrete Schritte im Hier und Jetzt unternommen werden können.

Es geht vielleicht nicht zu weit, die heutigen westlichen Demokratien als maximal zur Hälfte demokratisiert zu beschreiben: Demokratisch sind – trotz aller Schwächen und Probleme – die politischen Systeme. Die Wirtschaftssysteme dagegen beruhen stark auf der Macht von Eigentümer*innen und Manager*innen, die angeblich durch die Kräfte des Marktes diszipliniert werden. Zu Zeiten, in denen die Wirtschaftssysteme weitgehend national organisiert waren, war dies ein weniger drängendes Problem, da das »Primat der Politik« der Wirtschaft Regeln auferlegen konnte, die für den Interessenausgleich zwischen unterschiedlichen Gruppen und die Förderung des Gemeinwohls sorgten. Doch angesichts einer globalisierten Wirtschaft, die eben von keiner »unsichtbaren Hand des Marktes« au-

176

tomatisch zum Wohle aller gelenkt wird, stellen sich in der gegenwärtigen Situation schwierige Fragen. Der Eindruck einer entfesselten, unkontrollierbaren Wirtschaft, die bis in die Mittelschicht hinein Absturzängste auslöst, dürfte für die Sehnsucht nach den »starken Männern« (und zum Teil Frauen) populistischer Parteien und nach der Rückkehr zu den scheinbar geordneten Verhältnissen der abgeschotteten Nationalstaatlichkeit eine wichtige Rolle spielen. Der Ruf der »Brexiteers« nach »Take back control« enthält dieser Diagnose zufolge – von allen nationalistischen Phantasien abgesehen – auch ein Anliegen, das Demokrat*innen jeder Couleur am Herzen liegen muss: den Appell, dass das Wirtschaftssystem so kontrolliert wird, dass es der Gesellschaft dient, und nicht umgekehrt.

Ein Modell, um eine stärkere demokratische Kontrolle der Wirtschaft zu erreichen, ist das der Wirtschaftsdemokratie. Unter diesem Begriff versammeln sich unterschiedliche Vorschläge, deren gemeinsamer Kern die demokratische Kontrolle der wirtschaftlich Mächtigen durch diejenigen, über die Macht ausgeübt wird – in der Regel die Belegschaften – ist. Auch das deutsche System der betrieblichen Mitbestimmung steht in dieser Traditionslinie. Der neoliberalen Theorie zufolge dürfte es überhaupt nicht existieren, weil im internationalen Wettbewerb rein kapitalistisch organisierte Unternehmen Firmen mit Mitbestimmung verdrängen müssten. Die Existenz zahlreicher erfolgreicher, als Genossenschaften organisierter Unternehmen weltweit zeigt jedoch, dass Demokratie auch in der Wirtschaft sehr wohl möglich wäre.

Repräsentativität, Effektivität und Wirtschaftsdemokratie

Soziale Teilhabe ist in den heutigen westlichen Gesellschaften stark durch Arbeit vermittelt; trotz so mancher anderslautender Utopien oder Dystopien ist auch nicht abzusehen, dass sich dies in naher Zukunft ändern wird. Menschen verbringen acht Stunden am Tag und mehr in der Arbeitswelt, von daher ist es naheliegend, sich zu fragen, ob das, was sie dort erleben, ihre Bereitschaft und Fähigkeit zur politischen Teilhabe eher stärkt oder schwächt. Ein altes Argument der Befürworter*innen von Wirtschaftsdemokratie ist denn auch, dass demokratische Teilhabe am Arbeitsplatz eingeübt werden kann, und zwar für alle Arbeitnehmer*innen gleichermaßen. Das gemeinsame Regeln der Angelegenheiten, die alle angehen, der Austausch von Argumenten aus unterschiedlichen Perspektiven, die Suche nach Kompromissen zwischen unterschiedlichen Interessensgruppen – all dies erfordert sowohl bestimmte Fähigkeiten als auch eine bestimmte Haltung. Wenn die Arbeitnehmer*innen diese am Arbeitsort nicht einüben können, wenn sie ihnen dort vielleicht regelrecht ausgetrieben werden, weil hierarchische Unterordnung und Gehorsam erwartet werden, wie soll dann demokratische Politik funktionieren?

Dieses alte Argument eines »Spillovers« demokratischer Partizipation von der Wirtschaftswelt wurde kürzlich mit dem Konstrukt »Industrial Citizenship« der Leipziger Autoritarismus-Studie 2020 bestätigt: Wer sich am Arbeitsplatz aktiv einbringen und kollegial mit anderen arbeiten kann, ist statistisch gesehen weniger anfällig für autoritative Versuchungen und teilt demokratische Grundwerte in höherem Maße.

Was aber, wenn Normalarbeitsverhältnisse seltener werden, wenn prekäre Jobs überhandnehmen oder Individuen nicht einmal mehr als Arbeitnehmer*innen, sondern nur als Vertragspartner*innen behandelt werden und somit alle Schutzmechanismen des Arbeitsrechts wegfallen? Es ist aus vielen Gründen geboten, der Entwicklung des Arbeitsmarktes in diese Richtung Einhalt zu gebieten, zum Beispiel durch Mitsprache der Beschäftigten in diesen Bereichen. Dabei geht es nicht nur um die Rechte und Interessen der direkt Betroffenen; wenn die Angst vor dem Abstieg auch für viele derjenigen, die selbst noch in gesicherteren Verhältnissen leben, ein Motiv für den Zulauf zu populistischer Politik ist, dann dürfte ein beherztes Angehen dieser Probleme auch weitergehende Auswirkungen auf breitere Bevölkerungsschichten haben.

Würde die Effektivität von Politik durch eine Stärkung wirtschaftsdemokratischer Praktiken erhöht? In der besten aller möglichen Welten würde die Gemeinwohlorientierung von Unternehmen steigen, so dass die Bereitschaft, konstruktiv an der Lösung gesellschaftlicher Probleme mitzuwirken, sich erhöhen könnte. In der wirtschaftsdemokratischen Tradition sind Unternehmen keine Vehikel zur Maximierung des »Shareholder Value«, sondern gemeinsame Unterfangen, in denen gesellschaftlich wichtige Güter und Dienstleistungen hergestellt werden – durchaus auch mit der Absicht, Gewinne zu erzielen, um das eigene Überleben zu sichern, aber nicht um jeden Preis. Wirtschaftsdemokratisch geführte Unternehmen, so die Hoffnung der Befürworter*innen, würden stärker das Wohl der Bevölkerung berücksichtigen, weil die Macht bei Menschen läge, die sich selbst als Teil der Gesellschaft sehen. Natürlich kann dies auch bei anderen, gerade persönlich geführten Unternehmen der Fall sein, doch dürfte Wirtschaftsdemokratie ein Instrument sein, um gerade bei Großunternehmen ein entsprechendes Selbstverständnis zu stärken.

Hier stellt sich freilich ein Henne-Ei-Problem: Um wirtschaftsdemokratische Praktiken zu stärken, scheint das Primat der Politik nötig, Wirtschaftsdemokratie soll gleichzeitig zur Verbesserung der Demokratie beitragen, um das Primat der Politik stärken. Kann dieser Zirkel positiv gewendet werden? Oder erklärt er die scheinbare Vergeblichkeit vieler derzeitiger Reformvorschläge, die an der Herausforderung scheitern, demokratische Regeln gegen mächtige Wirtschaftsinteressen durchzusetzen?

Doch die gleiche Herausforderung stellt sich auch für die meisten anderen Reformvorschläge, bei denen in der einen oder anderen Form gegen die Interessen mächtiger Wirtschaftsverbände gekämpft werden muss. Bei allem Pessimismus des Verstandes ist hier Optimismus des Willens gefragt.

Wirtschaftsdemokratischer Experimentalismus

Was würde es konkret bedeuten, wirtschaftsdemokratische Praktiken zu stärken? Gegen einen radikalen, sofortigen Umbau des Wirtschaftssystems spricht, dass wir über das Funktionieren eines solchen Systems innerhalb einer rechtsstaatlich und demokratisch organisierten Gesellschaft mangels historischer Fallbeispiele wenig wissen. Wenn heute unter Demokratie eine parlamentarisch-repräsentative Demokratie verstanden wird, ist dies nur eine mögliche Form, die für Wirtschaftsorganisationen nicht unbedingt die bestmögliche ist. Aus der Geschichte – auch der der Mitbestimmung in Deutschland – lassen sich einige Lektionen ziehen, welche Praktiken sich nicht bewähren, oder wo Gefahren drohen, z. B. in Form einer zu großen Nähe der Arbeitnehmer*innenvertretung zum Management, die mit echter Repräsentation nicht mehr viel zu tun hat.

Hier seien – neben dem Verweis auf das bekannte Format der Produktivgenossenschaft, bei dem Eigentümer*innen und Angestellte identisch sind und gemeinschaftlich über die Geschicke des Unternehmens entscheiden – besonders drei Elemente genannt, die bei der demokratischen Ausgestaltung von Unternehmen eine Rolle spielen könnten.

Ein erstes, bereits im antiken Griechenland praktiziertes Verfahren, ist die Verwendung lottokratischer Elemente, also von Auswahlverfahren per Los, sei es bei der Besetzung bestimmter Ämter oder bei der Auswahl von Repräsentant*innen für Gremien. Dadurch können verschiedene verzerrende Mechanismen, die dazu führen, dass gewählte Repräsentant*innen nicht unbedingt die Interessen der gesamten Wähler*innenschaft widerspiegeln, ausgehebelt werden. Jede*r in der entsprechenden Grundgesamtheit weiß, dass er*sie in die jeweiligen Ämter oder Gremien kommen könnte, und hat somit einen Anreiz, sich mit der Thematik auseinanderzusetzen. Lottokratische Elemente werden inzwischen auch als Ergänzung zur parlamentarischen Demokratie empfohlen. Auch innerhalb von Wirtschaftsorganisationen könnten sie eine interessante Rolle spielen.

Ein zweites, mit Lotterien oft verknüpftes Element sind deliberative »Mini Publics«, ein Format, das besonders James Fishkin und seine Mitarbeiter*innen erforscht haben. Eine – oft durch Losverfahren, aber möglicherweise auch anders – ausgewählte Gruppe von Individuen, die die Gesamtwähler*innenschaft widerspiegeln sollen, trifft sich hier zu intensiven, auf fachlichen Informationen basierenden und von Moderator*innen geleiteten Diskussionen. Dabei können unterschiedliche Perspektiven eingebracht und Lösungsalternativen abgewogen werden, um z. B. eine Priorisierung von Vorschlägen zu erreichen. Andere Mitglieder der Wähler*innenschaft können dann mit guten Gründen dem Urteil der »Mini Publics« vertrauen, weil sie davon ausgehen können, dass alle Interessen berücksichtigt wurden; so kann die Legitimität von Entscheidungen erhöht werden.

Ein drittes Element sind Mehrkammernsysteme, die einen Interessenausgleich zwischen verschiedenen Anspruchsgruppen gewährleisten sollen. So hat z. B. die belgische Soziologin Isabelle Ferreras kürzlich vorgeschlagen, für große Unternehmen ein Zweikammernsystem – mit einer Kammer für die Kapitalseite und einer für die Arbeitsseite – zu verwenden. Allen wichtigen Entscheidungen müssten diesem Modell zufolge beide Kammern mit jeweils mindestens 50 Prozent ihrer Stimmen zustimmen. Ferreras zeigt in einem Durchgang durch die Geschichte demokratischer Regierungsformen auf, dass ein Zweikammernsystem sich oft als Instrument zur Teilung der Macht zwischen oligarchischen und populären Elementen eines Landes bewährt hat. Damit seien auch große Firmen, bei denen direktdemokratische Elemente nur ein Teil der Antwort sein könnten, demokratischer regierbar, als es derzeit der Fall ist.

Um zu sehen, welche Formen der Entscheidungsfindung für welche Arten von Unternehmen in welchen Branchen gut einsetzbar sind, sind Experimente gefragt – nicht zuletzt, weil sowohl negative als auch positive Nebenwirkungen möglich sind, die »from the armchair« schwer absehbar sind. Welche Kriterien einen »guten« Entscheidungsmechanismus ausmachen, muss freilich selbst zur Debatte gestellt werden; dies entspricht der fundamentalen Reflexivität demokratischen Entscheidens. Dass ein gewisses Maß an Funktionalität dabei eine Rolle spielt, um die langfristige Stabilität von Unternehmen zu sichern, steht außer Frage – doch auch politische Demokratien benötigen diese. Prinzipielle und instrumentelle Rechtfertigungen von Demokratie müssen sich nicht widersprechen, sondern können einander ergänzen.

Es dürfte für die Frage nach den Chancen einer Ausweitung wirtschaftsdemokratischer Elemente eine nicht unerhebliche Rolle spielen, dass durch die digitale Transformation derzeit ohnehin gewisse Umbrüche in der Arbeitswelt anstehen. Damit gehen sicherlich Risiken einher, aber auch Chancen – auch für die Wirtschaftsdemokratie. Letztere betreffen einerseits die Tatsache, dass die Transaktionskosten für partizipative und demokratische Formen der Entscheidungsfindung massiv gesunken sind. So können z. B. Informationen heute mit einem Mausklick mit großen Gruppen von Menschen geteilt werden; horizontale Formen der Abstimmung werden durch Messenger-Dienste und andere Kommunikationstools erleichtert. Firmen nutzen derartige Tools, um z. B. »agiles« Arbeiten zu fördern, das ein hohes Maß an Selbstorganisation in Teams erfordert. Sie tun dies in der Regel aus Effizienzerwägungen heraus, doch die Praktiken, die sich damit einspielen, können auch aus Sicht der Wirtschaftsdemokratie interessant sein. Der alte Einwand, dass die Partizipation der Mitarbeiter*innen bei der Entscheidungsfindung schlicht zu aufwendig wäre, ist angesichts neuer digitaler Möglichkeiten kaum noch haltbar.

Mit der digitalen Transformation entstehen auch neue Formen der »Governance«, die optimistisch stimmen. Einige Start-ups experimentieren mit der Rotation der Chefposten oder anderen partizipativen Methoden.[1] Die Initiative des »Platform Cooperativism« überträgt das Prinzip der Genossenschaft auf Plattform-Unternehmen, die z. B. Fahr- oder Putzdienstleitungen vermitteln.[2] Das ermöglicht den Beteiligten nicht nur, an den Gewinnen teilzuhaben, sondern gibt ihnen auch Souveränität über den Umgang mit den von der Plattform erhobenen Daten.

Auch wenn man langfristig auf die Ausweitung demokratischer Prinzipien aufgrund digitaler Kommunikations- und Abstimmungsmethoden hofft, muss man die Durchsetzung wirtschaftsdemokratischer Praktiken als eine politische Aufgabe sehen.

Was könnte heute schon konkret passieren, um einen Lernprozess in diese Richtung anzustoßen? Vor allem zwei Strategien erscheinen vielversprechend. Die eine ist die schlichte Verbreitung von Informationen und Argumenten. Wer heute ein normales Studium von Jura, BWL oder VWL absolviert, wird in der Regel dort nichts darüber erfahren, dass z. B. genossenschaftliche Firmen langfristig erfolgreich sein können. In der öffentlichen Debatte findet sich oft die unhinterfragte Annahme, dass Firmen eben undemokratisch organisiert sein müssten, ohne dass dies kritisch zur Diskussion gestellt würde – das sollte sich ändern.

Die zweite Strategie ist, Firmen, die mit wirtschaftsdemokratischen Praktiken experimentieren, gezielt zu fördern, z. B. durch Steuernachlässe. Schließlich leisten sie, indem sie Erkenntnisse über die Praktikabilität unterschiedlicher Modelle zur Verfügung stellen, einen Beitrag zum Gemeinwohl. Außerdem könnten mögliche Nachteile, die sie in einem weitgehend nicht-demokratisch organisierten Wirtschaftsumfeld z. B. aufgrund von Pfadabhängigkeiten haben könnten, ausgeglichen werden.

Wirtschaftsdemokratische Experimente zu fördern und die Debatte über die Möglichkeit der Ausweitung zu führen, könnte eine Antwort auf die Frage sein, wo es wirtschaftspolitisch »nach dem Neoliberalismus« hingehen könnte. Dass Planwirtschaften, zumindest solche in diktatorisch geführten Ländern, kein Erfolgsmodell sind, hat das Experiment der Sowjetunion gezeigt; dass ein unregulierter globaler Kapitalismus kein Erfolgsmodell ist, zeigen die Verheerungen der Finanzkrise von 2008, die weiterhin bestehende weltweite Armut sowie die geringen Aussichten, mit diesem Modell die Klimakrise in den Griff zu bekommen. Eine Einhegung des ungezügelten Kapitalismus durch wirtschaftsdemokratische Praktiken könnte daher einen Weg nach vorne bieten. Auch und gerade angesichts der Herausforderungen, die die digitale Transformation ohnehin stellt, scheint es lohnenswert, in diese Richtung zu experimentieren. Dies ist an sich wünschenswert, aber auch, weil gute Gründe für die Annahme bestehen, dass sowohl die Repräsentativität als auch die Effektivität der politischen Demokratie dadurch langfristig verbessert werden können.

Anmerkungen

1 Siehe z. B. die Fälle, die im Artikel »Alle Macht den Mitarbeitern?« von Nadine Bös und Lisa Kuner diskutiert werden (*Frankfurter Allgemeine Zeitung*, 29.3.2019, https://www.faz.net/aktuell/beruf-chance/beruf/demokratie-in-unternehmen-wenn-das-mal-keine-falschen-erwartungen-weckt-16101912.html?printPagedArticle=true#pageIndex_0).
2 Siehe die Erläuterungen und die Beispiele auf https://platform.coop.

Literatur

Berman, Sheri: *The Primacy of Politics. Social Democracy and the Making of Europe's Twentieth Century.* Cambridge 2006.
Carter, Neil: »Political Participation and the Workplace: The Spillover Thesis Revisited«. In: *The British Journal of Politics & International Relations* 8/2006, S. 410-426.
Decker, Oliver/Brähler, Elmar (Hg.): *Autoritäre Dynamiken: Alte Ressentiments – neue Radikalität. Leipziger Autoritarismus-Studie 2020.* Leipzig 2020. https://www.boell.de/sites/default/files/2020-11/Decker-Braehler-2020-Autoritaere-Dynamiken-Leipziger-Autoritarismus-Studie.pdf?dimension1=ds_leipziger_studie
Ferreras, Isabelle: *Firms as Political Entities. Saving Democracy through Economic Bicameralism.* Cambridge 2017.
Fishkin, James S.: *Democracy When the People Are Thinking. Revitalizing Our Politics Through Public Deliberation.* New York 2018.

Herzog, Lisa: *Die Rettung der Arbeit. Ein politischer Aufruf.* Berlin 2019.

Knight, Jack/Johnson, James (2007): »The Priority of Democracy: A Pragmatist Approach to Political-Economic Institutions and the Burden of Justification. In: *American Political Science Review* 101(1), S. 47-61.

MacKenzie, Michael K./Warren, Mark E.: »Two Trust-based Uses of Minipublics in Democratic Systems.« In: Parkinson, John/Mansbridge, Jane (Hg.): *Deliberative Systems: Deliberative Democracy at the Large Scale.* Cambridge 2012, S. 95-124.

Pateman, Carole: *Participation and Democratic Theory.* Cambridge 1970.

Scharpf, Fritz W., *Regieren in Europa. Effektiv und demokratisch?* Frankfurt am Main/New York, 1999, hier insbesondere S. 16-18.

Van Reybrouck, David: *Gegen Wahlen. Warum Abstimmen nicht demokratisch ist.* Göttingen 2016.

Uwe Meinhardt und Thomas Würdinger
VOM AGENS DER SOZIAL-ÖKOLOGISCHEN TRANSFORMATION

Der menschengemachte Klimawandel ist eine existenzielle Gefahr, für uns und folgende Generationen – das ist für progressive politische Kräfte weniger Erkenntnis denn Binsenweisheit. Die erste diskursive Schattierung wird jedoch in unserer Ableitung sichtbar: Die Industrie von morgen muss ökologisch nachhaltig sein. Die IG Metall verpflichtet sich schon deshalb den Pariser Klimaschutzzielen. Wir sprechen dabei von einem Bekenntnis, das auch den damit einhergehenden Imperativ umfasst: Klimaneutralität 2050. Aus Bekenntnis und Imperativ erwächst zugleich eine gewaltige Aufgabe für die Industriegewerkschaft Metall. Es geht um nichts weniger als die sozial-ökologische Transformation einer Industriegesellschaft, deren Provenienz auf zwei Säulen ruht: Energetisch auf der Verbrennung fossiler Rohstoffe, gesellschaftlich auf der Vernutzung der menschlichen Arbeitskraft als Ware in ihrer spezifischen Form der Lohnarbeit.

Weite Kreise des ökologisch motivierten Spektrums der Zivilgesellschaft begreifen bereits unsere Aufgabenstellung als unerreichbar wie normativ fehlgeleitet. Sie fremdeln mit Industrie und Lohnarbeit, propagieren mit dem Ausstieg aus der Industriegesellschaft vielmehr die wundersame Wandlung von industrieller Lohnarbeit in gesellschaftlich sinnvolle Dienstleistungstätigkeiten.

Dem stehen allerdings die symbiotischen »Interdependenzen zwischen industrieller Wertschöpfung und expandierendem Dienstleistungssektor«[1] im Wege. Wer nicht zurück in eine romantisierte Subsistenzwirtschaft will, muss Wertschöpfung weiterhin auch industriell, zukünftig aber klimaneutral organisieren.

In diesem Transformationsprozess hilft es gleichwohl wenig, der realen Welt einfach eine besser ausgedachte Utopie gegenüber zu stellen, ihr in bester Absicht »Komm schon, werde so!« zurufend. Vielmehr gilt es, die gedankliche Konstruktion der Utopie selbst in den Blick zu nehmen. An dieser Stelle führt für uns kein Weg an Ernst Bloch vorbei. In Verwirklichung einer Utopie versteht Bloch die Lohnarbeitenden als handelnde Subjekte, als »von der übrigen Natur keinesfalls abgetrennte[n] Teil des universalen materiellen Agens«, das aus »dem halben Inkognito seiner bisherigen Entfremdung herauszutreten beginnt«. Denn der arbeitende Mensch und die Natur »sind miteinander stets verflochten, in dialektischer Wechselwirkung, und nur die isolierende Überbetonung des einen (wodurch das Subjekt zum letzten Fetisch wird) oder des anderen (wodurch das Objekt, in scheinbarem Selbstlauf, zum letzten Fatum wird) reißen Subjekt und Objekt entzwei«.[2]

Übertragen auf die aktuelle Herausforderung der Dekarbonisierung von Prozessen und Produkten industrieller Wertschöpfung folgern wir daraus die dringliche Notwendigkeit, die Kolleg*innen in den betroffenen Betrieben und Branchen darin zu unterstützen, selbst Subjekt der Transformation zu werden. Das ist beileibe kein Selbstläufer. Denn seit Herbst 2020 werden im verarbeitenden Gewerbe immer neue betriebliche und unternehmensbezogene Abbau- und Verlagerungspläne ausgerufen. Pläne und häufig weit gediehene Vorhaben, die zwar nicht auf ungeteilte gesellschaftliche Zustimmung stoßen mögen – in der Alltagswahrnehmung tiefer Rezession aber hohe Plausibilität beanspruchen. Die Entwicklungen der vergangenen Monate verstärken die potenziell strukturkonservative Haltung vieler Kolleg*innen und Betriebsräte. Warum Dekarbonisierung der Industrie, warum Energie- und Mobilitätswende, wenn der eigene Arbeitsplatz dabei unter die Räder kommt? Der Spagat zwischen der Verteidigung erkämpfter Standards und Sicherung von Beschäftigung einerseits und Einsicht in Notwendigkeit wie Dringlichkeit des ökologischen Umbaus der Industrie andererseits – er wird nicht kleiner.

Zumal es um viel mehr geht als um »Plätze der Arbeit«. In der Automobilindustrie etwa geht es um Arbeit, die bei aller Zerstückelung und Entfremdung in mehrfacher Hinsicht identitätsstiftend ist. Das Produkt Auto ist integraler Bestandteil sowohl der kollektiven deutschen Nachkriegsgeschichte als auch der individuellen Sozialisation mehrerer Generationen. Es stand und steht auch heute vielfach für Mobilität, Freiheit, Wohlstand und Status. Mit dem Ausruf »Ich schaff beim Daimler« war die Kreditwürdigkeit nicht nur in der schwäbischen Stammkneipe gesichert. Und wer jemals mit der Belegschaft einer Autofabrik in eine Tarifrunde gehen durfte, konnte erleben, was den gewerkschaftlichen Begriff »Organisationsgrad« wirklich trägt: ein tiefes Gefühl stolzer Verbundenheit und Solidarität, eine funktionierende Resonanzbeziehung,[3] die nicht nur täglich die Entfremdung durch Arbeitsteilung überwindet, im Moment des (Warn-) Streiks vielmehr gar das Kapitalverhältnis selbst in Frage stellt. Um es mit Karl Polanyi zu sagen: »Rein ökonomische Sachverhalte, die die Befriedigung der Bedürfnisse betreffen, sind für das Klassenverhalten unvergleichbar weniger relevant als Fragen der sozialen Anerkennung«.[4]

Das untermauern auch konkrete Erfahrungen der deutschen Wiedervereinigung. In diesem – nach wie vor unvollendeten – Transformationsprozess wurde Polanyis Erkenntnis sträflich übersehen. Allzu häufig mangelt es an Anerkennung für spezifisch ostdeutsche Biografien. Über Nacht wurde den Lebensläufen und -entwürfen ganzer Generationen Wert abgesprochen, bestehende soziale Gemeinschaften – gerade auch am Arbeitsplatz – wurden gnadenlos abgewickelt. Das sollte uns mit Blick auf die bereits laufende Transformation der Industriegesellschaft Mahnung genug sein.

Polanyi sei an dieser Stelle jedoch nicht allein als Begriffshalter der großen Transformation und Kronzeuge eines anthropologisch fundierten Marxismus zitiert. Er beschreibt den Prozess der Transformation als Pendelbewegung zwischen radikal entfesselten Marktkräften und dem Schutzbedürfnis arbeitender Menschen. Dieses Schutzbedürfnis bewegt sich wiederum zwischen zwei Polen.

Im Idealfall gelingt es, die Kräfte des Marktes durch das Primat des Politischen zu bändigen. Polanyi sah im Wohlfahrtsstaat die ausgleichende Ausdrucksform dieses Primats. In Anbetracht der Herausforderungen einer sozial-ökologischen Transformation brauchen wir selbstverständlich auch weiterhin einen Wohlfahrtsstaat zur Absicherung der Lebensrisiken. Der Staat muss dem Markt jedoch darüber hinaus Leitplanken setzen, die Transformation durch eine intervenierende Industrie-, Struktur- und Arbeitsmarktpolitik aktiv flankieren. Aber: Selbst ein intervenierender Sozialstaat wird es nicht allein richten. Die von der Transformation betroffenen Menschen müssen selbst zum Subjekt der Transformation werden, im solidarischen Miteinander. Diesen Zusammenhang greift die IG Metall in ihrer Grunderzählung der Transformation auf, verdichtet auf den normativen Dreiklang für einen FairWandel: Sozial. Ökologisch. Demokratisch.

Gelingt das nicht, werden nicht wenige Menschen Schutz bei berechnenden Populist*innen suchen, die wissenschaftlichen Evidenzen und moralischen Geboten mit gleichgültiger Missachtung begegnen – auch wenn »die Trumps und Bolsonaros dieser Welt die alte Praxis nur noch um den Preis offensichtlicher Unwahrheiten und im Sinne eines regelrechten Zombieindustrialismus aufrechterhalten können«.[5] Sollte die AfD mit ihrer vermeintlich simplen Parole »Rettet den Diesel« flächendeckend Zulauf bekommen und die Transformation der deutschen Automobilindustrie in Richtung Elektromobilität damit erfolgreich unterminieren, wenn nicht gar verhindern, dann ebnet sie den Weg in eine spezifisch deutsche Form des Zombieindustrialismus. Die Parole der AfD zielt dabei keineswegs allein auf die Konservierung einer in der Vergangenheit erfolgreichen Technologie – sie adressiert vielmehr die unmittelbare Sehnsucht der Beschäftigten, die Resonanzbeziehungen in und mit ihrer Arbeit zu bewahren.

Wollen wir als IG Metall unsere Kolleg*innen in ein zu konstituierendes gesellschaftliches Subjekt der Transformation einbinden, müssen wir die Rolle der Mittlerin zwischen den Welten annehmen – zwischen unmittelbar betroffenen Kolleg*innen und einer progressiven Zivilgesellschaft, die diese Betroffenheit forciert. Bleibt die Frage: Welches ist das historische Subjekt, das unter der Bedingung von Pandemie und Rezession die Transformation zur klimaneutralen Industriegesellschaft vorantreibt? Diese Frage lässt sich nicht auf dem Weg einer politökonomischen Ableitung beantworten. Vielmehr müssen wir sie im konkreten politischen Prozess bearbeiten, gemeinsam mit anderen Akteur*innen, in und mit zivilgesellschaftlichen Bündnissen. Zugegeben: Konsens ist hier nicht immer Trumpf. Muss er aber auch nicht sein, ergeben sich doch erst im konstruktiven Widerstreit der Positionen und Ansichten tragfähige und anschlussfähige Lösungen.

Vor diesem Hintergrund haben wir im Juli 2019 nach intensiven Gesprächen mit den Umweltorganisationen NABU und BUND ein gemeinsames Eckpunktepapier erarbeitet und im Vorstand der IG Metall beschlossen. Inhaltlich konzentriert sich das Papier auf den unauflösbaren Zusammenhang von Mobilitäts- und Energiewende. »Denn ohne eine deutliche Ausweitung der Investitionen in Netzinfrastruktur und Speichertechnologien, in Ladeinfrastruktur und öffentlichen Personennahverkehr werden die Klimaschutzziele auf keinen Fall zu erreichen sein.«[6] Weit wichtiger noch ist die gemeinsame Erkenntnis, dass ein umfassender Transformationsprozess nicht von einem gesellschaftlichen Akteur allein gestaltet werden kann.

Gemeinsam sollten die langen Linien betrachtet werden, ein Entwicklungsmodell und eine notwendige, realisierbare Utopie für eine sozial-ökologische Transformation entwickelt werden. Dafür braucht es neue Methoden. Mit Blick auf die Mobilität der Zukunft planen IG Metall und BUND für 2021 daher einen Szenarien-Prozess, in dem ehrenamtliche Mitglieder aus beiden Organisationen Trends, Entwicklungen und Auswirkungen einer avisierten Mobilitätswende diskutieren, Zukunftsbilder zeichnen und gemeinsam Überlegungen anstellen, mit welchen strategischen Ansätzen diese Wende gestaltet werden kann. Dabei werden angesichts gänzlich unterschiedlicher Sichtweisen, persönlicher Hintergründe und Haltungen verschiedene Einflussfaktoren und Fragen berücksichtigt: Es geht um die globale Erwärmung, um Ressourcenverbrauch und Kipppunkte – aber auch um Beschäftigungseffekte und die Zukunft der Mobilitätsindustrien. Und es geht um konkrete Gestaltungsansätze und Instrumente: Kann die Verkürzung von Arbeitszeiten in der Transformation eine doppelte Bedeutung annehmen – als betriebliche Option zur Beschäftigungssicherung, aber auch als Erlebnisraum für Arbeitszeitwünsche und Lebensentwürfe, die ökologischen und sozialen Normativen gerecht werden (wollen)? Welches Verständnis von Produktivität und Wachstum lässt sich mit einer Wirtschaftsform vereinbaren, die sich an einem gesellschaftlich breit zu diskutierenden Gemeinwohl orientiert? In welcher institutionellen Form und mit welchen Instrumenten können wir den notwendigen Umbau insbesondere mittelständischer Betriebe und betroffener Regionen fördern? Der Szenarien-Prozess soll einen Beitrag zur Institutionalisierung übergreifender Austauschprozesse im Rahmen einer zivilgesellschaftlichen Selbstverständigung leisten. Im Zusammenspiel mit staatlicher Politik entfalten sich schließlich transformative Politikansätze – hier geht es um »Anerkennung der Ergebnisse von Austausch und Aushandlung der zivilgesellschaftlichen Akteure als wichtiges Element politischer Entscheidungsvorbereitung und -findung für sozial-ökologische Transformationsprozesse«.[7]

Deshalb sollten wir uns eben nicht vornehmen, dem Schreckensbild des Zombieindustrialismus eine in sich geschlossene linke Erzählung entgegenzustellen. Eine ökologisch erweiterte Dialektik der Aufklärung ist mehr als ein Postulat der Vernunft. Denn: Unsere von der sozial-ökologischen Transformation unmittelbar betroffenen Kolleg*innen werden im Laufe eines langen Prozesses nicht einem Postulat folgen, vielmehr immer wieder zwischen den genannten Polen hin- und hergerissen sein. Diese innere Zerrissenheit sollte weder ignoriert noch verdrängt, nicht mit dem Verweis auf unwiderlegbare Fakten und bessere Argumente negiert, sondern produktiv gewendet werden. Es gilt, die Lohnarbeitenden als Agens der Transformation ernst zu nehmen. Was allzu häufig top-down initiiert und erklärt wird, braucht bottom-up Bewegungsraum. Unsere Utopie muss sich aufrichten dürfen. Die vermeintlich kleinen »Erzählungen« der Transformation sind sichtbar, klar und eindeutig zu machen, aus dem blinden Fleck zu holen.[8] Dabei geht es um mehr als einen Widerhall gewerkschaftlicher bzw. zivilgesellschaftlicher Positionen. Es bedarf einer Umkehrung der narrativen Strategie: Lohnarbeitende treten als Erzählende der Transformation auf, transportieren ihre intuitive Haltung und finden mit ihrer Erzählung sowohl in ihrer Gewerkschaft als auch im politischen Diskurs Gehör. Wir mögen damit das Wagnis eingehen, auch unliebsame Geschichten der Transformation zu erzählen. Ignoranz und Rechthaberei haben aber selten geholfen. Zumal sich diese Erzählungen zu einem vielstimmigen, zugleich persönlich zugänglichen Mosaik analytisch wie emotional zusammenfügen können – ohne das Leitbild einer sozial-ökologischen Transformation in Frage zu stellen. Kurzum: In politischen Bündnissen werden wir uns unserer selbst vergewissern und neu ausrichten müssen.

Anmerkungen

1 Urban, Hans-Jürgen: *Gute Arbeit in der Transformation. Über eingreifende Politik im digitalisierten Kapitalismus*. Hamburg 2019, S. 196.

2 Bloch, Ernst: *Geist der Utopie*. Frankfurt am Main 1973, S. 286 ff.

3 Rosa, Hartmut: *Resonanz. Eine Soziologie der Weltbeziehung*. Berlin 2018.

4 Polanyi, Karl: *The Great Transformation. Politische und ökonomische Ursprünge von Gesellschaften und Wirtschaftssystemen*. Frankfurt am Main 1973, S. 212.

5 Olschanski, Reinhard: »Zombieindustrialismus: Corona oder die Verwahrlosung der Vernunft«. In: *Blätter für deutsche und internationale Politik* 11/2020, S. 89-97, hier: S. 94.

6 IG Metall (2019): »Die Klima- und Mobilitätswende gestalten. Gemeinsame Eckpunkte von IG Metall, NABU und BUND«, S. 2. https://www.igmetall-berlin.de/fileadmin/user/News/2019/Q3/Dokumente/Klimaschutz_-_Erklaerung_von_Nabu__BUND_und_IG_Metall.pdf [Abruf: 11.11.2020].

7 Sharp, Helen et al. (2020): »Neue Allianzen für sozial-ökologische Transformationen, Umweltbundesamt«, S. 24. https://www.ioew.de/publikation/neue_allianzen_fuer_sozial_oekologische_transformationen [Abruf: 11.11.2020].

8 Zur methodischen Vorgehensweise vgl. Schulz, Jürgen/Galling-Stiehler, Andreas/Caspar-Müller, Robert: *Auftragskommunikation. Für Unternehmen und Institutionen sprechen*. Wiesbaden 2020.

195

Sven Rahner
QUALIFIZIEREN FÜR DIE ARBEIT UND WIRTSCHAFT VON MORGEN: NEUE CHANCEN FÜR BESCHÄFTIGUNG UND ENTFALTUNG

Es sind schon verrückte Zeiten. Noch befindet sich die Welt in einer Phase kollektiven Innehaltens. Zugleich war die Welt selten so in Bewegung. Die Chance auf einen echten Neuanfang – sie liegt in der Luft. Die derzeitige Corona-Pandemie legt die Unzulänglichkeiten neoliberalen Denkens und Wirtschaftens schonungslos offen. Die Märkte allein können in turbulenten Zeiten nicht dafür sorgen, dass Unternehmen solvent und Menschen in Arbeit bleiben. Die inneren Widersprüche eines marktfixierten, wachstumsgläubigen Wirtschaftsmodells zeigten sich bereits in der weltweiten Finanz- und Wirtschaftskrise 2007/2008, als seine Inkonsistenzen gegenüber einer zukunftsfähigen Demokratie offen zu Tage traten. Dieser Prozess einer globalen oder zumindest europäischen Entkopplung der kapitalistischen Funktionsweise von demokratischen Institutionen, den Colin Crouch zu Recht als postdemokratisch brandmarkt, erscheint längst nicht mehr unaufhaltsam. Die These der Renaissance einer stärkeren staatlichen Steuerung, die sich gegenüber den sich immer stärker ausbreitenden Eigenlogiken gesellschaftlich entkoppelter Weltkonzerne derart beeindruckend behaupten könnte, hätte wohl vor Corona kaum

196

Befürworter*innen gefunden. Es ist das kollektiv erlebte Gefühl eines Gefahrenverzugs, das politische Handlungsräume in historischem Ausmaß eröffnet und den Weg frei macht für einen gemeinsamen, progressiven Wirtschafts- und Gesellschaftsentwurf. Anknüpfend an die Ideen einer »Ökonomie für den Menschen« des aktuellen Preisträgers des Friedenspreises des deutschen Buchhandels, Amartya Sen, könnte dessen Grundlage in weitreichenden sozialen Investitionen in eine innovative und solidarische Gesellschaft und Ökonomie liegen. Sen zufolge sollte das staatliche Handeln auf die Verbesserung der Verwirklichungschancen jedes*jeder Einzelnen fokussiert werden, um möglichst alle Bürger*innen in die Lage zu versetzen, zwischen unterschiedlichen und realistisch umsetzbaren Lebensentwürfen frei wählen zu können. Grundgedanke des sogenannten Befähigungsansatzes ist es, sowohl individuelle Freiheitsgrade als auch gesellschaftliche Gerechtigkeit zu erhöhen.

Im Anschluss an die kurzfristige gesundheits- und sozialpolitische Pandemieabwehr wird derzeit in Politik, Wirtschaft und Wissenschaft zu Recht der Ruf nach einer langfristigen und sozialinvestiven Politikgestaltung lauter. Angesichts des digitalen Strukturwandels der Arbeit, der durch Corona noch beschleunigt wird, braucht es eine kontinuierliche Qualifizierung für alle, damit neue Beschäftigungschancen erschlossen werden und ausreichend zukunftsfähige Arbeitsplätze mit angemessenen Einkommensperspektiven entstehen können.

Stärken des deutschen Wirtschafts- und Sozialmodells neu entfachen

Zwar hat sich der Anteil der Beschäftigten, die in Berufen mit hohem Substituierungspotenzial (also Berufe, die mit hoher Wahrscheinlichkeit in nächster Zeit durch Maschinen oder Technologien ersetzt werden) arbeiten, von 2013 bis 2016 um zehn Prozentpunkte auf 25 Prozent erhöht. Dennoch wird in der Summe keine fundamentale Veränderung des Beschäftigungsniveaus erwartet. Gleichzeitig wird jedoch weithin angenommen, dass es zu größeren Verschiebungen zwischen Berufen und Branchen sowie veränderten Kompetenzanforderungen innerhalb von Berufen kommen wird. Die aktuelle Prognose einer »Digitalisierten Arbeitswelt« des Bundesministeriums für Arbeit und Soziales zeigt, dass bis 2035 rund 3,3 Millionen Arbeitsplätze neu entstehen und zugleich rund 4 Millionen Arbeitsplätze entfallen könnten. Während die Arbeitskräftenachfrage beim produzierenden Gewerbe zurückgeht, gewinnt die immer noch häufig schlechter bezahlte Branche des Gesundheits- und Sozialwesens überall Anteile an der Zahl der Erwerbstätigen. Ohne ein aktives Gegensteuern durch erweiterte Qualifizierungsmöglichkeiten sowie eine Aufwertung sozialer Dienstleistungen droht damit ein zunehmendes Missverhältnis zwischen Angebot und Nachfrage auf dem Arbeitsmarkt.

Daher sollten die Resilienz des Arbeitsmarktes sowie volkswirtschaftliche Innovationsprozesse durch eine Stärkung individueller Weiterbildungsförderung flankiert werden. Dies beinhaltet neue soziale Rechte wie Qualifizierungsgarantien sowie staatlich geförderte Bildungszeiten und Bildungsteilzeiten. Diese können nahtlos an den durch das sogenannte Arbeit-von-morgen-Gesetz bereits 2020 geschaffenen Rechtsanspruch auf das Nachholen eines Berufsabschlusses anknüpfen. Eine solche vorsorgende und befähigende Arbeitsmarktpolitik unterstützt aktiv den*die Einzelne*n bei den bevorstehenden Veränderungsprozessen, vergrößert die individuellen Möglichkeitsräume und bietet somit Chancen, Schutz und Verlässlichkeit in Zeiten der Unsicherheit. Für diejenigen, die sich bereits außerhalb des staatlichen Schutzsystems befinden, wie Soloselbstständige oder Menschen mit mehrgleisigen Berufsverläufen und unsteten Erwerbsbiografien wie Freiberufler*innen der Kultur- und Kreativbranche, sollten immer wieder aufs Neue Möglichkeiten der Weiterbildungsberatung sowie Zugangschancen zur Weiterqualifizierung und Beschäftigung zur Verfügung gestellt werden, um auch buntere, weniger linear verlaufende Lebenswege besser zu stabilisieren und einem weiteren ökonomischen und sozialen Auseinanderdriften unterschiedlicher Berufswege entgegenzuwirken.

Damit können Arbeitnehmer*innen zu Fachkräften in den digitalen Zukunftsmärkten, z. B. als Automatisierungstechniker*in, Blockchain-Entwickler*in oder Cloud-Architekt*in werden und somit die Stärken des bewährten deutschen Wirtschafts- und Sozialmodells neu entfachen.

Politik der Vorsorge und Befähigung
Mit Beginn des dritten Jahrzehnts des 21. Jahrhunderts sehen sich Politik und Gesellschaft in Deutschland mit beachtlichen Herausforderungen konfrontiert: Auf ökonomischer Ebene zeigt sich trotz des enormen technologischen Fortschritts seit Jahren ein abgeschwächtes Wirtschaftswachstum und eine nur verhaltene Produktivitätsentwicklung. Die tief hängenden Früchte wirtschaftlicher Entwicklung sind bereits gepflückt (Tyler Cowen). Auf ökologischer Ebene verdeutlichen die planetaren Grenzen der Erde, welche Schwellenwerte zum Erhalt der Widerstandsfähigkeit unseres Planeten nicht überschritten werden dürfen. Auf sozialer Ebene stellt das Dauerphänomen der aufklaffenden sozialen Ungleichheit ein Problem dar, das zunehmend die Legitimitätsgrundlage des deutschen Wirtschafts- und Sozialmodells aufweicht. Die Ungleichheit wächst dabei nicht nur bei den Einkommen,

sondern auch bei der Verteilung von Chancen, die über den Zugang zu Bildung und Arbeit entscheiden. Exemplarisch hierfür sind die Spaltungstendenzen am Arbeitsmarkt, die sich insbesondere an den unterschiedlich verteilten Arbeitsmarktrisiken sowie den auseinanderdriftenden Flexibilitäts- und Mobilitätsanforderungen ablesen lassen. Die Möglichkeiten einer langfristigen Lebens- und Familienplanung sowie des zeit- und ortsflexiblen Arbeitens sind, angefangen bei den neuen, häufig prekär beschäftigten Dienstleister*innen digitaler Plattformen über die wenig dauerhaft angelegten Beschäftigungsverhältnisse in der Kreativbranche bis hin zu den durch Automatisierung und Digitalisierung in ihrem Bestand besonders bedrohten Tätigkeiten in der Buchhaltung, dem Handel, bei Banken und Versicherungen, deutlich eingeschränkt. Durch die Corona-Pandemie verschärfen sich die Ungleichheiten: Während gerade bei den ohnehin benachteiligten Gruppen mit niedrigerer Qualifikation Computerkenntnisse und technische Ausstattung zu Hause nicht immer in ausreichendem Maße vorhanden sind, fehlt es Eltern mit Kindern, vor allem Alleinerziehenden, oft schlichtweg an Zeit und Ruhe für die Teilnahme an E-Learning-Kursen.

Zu Beginn der Pandemie machte insbesondere in sozialen Netzwerken ein Zitat des einflussreichen Befürworters eines ökonomischen Liberalismus, Milton Friedman, die Runde: »Nur eine Krise – wirklich oder wahrgenommen – produziert echten Wandel. Wenn die Krise eintritt, dann hängen die Reaktionen von den Ideen ab, die verfügbar sind. Das, glaube ich, ist unsere grundlegende Aufgabe: Alternativen zur bestehenden politischen Praxis zu entwickeln, um sie lebendig und verfügbar zu halten, bis das politisch Unmögliche das politisch Unausweichliche wird.«[1]

Droht uns also mangels Ideen und Visionen eine Verstärkung neoliberaler Ansätze? Dies wäre sicher ein

200

Fehlschluss. Längst ist die Debatte um soziale und ökologische Investitionen und eine Neuausrichtung des Wirtschaftssystems in vollem Gange. Wie könnte also der Staat den*die Einzelne*n aktiv dabei begleiten, dass mehr Chancen für Weiterentwicklung, Entfaltung und Beschäftigung aus dem digitalen und ökologischen Wandel entstehen und wahrgenommen werden können? Dies schließt unweigerlich die folgenden Konstruktionsfragen eines inklusiven und solidarischen Arbeitsmarktes der Zukunft mit ein: Wie könnte die Arbeitslosenversicherung zu einer präventiv agierenden Arbeitsversicherung ausgebaut werden, die langfristig durch Steuerzuschüsse auch Soloselbstständige und hybride Künstlerbiografien absichert und das besondere Lernengagement von Menschen mit einfachen Bildungsabschlüssen oder veralteter Qualifikation durch zusätzliche finanzielle Anreize wie Prämien unterstützt?

Der von Amartya Sen entwickelte Befähigungsansatz bietet einen umfassenden Bewertungsmaßstab für wirtschafts- und wohlfahrtspolitische Maßnahmen und Empfehlungen. Durch seine klare Ausrichtung auf mehrdimensionale Konzepte wie qualitatives Wachstum und die Erhöhung der Lebensqualität liefert er eine breite Wissensbasis, die weitreichende Einblicke in die realen Lebens- und Arbeitsbedingungen der Bevölkerung sowie deren gezielte Verbesserung geben kann. Folglich fokussiert der Ansatz auf individuelle Verwirklichungschancen. Diese können Sen zufolge definiert werden als »die Möglichkeiten oder umfassenden Fähigkeiten von Menschen, ein Leben führen zu können, für das sie sich mit guten Gründen entscheiden konnten und das die Grundlagen der Selbstachtung nicht in Frage stellt«.[2]

Der Befähigungsansatz kann somit unter zunehmend komplexen und unsicheren Bedingungen eine zentrale

Grundlage für individuell wirkungsvolle und zugleich gemeinwohlorientierte politische Maßnahmen und Reformkonzepte darstellen. Er würde damit den zentralen Kritikpunkt an marktwirtschaftlichen Gesellschaftsformationen aufgreifen, der schon 1944 von Karl Polanyi in dessen messerscharfer Analyse *The Great Transformation* vorgebracht wurde. Mit Blick auf die Verselbstständigung der Ökonomie von deren sozialen Bezugsgrößen im Zuge der Herausbildung der bürgerlichen Gesellschaft im 19. und 20. Jahrhundert im Anschluss an die industrielle Revolution kommt Polanyi zu einer Einschätzung, die sich erstaunlich zeitgemäß liest: »Die eigentliche Kritik an der Marktgesellschaft besteht nicht darin, dass sie auf ökonomischen Prinzipien beruhte – in gewissem Sinne muss jegliche Gesellschaft darauf beruhen –, sondern dass ihre Wirtschaft auf dem Eigeninteresse beruhte.«[3] Als national und international, z. B. im Rahmen der Armuts- und Reichtumsberichterstattung, erprobter normativer Analyserahmen für qualitatives Wachstum und individuelles Wohlergehen nimmt der Befähigungsansatz nicht nur individuelle Potenziale (z. B. Einkommen und Güterausstattung), sondern auch gesellschaftlich bedingte Chancen wie soziale und ökonomische Möglichkeiten (z. B. Zugang zu Bildung und Arbeitsmarkt) in den Blick. Damit ermöglicht er die Darstellung von tatsächlichen, nicht nur formalen Wahlmöglichkeiten und kann als Kompass für eine Politik der Vorsorge und Befähigung dienen.

Das Qualifizierungsversprechen als Quintessenz einer progressiven arbeitsmarkt- und sozialpolitischen Bündnispolitik

Vor dem Hintergrund dieser Entwicklungen hat sich bereits vor dem Aufkommen von Covid-19 nicht nur in

Deutschland eine lebendige Debatte um die Notwendigkeit neuer Politikinstrumente zur Unterstützung individueller beruflicher Weiterbildungen entwickelt.

Die Internationale Arbeitsorganisation (ILO) hat das Thema im Rahmen ihrer Jahrhundertinitiative prominent auf die Agenda gesetzt. So fordert die in diesem Zusammenhang einberufene hochrangig besetzte »Global Commission on the Future of Work« in ihrem 2019 vorgelegten Abschlussbericht einen universellen Rechtsanspruch auf lebenslanges Lernen. Auch die OECD und die Europäische Kommission argumentieren ähnlich und plädieren für einen leichteren Zugang und verbesserte Finanzierung für individuelle Weiterbildungen.

In Deutschland hat die Debatte um neue soziale Rechte auf Weiterbildung und Qualifizierung deutlich an Fahrt aufgenommen. Schon seit einigen Jahren befürworten die Gewerkschaften die Reform der Arbeitslosenversicherung sowie den Ausbau der individuellen Weiterbildungsförderung. So wurde bereits 2017 von IG Metall, Ver.di und GEW ein weiterbildungspolitisches Positionspapier vorgelegt, das ein entsprechendes Bundesgesetz vorschlägt. Dieses soll einen bundeseinheitlichen Anspruch auf Freistellung von der Arbeit zu Bildungszwecken nach österreichischem Vorbild regeln.

Auch Bündnis 90/Die Grünen, die SPD und DIE LINKE haben fundierte Vorschläge und Beschlüsse zu diesem Thema vorgelegt, z. B. ein Weiterbildungsgeld aus Mitteln der Bundesagentur für Arbeit, u. a. für Beschäftigte, die vom Strukturwandel betroffen sind. Auch ein Weiterbildungs-BAföG ist vorgesehen. Im Beschluss des SPD-Parteivorstandes von Februar 2020 wird die Zielrichtung, die Arbeitslosenversicherung zu einer Arbeitsversicherung weiterzuentwickeln, erneut präzisiert, u. a. mit einem beitragsfinanzierten Rechtsanspruch auf Umschulung.

Es besteht folglich ein weitgehender inhaltlicher Konsens zwischen den Parteien des politisch progressiven Spektrums, dessen konzeptionelle und sprachliche Annäherungen in den letzten Jahren unübersehbar geworden sind. Was bislang noch fehlt, ist die Entscheidung dafür, die sozialen Investitionen in Weiterbildung und Qualifizierung als ein gemeinsames Reformprojekt eines anzustrebenden progressiven Bündnisses zu begreifen und im Schulterschluss mit Gewerkschaften, Wohlfahrtsverbänden und Wissenschaft offensiv zu kommunizieren.

Gemeinsam macht den Unterschied
Es stimmt schon, dass Parteien und nicht Koalitionen gewählt werden. Es stimmt aber auch, dass Parteien nur selten für das gewählt werden, was sie bereits erreicht haben, sondern für das, was sie für die Zukunft vorhaben. Solche zusammenhängenden Entwürfe machen oft nicht vor Parteigrenzen halt, vielmehr geht es um Erzählungen, die Parteimilieus und -identifikationen überschreiten. Zu entscheiden wäre dann nicht innerhalb eines konservativ angeführten Politikentwurfs, ob mit grünen Farbtupfern oder gelben Rändern. Vielmehr würde einem konservativ-ökologischen, konservativ-liberalen oder gar einem antidemokratisch-rechtspopulistischen Post-Corona-Angebot eine weitreichende sozial-ökologische Wirtschafts- und Gesellschaftsvision entgegengestellt.

Vergleichbar mit der ökonomischen und politischen Situation Ende der 1960er Jahre kann eine sozialinvestive Richtungsentscheidung in der deutschen Arbeitsmarktpolitik erneut im Kontext kollektiver Krisenerfahrung und struktureller Transformation getroffen werden. Damals wie heute waren die Veränderungen von Automatisierung und Digitalisierung drastisch. Zugleich befand sich Deutschland Mitte der 1960er Jahre in einer akuten Rezession. Die Automatisierungsdebatte der 1960er Jahre mündete mit dem Arbeitsförderungsgesetz von 1969 in eine der bedeutendsten arbeitsmarktpolitischen Reformen in der Geschichte der Bundesrepublik. Denn damit wurde auch ein Rechtsanspruch auf berufliche Weiterbildung für Arbeitslose und Beschäftigte geschaffen. Dieser konnte jedoch nicht lange den Begehrlichkeiten einer seit Ende der 1970er auf Haushaltskonsolidierung gerichteten Bundespolitik standhalten, so dass die Weiterbildungsförderung zunehmend eingeschränkt und abgesenkt wurde. Die Lehre aus der aktuellen Coronakrise und der Gestaltung von Strukturwandelprozessen generell sollte sein, langfristige soziale Investitionen in Menschen und deren Fähigkeiten und Talente zu ermöglichen und nicht mehr länger durch den bloßen Verweis auf leere Staatskassen abzuwehren. Neuere Forschungen verdeutlichen ohnehin, dass eine umfassende Weiterbildungspolitik zu zahlreichen positiven Arbeitsmarkteffekten führt und somit hohe Rückflüsse der Investitionen erreicht werden können. Neben der vordringlichen Verhinderung struktureller Arbeitslosigkeit führen die Produktivitäts- und Innovationseffekte zudem zu einer direkten Verbindung von Arbeitsmarkt- und Wirtschaftspolitik.

Es spricht daher viel dafür, auch rund fünfzig Jahre nach Einführung der aktiven Arbeitsmarktpolitik in Deutschland erneut einen Reformsprung zu wagen, der neue Zugänge zu Bildung und Arbeit in den Mittelpunkt rückt und die Arbeitslosenversicherung wie beschrieben umfassend erweitert und noch stärker präventiv ausrichtet. Mit einem Qualifizierungsversprechen für das digitale Zeitalter könnten neue persönliche Freiheiten erschlossen und eine resilientere Gesellschafts- und Wirtschaftsformation ermöglicht werden.

Anmerkungen

1 Friedman, Milton: *Freiheit und Kapitalismus*, Frankfurt am Main 1962.

2 Sen, Amartya: *Ökonomie für den Menschen: Wege zu Gerechtigkeit und Solidarität in der Marktwirtschaft*, München 2000, S. 29.

3 Polanyi, Karl: The Great Transformation: Politische und ökonomische Ursprünge von Gesellschaften und Wirtschaftssystemen, 4. Auflage, Frankfurt am Main 1997 [1957], S. 329.

Literatur

Cohen, Joshua (Hg.): *Economics After Neoliberalism*. Cambridge, MA 2019.

Cowen, Tyler: *The Great Stagnation: How America Ate All the Low-Hanging Fruit of Modern History, Got Sick, and Will (Eventually) Feel Better*. New York 2011.

Crouch, Colin: *Postdemokratie*. Frankfurt am Main 2008.

Dengler, Katharina/Matthes, Britta: »Substituierbarkeitspotenziale von Berufen. Wenige Berufsbilder halten mit der Digitalisierung Schritt«. In: *IAB-Kurzbericht*, 04/2018, Nürnberg.

Dos Santos, Sascha/Ehlert, Martin/Hornberg, Carla/Scholl, Felix/Solga, Heike: »Zu wenig Zeit, zu wenig Platz. In der Krise viele Hindernisse für Weiterbildung«. In: *WZB Mitteilungen*, Heft 168, Juni 2020, S. 63-65.

Europäische Kommission: *European Skills Agenda for sustainable competitiveness, social fairness and resilience*. Brüssel 2020.

Fratzscher, Marcel: *Verteilungskampf. Warum Deutschland immer ungleicher wird*. München 2016.

Friedman, Milton: *Freiheit und Kapitalismus*, Frankfurt am Main 1962.

GEW/IG Metall/ver.di: *Weiterbildung reformieren. Sechs Vorschläge die wirklich helfen*. Berlin/Frankfurt am Main 2017.

ILO: *Global Commission on the Future of Work: Work for a Brighter Future*. Genf 2019.

OECD: *OECD Employment Outlook 2019: The Future of Work*. Paris 2019.

Polanyi, Karl: *The Great Transformation: Politische und ökonomische Ursprünge von Gesellschaften und Wirtschaftssystemen*, 4. Auflage. Frankfurt am Main 1997 [1957].

Rockström, Johan / Gaffney, Owen / Rogelj, Joeri / Meinshausen, Malte / Nakicenovic, Nebojsa / Schellnhuber, Hans Joachim: »A Roadmap for Rapid Decarbonization«. In: *Science*, Band 355, Nr. 6331, 2017, S. 1269–1271.

Sen, Amartya: *Ökonomie für den Menschen: Wege zu Gerechtigkeit und Solidarität in der Marktwirtschaft*. München 2000.

Weber, Enzo / Kruppe, Thomas / Mühlhan, Jannek / Wiemers, Jürgen: »Öffentliche Ausgaben generieren hohe Rückflüsse«. In: *IAB-Kurzbericht* 8/2019. Nürnberg 2019.

Wehler, Hans-Ulrich: *Die neue Umverteilung: Soziale Ungleichheit in Deutschland*. München 2013.

Zika, Gerd / Schneemann, Christian / Kalinowski, Michael / Maier, Tobias / Winnige, Stefan / Grossman, Anett / Mönnig, Anke / Patron, Frederik / Wolter, Marc Ingo: *BMAS-Fachkräftemonitoring. Prognose Digitalisierte Arbeitswelt*. Berlin 2019.

Rolf Mützenich
ABRÜSTUNG UND RÜSTUNGS-KONTROLLE ALS UNVERZICHTBARE BESTANDTEILE EINER PROGRESSIVEN AUSSEN- UND SICHERHEITSPOLITIK

Mehr als dreißig Jahre nach Ende des Kalten Krieges lagern weltweit immer noch 13.865 nukleare Sprengköpfe, und in den Planungsstäben der Großmächte erlebt die Atombombe eine strategische Renaissance. Die führenden Militärmächte befinden sich längst wieder in einem neuen atomaren Rüstungswettlauf, der dringend gestoppt werden muss. Die politische Dringlichkeit liegt auf der Hand: Was wir brauchen, ist eine wirksame Rüstungskontrolle mit dem Ziel einer vollständigen weltweiten Abrüstung der bestehenden Arsenale von Nuklear- und anderer Massenvernichtungswaffen sowie die weltweite Ächtung vollautonomer Waffensysteme. Denn es kann doch niemand mehr ernsthaft glauben, dass in einer politisch unsicheren Welt mehr Waffen mehr Sicherheit schaffen. Hier offenbart sich bereits eine Krux der Thematik: Wir agieren und diskutieren immer noch in den veralteten und überkommenen Abschreckungskategorien des Kalten Krieges. Dabei sind wir mit einer neuen nuklearen Ordnung konfrontiert, die weit komplexer, unübersichtlicher und vor allem gefährlicher ist, als das relativ stabile »Gleichgewicht des Schreckens«, welches im Übrigen bei weitem nicht so sicher war, wie es im Nachhinein vielen scheinen mag. Man stelle sich nur kurz einmal vor, während der Kuba-Krise 1962 wären Donald Trump und Wladimir Putin die verantwortlichen Akteure auf beiden Seiten gewesen.

Fakt ist: Abrüstung und Rüstungskontrolle befinden sich heute in einer tiefen – vielleicht sogar existenziellen – Krise. Wir sehen uns heute zunehmend mit neuen nuklearen Akteuren (Nordkorea, Indien, Pakistan, Israel) und der Gefahr der Proliferation (Iran, Türkei) konfrontiert. Hinzu kommen Rüstungswettläufe, die technologische Modernisierung hochkomplexer, selbstlernender Waffensysteme (*Mini Nukes*, *Cyberwar*, Drohnen, Überschallwaffen etc.) und eine Vermischung von konventionellen und nuklearen Abschreckungssystemen. Eine immer unübersichtlichere Gemengelage, die äußerst gefährlich ist.

Um ihr zu begegnen, braucht es Verbündete auf allen Ebenen. International richten sich im Bereich der Rüstungskontrolle und Abrüstung nun wieder große Hoffnungen auf die neue US-Administration. So ist davon auszugehen, dass die Regierung Biden sich um die mühsame Wiederherstellung der von Donald Trump in Trümmern gelegten Rüstungskontrollarchitektur bemühen wird. Zu den »Opfern« gehören das iranische Atomabkommen, der INF-Vertrag zur Begrenzung der atomaren Mittelstreckenraketen und das *Open-Skies*-Abkommen. Wir sollten mit der neuen US-Administration die Grundlagen für eine neue transatlantische Rüstungskontrollagenda entwickeln und eine offene Debatte über die Rolle der Nuklearwaffen, die Nuklearstrategie der NATO und die in Deutschland und Europa stationierten amerikanischen Atomwaffen führen (und dies nicht nur, weil in Berlin bis 2025 die Entscheidung über ein Nachfolgeflugzeug des potenziellen Trägersystems Tornado ansteht). Auch die Atommacht China muss sich ihrer Verantwortung in der Rüstungskontrolle stellen. Zudem sollte Europa darauf drängen, dass die Biden-Administration und Russland Verhandlungen über die verifizierbare, vollständige Abrüstung im substrategischen Bereich aufnehmen mit dem Ziel, die in Europa und in Deutschland stationierten taktischen Atomwaffen endlich abzuziehen und zu vernichten.

Die Forderung nach nuklearer Abrüstung berührt dabei noch einen weiteren zentralen Punkt: Seit 1998 steigen die Militärausgaben wieder deutlich an. Laut dem Jahrbuch des Stockholmer Friedensforschungsinstituts (SIPRI) 2019 wurden im Jahr 2018 ca. 1.822 Milliarden US-Dollar weltweit für militärische Zwecke ausgegeben – dies entspricht 2,1 Prozent des weltweiten Bruttoinlandsprodukts. Die USA liegen dabei mit großem Abstand an der Spitze: Auf sie entfallen mit 649 Milliarden Dollar 36 Prozent der globalen Rüstungsausgaben.

Bei den Fragen nach einer gerechten Lastenteilung (*burden sharing*) und der Höhe der deutschen Verteidigungsausgaben wird es auch mit der Regierung Biden zu Konflikten und Meinungsverschiedenheiten kommen. Auch die SPD möchte, dass die Bundeswehr die Ausrüstung bekommt, die sie braucht. Es ergibt aber nur wenig Sinn, die Höhe der Verteidigungsausgaben an einer bestimmten willkürlich festgelegten Prozentzahl festzuschreiben, ohne das internationale Umfeld, die konkrete Bedrohungslage sowie die ökonomische Lage des jeweiligen Landes zu berücksichtigen. Zudem muss sich Deutschland hier keinesfalls verstecken. Wir haben die Verteidigungsausgaben deutlich auf 51,5 Milliarden US-Dollar in diesem Jahr erhöht und unseren Anteil (befördert durch den Konjunktureinbruch durch die Corona-Pandemie) von 1,2 Prozent auf fast 1,6 Prozent des BIP gesteigert. Zum Vergleich: Das Programm Ganztagsschulen/Ganztagsbetreuung ist uns gerade mal 500 Millionen Euro wert. Konsequenterweise müsste man im Sinne eines erweiterten Sicherheitsbegriffes auch die Ausgaben für Entwicklungs- und humanitäre Hilfe mit einbeziehen. Statt blindlings in vorauseilendem Gehorsam weiter aufzurüsten, sollten wir uns um ein effizienteres Beschaffungswesen und – Stichwort *pooling* und *sharing*[1] – um die effektivere Nutzung der vorhandenen europäischen Potenziale bemühen. Das würde auf der einen Seite erhebliche Ressourcen einsparen und auf der anderen Seite die Interdependenz europäischer Streitkräfte stärken.

Sollte Deutschland 2024 tatsächlich 2 Prozent des BIP ausgeben, hätte dies zur Folge, dass der Verteidigungsetat auf etwa 70 Milliarden US-Dollar steigen würde und damit höher läge als der Russlands. Ein Blick auf die Militärausgaben der USA, Chinas und Russlands zeigt zudem, wer sich vor wem fürchten müsste. Laut SIPRI gaben 2019 allein die USA 732 Milliarden US-Dollar aus und damit 2,8-mal so viel wie China, das auf 261 Milliarden kommt. Es folgt Russland mit 65,4 Milliarden US-Dollar. Die 27 EU-Staaten zusammen geben derzeit über 300 Milliarden US-Dollar für Militär aus – hinzu kommt Großbritannien mit knapp 50 Milliarden US-Dollar. Insgesamt lagen die Militärausgaben der 29 NATO-Mitgliedsstaaten 2019 bei über einer Billion (1.000 Milliarden) US-Dollar.[2] Nicht erst in Zeiten, in denen sich der Bund wegen der Bekämpfung der Corona-Pandemie hoch verschuldet, die Mittel knapp sind und gleichzeitig offenkundig wird, wie dringlich Investitionen in das Gesundheitssystem, den digitalen Netzausbau, den Klimaschutz und die Infrastruktur sind, muss über jede Ausgabe außerhalb der derzeitigen Pandemie ernsthaft debattiert werden können. In jedem Fall scheinen die Milliarden im Kampf gegen die Pandemie und gegen Armut besser angelegt als in weiteren Aufrüstungsrunden.

Die Stärke und der Vorteil der EU – das haben die letzten Jahre immer wieder gezeigt – liegen vor allem in ihrem starken internationalen zivilen Engagement. Die europäische Nachbarschaft im Süden und Osten[3] stabilisiert man auf Dauer durch Investitionen und weniger durch Interventionen. Zumal die Bilanz der Kriege und militärischen Interventionen seit Ende des Kalten Krieges äußerst ernüchternd ausfällt – sowohl in Afghanistan als auch in Libyen, Mali und auch auf dem Balkan. Der militärische und finanzielle Aufwand sowie der Ertrag stehen in einem krassen Missverhältnis. Nirgendwo – mit Ausnahme von Teilen des Balkans – ist es gelungen, einen halbwegs stabilen Frieden militärisch zu sichern.

Ein stärkeres und autonomeres Europa bemisst sich nicht in der Höhe seiner Militärausgaben. Eine Erhöhung der Militärhaushalte der 27 Mitgliedstaaten an sich bringt überhaupt nichts, wenn dahinter kein gemeinsames außen- und sicherheitspolitisches Konzept steht. Verteidigungsfähigkeit kann daher nicht national, sondern muss europäisch gedacht werden. Für die Bewahrung und Reparatur internationaler Regeln und Institutionen der Friedenssicherung braucht es gemeinsame Anstrengungen. Deutschland und Europa sind jetzt gefragt, konkrete Vorschläge für den Erhalt der multilateralen Rüstungskontrolle, der internationalen Stabilisierungspolitik und der Zukunft der europäischen Sicherheitsordnung zu machen. Spätestens die Coronakrise hat uns deutlich vor Augen geführt, dass sich die tatsächlichen existenziellen Bedrohungen wie Pandemien und die globale Erderwärmung nur durch internationale Kooperation und Solidarität (wie z. B. die Internationale Impfstoffallianz/CEPI) lösen lassen. Hierfür braucht es ein Bündnis fortschrittlicher Kräfte jenseits von Konservatismus und Neoliberalismus.

Der Idee eines progressiven Mitte-Links-Bündnisses wird regelmäßig reflexhaft entgegengehalten, dass dieses an einer fehlenden gemeinsamen Basis außen- und sicherheitspolitischer Vorstellungen scheitern würde. Diese Argumente erhielten dann Gewicht, wenn es tatsächlich zuträfe, dass die Grünen ihre pazifistischen Wurzeln kappten oder die Linkspartei an ihrer generellen Ablehnung der NATO und einer deutschen Beteiligung an internationalen Einsätzen festhielte. Dennoch muss ein linkes Bündnis nicht zwangsläufig an der Außen- und Sicherheitspolitik scheitern – vielmehr bietet die Friedens- und Sicherheitspolitik für ein solches Fortschrittsprojekt ohne Zweifel auch viele Gemeinsamkeiten und Anknüpfungspunkte. Dies gilt vor allem für die Kernpunkte sozialdemokratischer Außen- und Sicherheitspolitik: Abrüstung, Rüstungskontrolle und Nichtverbreitung. Darüber hinaus gibt es eine ganze Reihe von Gemeinsamkeiten »linker Außenpolitik« in den Bereichen internationale Sozial- und Rohstoffpolitik, zivile Friedenssicherung, restriktive Rüstungsexportpolitik und Stärkung der Vereinten Nationen, der OSZE und der internationalen (Straf-)Gerichtsbarkeit. Insbesondere in den folgenden drei Bereichen dürfte sich ein progressives Mitte-Links-Bündnis schnell auf eine gemeinsame Agenda einigen: erstens die Wiederbelebung von Abrüstung und Rüstungskontrolle und die Abkehr vom sogenannten 2-Prozent-Ziel der NATO; zweitens das gemeinsame Ziel eines Abzugs der in Deutschland und Europa lagernden taktischen US-Atomwaffen und drittens eine gerechtere und solidarischere Europa- und Entwicklungspolitik.

Abrüstung und Rüstungskontrolle sind nach wie vor unabdingbar für die Gestaltung einer friedlichen Weltordnung. Ein progressives Mitte-Links-Bündnis würde insbesondere mit Blick auf zivile Friedenssicherung, Konfliktprävention und -nachbereitung zweifellos wichtige Voraussetzungen dafür schaffen. Wobei man sich hier keinen Illusionen hingeben sollte: Ohne die Bereitschaft der Atommächte, ihre Verpflichtungen aus dem Nichtverbreitungsvertrag zur atomaren Abrüstung endlich umzusetzen, wird es hier keine Fortschritte geben. Der Kern der Frage zielt deshalb nicht auf politische Farbenspiele. Der Kern der Frage zielt vielmehr darauf, wie wir gemeinsam eine dauerhaft friedliche Weltordnung gestalten werden.

Anmerkungen

1 Gemeint ist damit das Zusammenlegen und Teilen von militärischen Fähigkeiten mehrerer NATO- und EU-Staaten.

2 https://www.sipri.org/media/press-release/2020/global-military-expenditure-sees-largest-annual-increase-decade-says-sipri-reaching-1917-billion

3 Die Bundeswehr ist u. a. in Mali und im Sudan im Einsatz und seit mittlerweile über zwanzig Jahren in Bosnien und im Kosovo.

Stefan Liebich
FORTSCHRITTLICHE INTERNATIONALE POLITIK: FRIEDLICH, NACHHALTIG UND OHNE DOPPELTE STANDARDS

Die Wälder in Alaska und Sibirien brennen, die Gletscher schmelzen, das Trinkwasser wird in einigen Regionen der Erde knapp, die wunderschönen Strände der Malediven sind in wenigen Jahrzehnten unter der Meeresoberfläche verschwunden. Insekten sterben, hitzebedingte Krankheiten beim Menschen nehmen zu. Die Klimakrise schadet vor allem jenen, die am wenigsten verantwortlich sind: den Ärmsten, dem Globalen Süden. Frauen und Kinder sind besonders von den Naturkatastrophen betroffen. Als ich zu Beginn des Jahres 2020 in Senegal zu Gast war, konnte ich mit eigenen Augen sehen, wie der ansteigende Meeresspiegel langsam in die Wohngebiete der sehr armen Fischerfamilien an der Atlantikküste vordringt.

Im Oktober 2018 hat ein von den Regierungen der Erde eingesetzter Expertenrat (IPCC) einen Bericht veröffentlicht, der bestätigt, dass der Klimawandel im letzten Jahrhundert in erster Linie menschengemacht ist. Sie warnen, dass extreme Wetterereignisse die Gesundheit, die kritische Infrastruktur und das menschliche Leben bedrohen.

Sollte die globale Erwärmung auf oder über 2 Grad Celsius ansteigen, würde dies u. a. Massenmigration aus den am meisten betroffenen Regionen nach sich ziehen (die ersten Inseln sind bereits unbewohnbar geworden), würden 99 Prozent der Korallenriffe der Erde zerstört werden und vieles andere mehr. Deshalb muss der Anstieg auf unter 1,5 Grad Celsius begrenzt werden. Um das zu erreichen, muss die CO_2-Emission bis 2050 auf NULL gesenkt werden. Wenn wir das wissen, warum handeln wir nicht danach?

Als im Oktober 2020 das Europäische Parlament über einen Fahrplan zur Reduktion von CO_2-Emissionen um 60 Prozent bis zum Jahr 2030 abstimmte, da votierten die Abgeordneten von SPD, Bündnis 90/Die Grünen und der LINKEN gemeinsam für eine solche Verringerung des Treibhausgases. Die Abgeordneten von CDU, CSU, AfD und FDP stimmten dagegen. Das Abstimmungsverhalten zeigte eins: Die Parteien des liberalen, konservativen bis rechten Lagers haben den Ernst der Lage bis heute nicht verstanden, weshalb mit ihnen die notwendigen Maßnahmen in keiner Regierungskoalition, an der sie beteiligt sind, ergriffen werden können.

Sicher, es gibt auch in der SPD und bei den LINKEN Mitglieder, die bei diesem Thema auf der Bremse stehen. Und es gibt Grüne, die in Regierungsverantwortung in den Ländern anders handeln, als die Kolleg*innen im Bundestag es fordern. Das ist sicherlich streitbar, im Kern jedoch vereint uns das Interesse, die notwendigen mutigen Schritte in Deutschland zu gehen und diesen Weg europäisch und global voranzutreiben.

Denn wir brauchen dafür einen »Progressive New Deal«. Aus dem New Deal – den Franklin D. Roosevelt vor neunzig Jahren prägte – können wir dafür zwei Dinge lernen. Erstens: Dem Staat kommt hier eine zentrale Verantwortung zu, denn der drohende Klimakollaps kann niemals nur durch individuelles Verhalten abgewendet werden. Zweitens: Die nötigen Veränderungen müssen von einer Politik der sozialen Ausgewogenheit flankiert werden. Wird nicht die Akzeptanz der weit überwiegenden Mehrheit der Bevölkerung gewonnen, jener Menschen, die über kein riesiges Einkommen verfügen, dann wird der Deal scheitern. Es gilt, vor allem jene in Verantwortung zu nehmen, die mit ihrer Wirtschafts- und Lebensweise mehr als andere zur Gefährdung unseres Planeten beitragen. In Deutschland sind laut Oxfam die reichsten 10 Prozent der Bevölkerung für nahezu genauso viele CO_2-Emissionen verantwortlich wie die ärmere Hälfte.

Ein Progressive New Deal muss global sein. Wer wie Deutschland noch immer Doppelbesteuerungsabkommen abschließt, die den Ländern des Südens relevante Einnahmemöglichkeiten nehmen, erschwert die internationale Zusammenarbeit. Wer Freihandelsabkommen abschließt, die ausschließlich den Interessen exportorientierter Unternehmen folgen, aber den Verbraucher-, Umwelt- und Arbeitsschutz ignorieren, handelt zukunftsfeindlich.

Gegner*innen eines Mitte-Links-Bündnisses haben zwei Argumente immer schnell zur Hand: Erstens sei in der internationalen Politik keine Einigung möglich und zweitens der Preis zu hoch. Der übliche Vorwurf in Richtung DIE LINKE lautet, Deutschland müsse weiter »international verlässlich« sein und das ginge mit dieser Partei nicht.

In der Tat vertritt DIE LINKE in ihrem Programm Positionen, insbesondere in der Außen- und Verteidigungspolitik, die zu denen der potenziellen Partner*innen im Widerspruch zu stehen scheinen. So soll beispielsweise die NATO zugunsten »eines kollektiven Sicherheitssystems unter Beteiligung Russlands« aufgelöst werden. Darüber hinaus soll »das sofortige Ende aller Kampfeinsätze der Bundeswehr« beschlossen werden. Zudem werden Zweifel daran geäußert, dass DIE LINKE proeuropäisch sei. Tatsächlich werden die vertraglichen Grundlagen der

Europäischen Union von der LINKEN scharf kritisiert und programmatisch ein »Neustart« der Europäischen Union gefordert. Einerseits.

Andererseits haben die Befürworter*innen einer Europäischen Republik auf dem Parteitag der LINKEN, der im Februar 2019 über das Wahlprogramm zu den Wahlen zum Europäischen Parlament befand, 45 Prozent der Delegierten für dieses visionäre Ziel begeistern können: für eine Republik mit einer europäischen Regierung, die nicht die Regierungen der bisherigen Mitgliedstaaten für ihr Handeln um Erlaubnis fragen muss und mit einem richtigen Parlament, das auch das Budgetrecht hat. Und es gab eine klare Mehrheit dafür, dass DIE LINKE diese Europäische Union nicht kaputt, sondern besser machen will, demokratischer, sozialer, friedlicher. Wer aus einem Mitte-Links-Bündnis wollte dazu Nein sagen?

Es ist auch bei der LINKEN klar, dass die Ersetzung der NATO durch ein neues Sicherheitsbündnis, wofür es tatsächlich viele gute Gründe gäbe, nicht zur Vorbedingung einer Koalition gemacht werden kann, schon allein deshalb, weil Deutschland darüber gar nicht allein entscheiden kann.

Aber natürlich sollten Mitte-Links-Parteien miteinander beraten, was zu Frieden und Sicherheit in Europa beiträgt. Im Konflikt im Osten der Ukraine beispielsweise konnte die NATO nicht helfen, die Organisation für Sicherheit und Zusammenarbeit in Europa (OSZE) aber schon. Weil sie, anders als die NATO, eben kein Relikt des Kalten Krieges ist, sondern alle Staaten Ost- und Westeuropas plus USA und Kanada einschließt.

Nach zwanzig Jahren Krieg in Afghanistan, dem bisher längsten und teuersten, an dem die Bundeswehr mit zehntausenden Soldat*innen beteiligt war, wundert es mich nicht, dass die Mehrheit der Menschen in Deutschland Auslandseinsätze ablehnt. 59 Bundeswehrsoldaten haben am Hindukusch ihr Leben gelassen, etliche sind verletzt oder traumatisiert zurückgekehrt. Und wofür? Die USA gehen mit den Taliban ein Abkommen ein, das den Abzug aller ausländischen Truppen beinhaltet und de facto jenen die Macht im Lande zurückgibt, die man mit diesem Krieg besiegen wollte.

Auch der derzeit größte Einsatz der Bundeswehr im Ausland, in Mali, überzeugt nicht. Weder ist das Land dem Frieden nähergekommen, noch erfüllte sich die Hoffnung, dass man durch Ausbildungsmissionen Verantwortung übernehmen könnte, ohne für eventuelle negative Konsequenzen dann auch verantwortlich zu sein. Das Dilemma, dass deutsche Soldat*innen zwar Truppen ausbilden, aber die malische Regierung entscheidet, was diese Truppen tun, lässt sich nicht auflösen. Die von der malischen Regierung befohlenen Einsätze stehen im Widerspruch zu Friedensverhandlungen, sie wurden zur Aufstandsbekämpfung eingesetzt und stehen womöglich mit dem Militärputsch in Verbindung. Solchen Abenteuern sollte eine Mitte-Links-Regierung ein Ende bereiten können.

Ich bin aber nicht dagegen, wenn Deutschland tatsächlich mehr Verantwortung übernimmt. Es war gut, dass Bundeskanzlerin Merkel gemeinsam mit dem französischen, dem russischen und dem ukrainischen Präsidenten in Minsk versucht hat, eine friedliche Lösung für den Krieg im Osten der Ukraine zu finden. Und auch der Versuch, für das geschundene Libyen einen Ausweg zu finden, war gut und richtig. Deutschland konnte hier nur deshalb eine Vermittlerrolle einnehmen, weil die Regierung Merkel/Westerwelle dem Militäreinsatz in Libyen im UN-Sicherheitsrat im Jahr 2011 nicht zugestimmt hat und sich daran auch nicht direkt beteiligt hat. Ich erinnere mich noch gut, wie das im Auswärtigen Ausschuss auch von Abgeordneten von SPD und Bündnis 90/Die Grünen kritisiert worden war.

Auch eine grundsätzliche Absage an Auslandsein-sätze der Bundeswehr finde ich falsch. Im April 2014 im Bundestag waren wir fünf Abgeordnete der Fraktion DIE LINKE, die erstmals einer Bundeswehrmission im Ausland zustimmten. Es ging darum, auf Bitten des UN-Sicherheitsrats die Zerstörung von Chemiewaffen aus dem Kriegsland Syrien mit einer Fregatte der Marine zu schützen. Was kann eine Armee Sinnvolleres tun, als zur Beseitigung von Massenvernichtungswaffen beizutragen? Nach meiner Überzeugung zeigt gerade dieses Beispiel, dass eben nicht jeder Auslandseinsatz eine Beteiligung an einem Krieg ist. Ich halte es immer noch für einen katastrophalen Fehler, dass die UNO 1994 ihre Truppen aus Ruanda abgezogen und damit einen furchtbaren Genozid ermöglicht hat, der fast eine Million Menschen das Leben gekostet hat, statt diesen – wenn nötig auch mit militäri-scher Gewalt – zu verhindern. Ich bleibe dabei, Deutsch-land sollte auch unter einer Mitte-Links-Regierung jede völkerrechtsgemäße Anfrage im Einzelfall prüfen und da-rüber in der Sache entscheiden, aber Kampfeinsätze, die gegen das Völkerrecht verstoßen, kategorisch ablehnen. Letzteres entspricht inzwischen auch der Beschlusslage von SPD und Bündnis 90/Die Grünen und dürfte daher kein Problem sein.

Der Rahmen, in dem eine progressive Regierung inter-nationale Politik gestalten würde, ist im Vergleich zu der Zeit nach dem Ende des Kalten Krieges gänzlich verän-dert. Die USA von heute erteilen dem Multilateralismus eine Absage und haben ihre Rolle als globale Ordnungs-macht weitgehend aufgegeben. Der Anspruch Chinas ist dramatisch gewachsen. Das Land hält sich unter Xi Jinping global nicht mehr zurück, sondern strebt selbstbewusst nach einer Führungsrolle. Russland ist nur noch in den Köpfen von Kalten Kriegern und Nostalgikern die Supermacht, die die Sowjetunion einmal war. Der regionale Machtkampf zwischen Saudi-Arabien und Iran hat nicht nur Konsequenzen im Nahen Osten. Es sind so viele Menschen auf der Flucht wie noch nie. Über 90 Prozent der Fliehenden kommen in Ländern unter, die selbst arm sind, während die reichen Staaten Zuwanderung immer stärker begrenzen.

Autoritäre Staaten finden weltweit mehr Anhänger, eine »illiberale Demokratie« findet mit Ungarn und Polen auch in der EU Anklang. Das demokratische Modell hat auch deshalb an Attraktivität verloren, weil es im Zeitalter des Neoliberalismus für große Teile seiner Bevölkerungen nicht mehr mit einem Wohlstands- oder Aufstiegsversprechen verbunden war. Wenn Demokratie und Freiheit in diesem Wettstreit gewinnen wollen, muss die soziale Frage eine deutlich höhere Priorität bekommen. Ein progressiv regiertes Deutschland kann hier eine Vorbildrolle einnehmen und anders als bei der Austeritätspolitik der Vergangenheit Solidarität auch wieder zum Markenkern Europas machen.

Wir werden uns darauf einstellen müssen, dass auf der globalen Bühne andere Akteur*innen als in der Vergangenheit mitspielen und es ist nicht ausgemacht, wer letztlich die Hauptrolle bekommt. Deshalb brauchen wir eine verbindliche Hausordnung inklusive internationaler Organisationen und den gemeinsamen Willen, anstehende Fragen gemeinsam zu beantworten. Die Klimakrise, der globale Terrorismus, der Kampf gegen Pandemien und die Zukunft des internationalen Handels sind Themen, die wir nicht nur mit demokratisch regierten Staaten besprechen können werden. Globale Probleme können nur global gelöst werden. Es ist an der Zeit, einen verstaubten Begriff aus der Zeit des Kalten Krieges wieder hervorzuholen: Die friedliche Koexistenz. Er bedeutet nicht, seine Haltung zu verstecken. Aber er bedeutet, zu respektieren, dass in anderen Staaten andere Gesellschaftssysteme existieren. Sie militärisch oder mit Wirtschaftssanktionen, die die Bevölkerung treffen, überwinden zu wollen, ist eine Sackgasse. Diese Politik des Regime Change ist in Afghanistan, Irak oder Syrien krachend gescheitert. Und der Preis dafür war zu hoch.

Die Haltung der LINKEN ist klar: gegen Krieg, gegen den Bruch des Völkerrechts, gegen Menschenrechtsverletzungen und gegen eine militärische Denklogik im Umgang mit Konflikten. Wir wollen Frieden durch kollektive und gegenseitige Sicherheit, Abrüstung und strukturelle Nichtangriffsfähigkeit erreichen, eine solidarische Politik der Überwindung von Armut, Unterentwicklung und Umweltzerstörung, eine demokratische, soziale, ökologische und friedliche Europäische Union und die Reform und Stärkung der UNO.

Deshalb müssen die UNO, der Internationale Strafgerichtshof, die OSZE, der Europarat, ja selbst die Welthandelsorganisation und andere inklusive und legitimierte Organisationen gestärkt werden. Deshalb muss das internationale Recht endlich die Verbindlichkeit bekommen, die es verdient, und darf nicht nur je nach Bedarf und Interessenlage herangezogen werden. Es darf nicht länger sein, dass auf das völkerrechtswidrige Agieren Russlands mit der Absage von Gesprächsformaten und Sanktionen reagiert wird und auf den Bruch des Völkerrechts durch die Türkei überhaupt nicht. Wer das humanitäre Völkerrecht bricht, muss gleichermaßen zur Rechenschaft gezogen werden. Was in einem Staat das Recht ist, sollte zwischen den Staaten das Völkerrecht sein.

Waffen dürfte Deutschland an kriegführende Staaten ebenso wenig liefern wie an Diktaturen oder Staaten, die

Menschenrechte mit Füßen treten. Es ist eine Schande, dass Staaten, die in Jemen Krieg führen, oder die Türkei, die die Kurd∗innen im eigenen Land, aber auch in Syrien bekämpft, mit deutschen Waffen aufgerüstet werden. So etwas muss eine progressive Regierung stoppen! Auf einen Platz unter den Rüstungsexportchampions sollte unser Land endlich verzichten. Und es wird Zeit, dass Deutschland endlich dem Vertrag zum völkerrechtlichen Verbot von Atomwaffen beitritt, die USA zum Abzug ihrer Nuklearwaffen aus Deutschland auffordert und die nukleare Teilhabe beendet.

Die Gegner∗innen einer Mitte-Links-Regierung werden natürlich weiterhin über die Risiken und nicht über die Chancen sprechen. Diese Herausforderung sollten wir selbstbewusst annehmen. In Kenntnis unserer Geschichte, unserer Fehler und dessen, was wir daraus gelernt haben. Wir können mit einem Progressive New Deal die Erde retten und sie besser machen. Wenn wir offensiv, optimistisch und gemeinsam für eine fortschrittliche internationale Politik kämpfen, die nachhaltig und friedlich ist und ohne doppelte Standards auskommt, dann können wir eigentlich nur gewinnen. Und zwar wirklich alle.

III. VERBÜNDET EUCH: MENSCHEN!

Dietmar Bartsch
DAS SOZIALE EUROPA IST
EINE LINKE IDEE

Im Jahr 2012 erhielt die Europäische Union den Frie-
densnobelpreis. Nicht nur viele Linke waren irritiert ob
der Ehrung eines Bündnisses, in dem nicht wenige Mitglieder stramm aufrüsten, mit Rüstungsexporten blutiges
Geld verdienen und Soldaten zu Kriegseinsätzen in alle
Welt schicken. Überdies erfolgte die Auszeichnung, kurz
nachdem die EU die Banken gerettet und damit viele Bürger*innen geschröpft hatte. Nach Angaben der Deutschen
Bundesbank bezahlten allein die deutschen Steuerpflich-
tigen zwischen 2008 und 2015 insgesamt 236 Milliarden
Euro für die Bankenrettung,[1] die Zahl der Millionär*innen
indessen stieg. Gänzlich makaber wird die Ehrung, schaut
man sich die Begründung an: Die EU und ihre Vorgänger »haben über mehr als sechs Jahrzehnte zur Förderung
von Frieden und Versöhnung, Demokratie und Menschenrechten in Europa beigetragen«, hieß es aus dem Nobel-
komitee. Welch Hohn nach den Jugoslawienkriegen und
angesichts der schändlichen Asyl- und Flüchtlingspolitik,
deren Konturen bereits damals sichtbar waren.

Arm trotz Beschäftigung
Ich schätze es nicht gering, dass nach zwei Weltkriegen
in Europa sogenannte Erzfeinde zueinander fanden. In
Sachen Kohle und Stahl gingen Belgien, die Bundesre-

226

publik Deutschland, Frankreich, Italien, Luxemburg und die Niederlande aufeinander zu und gründeten vor siebzig Jahren die Montanunion. Später wurde daraus die Europäische Wirtschaftsgemeinschaft, dann die Europäische Union. Die Integration über die Ökonomie und die Währungsunion zu erreichen, blieb die zentrale Idee. Das aber reicht eben nicht. »Ich träume von einem Europa, von dem man nicht sagen kann, dass sein Einsatz für die Menschenrechte an letzter Stelle seiner Visionen stand«, so Papst Franziskus in seiner Karlspreis-Rede 2016.[2]

Dass zum Frieden auch der soziale Frieden zählt, fiel für die praktische Politik und die erwähnte Nobelpreisverleihung leider zu wenig ins Gewicht. Wohl ein Grund, weshalb die europäische Idee an Strahlkraft und europäische Institutionen an Glaubwürdigkeit verloren haben. Eine unselige Rolle spielte über Jahre die von Deutschland forcierte Kürzungspolitik von Kommission, Europäischer Zentralbank und Internationalem Währungsfonds insbesondere gegenüber Griechenland, Spanien, Portugal und Irland, mit der soziale und demokratische Grundrechte geschleift wurden. Die Geringschätzung sozialer und weiterer Menschenrechte ist traurige Realität, denken wir nur an die Zustände in der Schlachtindustrie, an die Lage der Saisonarbeitskräfte in der Landwirtschaft oder die Arbeits- und Lebensbedingungen Tausender Trucker*innen. Oft erfahren die beklatschten Held*innen des Alltags, dass sie zwar »systemrelevant«, jedoch im traurigen Wortsinn unbezahlbar sind. Jede*r zehnte Beschäftigte in der EU kann von seiner*ihrer Arbeit nicht mehr leben. In der Gemeinschaft waren nach Angaben des statistischen Amtes der EU vom Oktober 2019 etwa 109 Millionen Menschen von Armut oder sozialer Ausgrenzung bedroht. Armut ist für jedes fünfte Kind in Europa Realität oder reale Gefahr.

Das Steuern wörtlich nehmen!

»Proletarier aller Länder, vereinigt Euch!«, so endet das *Kommunistische Manifest* von 1848. Wer sich in dieser Tradition sieht, muss internationalistisch denken und handeln. Europa ist eine linke Idee. Die Vereinigten Staaten von Europa sind eine sehr ferne, nicht unrealistische Vision. Diese Vision würde meine vorpommersche Heimat nicht weniger attraktiv machen, nicht für mich und nicht für unsere Gäste. Für mutige Utopien kann die EU eine Keimzelle sein, wenngleich Europa nicht identisch mit der Union ist und diese nicht so bleiben kann wie sie ist. Es geht um einen grundlegenden Politikwechsel, in der EU und in unserem Land. Der gehört jetzt auf die Tagesordnung! Ohne eine Umverteilung des Reichtums ist ein Europa der Bürger*innen nicht zu machen. Noch geht die Schere zwischen Arm und Reich auseinander, zwischen Regionen und Staaten wie innerhalb einzelner Länder. Deutschland bildet keine Ausnahme, im Gegenteil. Der Sozialwissenschaftler Christoph Butterwegge hat »das Phänomen der Ungleichheit als Kardinalproblem der Bundesrepublik« benannt.[3] Während der Regierungszeit von Angela Merkel haben sich die Zahl der Kinder in Armut und die der Vermögensmillionär*innen verdoppelt. Krasse Ungleichheit gefährdet die politische Stabilität. Eine Wende setzt grundsätzliche Bedingungen voraus: Gesundheit und Bildung dürfen nicht der Profitmacherei unterliegen; Mieten, die Versorgung mit Wasser, Strom und Wärme, Tarife im öffentlichen Verkehr, soziale Dienstleistungen und kulturelle Angebote müssen alle bezahlen können; bekömmliche Ernährung kann keine Frage des Geldbeutels sein; Spekulation mit Boden oder mit Lebensmitteln gehört verboten.

Noch entspricht der EU-Haushalt in keiner Weise der erforderlichen sozialen, ökologischen und rechtsstaatlichen Steuerung. Nach der durch die Pandemie entstandenen Gesundheits-, Wirtschafts- und Sozialkrise wird ein Umsteuern im wörtlichen Sinn umso dringender. Ich denke an eine höhere Besteuerung großer Konzerne und sehr vermögender Privatpersonen sowie die Einführung einer wirksamen Finanztransaktionssteuer. Europas Reiche, so DIE LINKE im Europäischen Parlament, sollen zur Finanzierung der Folgen der Coronakrise mit einer Abgabe auf private Vermögen zur Kasse gebeten werden. In Deutschland öffnet das Grundgesetz den Weg zu einer Vermögensabgabe. Hierzulande gehört eine große Steuerreform dringend auf die politische Agenda, damit Superreiche stärker für das Gemeinwohl in die Pflicht genommen und Normal- und Niedrigverdienende entlastet werden. Die Wiedererhebung der Vermögensteuer und eine reformierte Erbschaftsteuer mit deutlich höheren Einnahmen sollen Bestandteile einer solchen Reform sein. Seit Jahrzehnten jubeln Geldadel, Groß- und Rüstungsindustrie über die deutsche Steuer-, Finanz- und Haushaltspolitik. So darf es nicht bleiben!

Zum Abbau sozialer Ungleichheit sind zahlreiche Schritte auf europäischer Ebene erforderlich und denkbar. Meines Erachtens zählen dazu verbindliche Regelungen für armutsfeste und existenzsichernde Mindesteinkommen, -löhne und -renten. Für notwendig halte ich eine an der jeweiligen Armutsgrenze orientierte sanktionsfreie Mindestsicherung für Menschen, die keine Erwerbsarbeit haben oder ausüben können. Auf der anderen Seite plädiert meine Partei für eine Vereinheitlichung der Bemessungsgrundlage für Unternehmensteuern und die Festlegung eines EU-weiten Mindeststeuersatzes für Unternehmensgewinne.

Gegen Rechte zweiter Klasse

Die Zukunft Europas hängt maßgeblich von vier Faktoren ab: Von der Verbindung der Wirtschafts- mit einer starken Sozialunion, von ökologischer Nachhaltigkeit, von Rechtsstaatlichkeit und Friedfertigkeit. Ich will mich auf die Soziale Frage konzentrieren, die nicht länger fünftes Rad am Wagen sein darf. Sozialstaatlichkeit gehört ganz oben auf die Werte- und Zieleskala. Gegenwärtig wird die Einhaltung der Wettbewerbsnormen kontrolliert und gegebenenfalls sanktioniert. Was spricht dagegen, mit sozialen Standards ebenso zu verfahren? Soziale Menschenrechte sollten ohne Bedingungen für alle in der Union gelten. Die 2017 proklamierte »Europäische Säule sozialer Rechte« ist bei Lichte betrachtet etwas zwischen Mogelpackung und Papiertiger, unter anderem deshalb, weil soziale Grundrechte nicht einklagbar sind. Die neue Kommissionschefin, Ursula von der Leyen, hat verkündet, die wenigen sozialpolitischen Kompetenzen der EU erweitern zu wollen. In der Absicht ist sie zu unterstützen, in der Umsetzung und Wirkung zu kontrollieren.

Auf absehbare Zeit bleibt die Aufgabe bestehen, für individuelle und kollektive Rechte zu streiten, so wie sie in der Grundrechtecharta der EU und der revidierten Fassung der Europäischen Sozialcharta fixiert sind. Letztere, ein Dokument des Europarates, wurde von Deutschland zwar unterzeichnet, bislang jedoch nicht ratifiziert. Ob das, wie von der Regierung angekündigt, nach mehr als zwanzig Jahren (!) in dieser Wahlperiode endlich geschieht, bleibt abzuwarten.[4] Wieder und wieder wurde unter anderem darüber gestritten, ob ein »Recht auf Wohnen« sowie ein »Recht auf Schutz gegen Armut und soziale Ausgrenzung« per Gesetz festgeschrieben werden sollen. Nach Auffassung der LINKEN sollten soziale Rechte auf kommunaler, nationaler, europäischer und globaler Ebene verankert sein.

Gemeinsam gegen Hass und Hetze

Der europäische und weltweite Rechtsruck ist eng mit sozialen Themen verbunden. Rechtspopulist*innen und Rechtsextremist*innen werden nicht müde, Flucht und Asyl für die wesentlichen Angriffe auf das soziale Sicherungssystem verantwortlich zu machen, die Armen gegen die Ärmsten auszuspielen. Was für eine Demagogie! Dass in Westeuropa Menschen Flaschen sammeln müssen, hat nichts damit zu tun, dass im Mittelmeer Flüchtlinge gerettet werden, sehr wohl aber damit, dass Banken mit dem Geld der Steuerzahler*innen über Wasser gehalten wurden. Empörend ist, dass die rechten Hetzer*innen aus der angeblichen Mitte der Gesellschaft heraus ermuntert wurden. Ich erinnere an die bösen Worte vom »Asyltourismus« oder von den »Sozialschmarotzern« sowie an die wiederkehrende These, wonach Deutschland doch nicht das »Sozialamt für die ganze Welt« sei. Es war ausgerechnet der gegenwärtige Bundesinnenminister Horst Seehofer, der Stammtischparolen predigte, wonach sich die Regierung bis zur letzten Patrone (!) gegen eine massenhafte Zuwanderung in die deutschen Sozialsysteme wehren werde. So wie ich von allen Demokrat*innen erwarte, dass sie gegen völkisches, fremdenfeindliches, rassistisches, antisemitisches oder gewaltverherrlichendes Denken und Tun aufstehen, erwarte ich auch von demokratischen Parteien, sensibel zu prüfen, welches Tun und Lassen letztendlich auch den rechten Rand gestärkt hat. Wenig hilfreich war meines Erachtens Angela Merkels jahrelanges Mantra von der Alternativlosigkeit ihrer Politik. Der Niedergang der Sozialdemokratie geht natürlich zu einem gehörigen Teil auf deren Politik des sozialen Kahlschlags zurück. Wir LINKE müssen uns fragen, warum wir nicht mehr erste Adresse für Protest sind und viele Leute mit unserer Sprache und Politik nicht erreichen.

Das große Ganze und das große Ziel

Soziale Sicherheit und Gerechtigkeit sind mit Kleinklein nicht zu erlangen. Erforderlich ist ein ganzheitlicher Ansatz, in Deutschland, in Europa, weltweit. Zuerst sind drei Mahlzeiten nötig, nicht drei Parteien. Wer von uns Satten dürfte ernsthaft widersprechen?! Und dennoch: Koloniales Erbe, der Fortbestand von postkolonialistischen Strukturen, Korruption und skrupellose Despoten tragen ebenso zu aktuellen Missständen bei wie eine aggressive Handelspolitik, zum Beispiel der EU, die Lebensgrundlagen raubt und Fluchtursachen schafft. Ganz zu schweigen von der nicht selten auch von der EU tolerierten oder mitpraktizierten Politik des Regime Change. Auch in europäischen Staaten sehen wir eminente Widersprüche, beispielsweise wenn in Tschechien oder Polen soziale Leistungen einhergehen mit schweren Defiziten in der Migrations- oder Rechtspolitik; wenn Österreich Beispielhaftes in der Rentenpolitik vorweist, jedoch Flüchtenden die Tür weist. In der reichen Bundesrepublik Deutschland erfolgt soziale Ausgrenzung häufig dort, wo ein öffentlicher Nahverkehr oder der Anschluss an das Internet mangelhaft oder gar nicht gewährleistet sind, wo Mieter*innen aus den Stadtzentren vertrieben werden, wo eine Zweiklassenmedizin existiert und Pflegekosten ganze Familien ruinieren.

Ein Blickwechsel: In der DDR ging es niemals und für niemanden ums nackte Überleben. Es gab teils beachtliche soziale Leistungen und teils immense Versorgungslücken, junge Leute erhielten großzügige Kredite und die Alten mickrige Renten, Brot kostete fast nix, hochwertige Konsumgüter waren für viele unerschwinglich. Doch wofür und wogegen gingen die Menschen letztlich auf die Straße? Für Meinungs-, Presse- und Reisefreiheit, gegen Gängelei und Bevormundung. Also: Sozialpolitik ist zwingend zu verbinden mit der Sicherung und

Entwicklung demokratischer Rechte und Freiheiten, mit effektiver und nachhaltiger Ökonomie, mit weitsichtiger Umwelt- und Klimapolitik und konsequenter Abrüstung. Schlussendlich geht es um ein anderes Gesellschaftssystem, den demokratischen Sozialismus. Ein sozialistisches Europa schwebte drei Antifaschisten vor, die vor achtzig Jahren auf einer italienischen Gefangeneninsel das »Manifest von Ventotene« verfassten, den Entwurf für ein freies und einiges Europa. Autoren waren der Kommunist Altiero Spinelli, der Liberale Ernesto Rossi und der Reformsozialist Eugenio Colorni. Es geht nur gemeinsam!

Anmerkungen

1 https://www.neues-deutschland.de/artikel/1025554.bankenrettung-und-kein-ende.html

2 http://www.vatican.va/content/francesco/de/speeches/2016/may/documents/papa-francesco_20160506_premio-carlo-magno.html

3 Christoph Butterwegge: »Virale Ungleichheit?«, in: OXI 9/20, S. 19.

4 Bei Redaktionsschluss dieses Beitrages war lediglich vorgesehen, dass sich der Sozialausschuss des Bundestages im Oktober 2020 mit dem Thema beschäftigt.

Ansgar Gilster
EIN SCHIFF – VON UNS, VON EUCH, VON ALLEN. WIE WIR GEMEINSAM EIN RETTUNGSSCHIFF INS MITTELMEER SCHICKTEN

»Man lässt keine Menschen ertrinken. Hinter dieser Überzeugung steht ab sofort mit der Sea-Watch 4 ein weithin sichtbares Ausrufezeichen!« – Heinrich Bedford-Strohm, der Ratsvorsitzende der Evangelischen Kirche in Deutschland (EKD) steht an Deck des Schiffes, von dem er spricht. Hunderte Menschen sind am 20. Februar 2020 trotz Kälte und Regen nach Kiel gekommen, um bei der Schiffstaufe dabei zu sein. Dicht an dicht stehen sie am Hafenbecken, bestaunen die über 60 Meter lange Sea-Watch 4, besichtigen Brücke und Maschinenraum, Kombüse und Krankenstation. Bald schon wird das ehemalige Forschungsschiff zum Rettungsschiff umgebaut sein, Bootsflüchtlingen zu Hilfe kommen und Leben retten.

Wenige Monate zuvor, im Sommer 2019, war der Kauf des Schiffes nur eine Idee gewesen. Wie wurde innerhalb kürzester Zeit daraus eine Realität von mehr als tausend Tonnen Stahl? Welche Geschichte erzählt dieses Schiff – und welche Erfahrungen aus dem Projekt können Bausteine für andere Organisationen, Aktivist*innen und Projekte sein?

Der Kontext: Rechtsbruch als Realpolitik

Die humanitäre Situation an der europäischen Außengrenze ist verheerend. In atemberaubendem Tempo wird seit Jahren das Flüchtlingsrecht ausgehöhlt. Tausende Menschen sind im Mittelmeer ertrunken, Flüchtlingsboote befinden sich oft tagelang in Seenot, bevor Hilfe kommt, staatliche Seenotrettungsprogramme wie die EU-Mission »Sophia« sind eingestellt – und immer wieder verstoßen nationale Küstenwachen und europäische Agenturen wie Frontex gegen geltendes Recht: durch unterlassene Hilfeleistung, durch das Zurückdrängen von Schutzsuchenden, durch Kooperation mit der sogenannten »Libyschen Küstenwache« oder indem sie gar – wie in der Ägäis geschehen – Menschen bei Nacht auf dem offenen Wasser aussetzen.

Die Situation für Schutzsuchende an Land unterscheidet sich von der Situation auf dem Wasser nicht wesentlich. Unzählige Menschen verdursten auf ihrer Flucht durch die Sahara – oder bleiben zwar am Leben, aber kommen nicht weiter. Auch auf europäischem Boden bleiben Zehntausende ohne Recht und Schutz, unversorgt und sich selbst überlassen. Sie leben auf der Straße, im Wald, in Ghettos als illegalisierte Landarbeiter*innen – oder werden in unwürdigen Lagern zusammengepfercht ohne festes Obdach, vernünftige Toiletten, Duschen, warmes Wasser, ausreichend Essen, medizinische Versorgung. Die schlimmen Zustände herrschen seit Jahren, machen hierzulande aber nur Schlagzeile, wenn es zu dramatischen Zuspitzungen kommt wie beim Großbrand im Lager Moria. Kaum medial wahrgenommen wurde hingegen, dass im März 2020 erstmals ein Schutzsuchender erschossen wurde – an der griechisch-türkischen Landgrenze, mutmaßlich durch griechische Grenzschützer.

Von tragfähigen flüchtlingspolitischen Lösungen in geteilter Solidarität ist die Europäische Union währenddessen entfernter denn je. Trotz jahrelanger Verhandlungen ist die Reform des Gemeinsamen Europäischen Asylsystems mit einer faireren Verantwortungsteilung und verpflichtender Quotenaufnahme gescheitert. Auch jüngste Pläne der EU-Kommission setzen auf Zurückweisungen an den Außengrenzen, Auslagerung von Schutzverantwortung und Abschiebungen. Die fortgesetzte Krise ist absehbar: Das Sterben auf dem Mittelmeer wird weitergehen, ebenso wie die Not in den Lagern. Und so absehbar die humanitäre Katastrophe ist, so absehbar ist, dass politische Kräfte weiterhin vom Status quo profitieren und eine Migrationskrise behaupten, anstatt einzugestehen, dass es sich um politisches Versagen auf nationaler und europäischer Ebene handelt, das sich nicht wegreden lässt. Dabei besteht die Krise in dem Versagen der politisch Verantwortlichen, bzw. sogar darin, das Sterben von Menschen und humanitäre Not als abschreckendes Kalkül an den europäischen Außengrenzen einzusetzen.

Die zivile Seenotrettung bekommt vor diesem Hintergrund besondere Aufmerksamkeit, weil sie eine besondere Rolle spielt. Sie leistet dort humanitäre Nothilfe, wo europäische Staaten ihrer Pflicht nicht mehr nachkommen. Sie hält sich dort an geltendes Recht, wo europäische Staaten Recht brechen oder systematisch unterlaufen. Sie hält an Werten der europäischen Verträge fest, die in der Realpolitik an den europäischen Außengrenzen längst keinen Wert mehr haben. Sie leistet politischen Widerstand, indem sie das Menschenrecht auf Leben verteidigt. Die helfenden Hände der ehrenamtlichen Retter*innen widersetzen sich der Logik von Abschreckung und Abschottung der versammelten europäischen Staatengemeinschaft. Die Kampagnen gegen die zivile Seenotrettung, die anfänglich noch gefeiert wurde, zeigen: Mit immer neuen Mitteln, Ermittlungsverfahren und Verordnungen werden Rettungsschiffe festgesetzt, wird Moral verunglimpft und Menschlichkeit kriminalisiert.

Waren es anfangs im Jahr 2017 vor allem Diffamierungen, folgten darauf 2018 und 2019 – erfolglose – Versuche der Kriminalisierung vor Gericht. Keine einzige Anklage wurde jemals erhoben; immer stellten die Gerichte das rechtmäßige Handeln der Seenotretter*innen fest. Mittlerweile werden daher behördliche Mittel eingesetzt: Mit immer neuen technischen Anforderungen, fadenscheinigen Begründungen und wochenlangen Prüfvorgängen wird die zivile Seenotrettung behindert. Bürokratie und Willkür werden so zur zermürbenden Waffe gegen Humanität und ihre Helfer*innen. Betroffen sind dabei nicht allein Rettungsschiffe, sondern auch die kleinen zivilen Aufklärungsflugzeuge Moonbird und Sea-Bird, die aus der Luft Rechtsbrüche dokumentieren und Seenotfälle melden. Auch diese unabhängige Beobachtung aus der Luft wird systematisch behindert. Es soll keine Zeugen geben.

Die Geschichte eines Schiffes
Die Initiative für den Kauf eines neuen, zusätzlichen Rettungsschiffes entstand im Sommer 2020. Bereits seit Anfang 2017 hatte die EKD die zivile Seenotrettung mit Förderungen unterstützt und u. a. den Kauf des ersten Aufklärungsflugzeuges ermöglicht. Aus den Förderungen entwickelten sich enge Partnerschaften mit den Rettungsorganisationen und der Bewegung SEEBRÜCKE, es fanden gemeinsame Delegationsreisen und öffentliche Aktionen statt. Die Idee für ein weiteres Schiff war mitunter Thema, schien jedoch außer Reichweite – zu komplex, zu riskant, zu aktivistisch.

Beim Dortmunder Kirchentag 2019 mit rund 100.000 Teilnehmenden erhielt das Thema unerwartet große Dynamik, als sich vor Lampedusa die Situation auf der Sea-Watch 3 zuspitzte. Mehr als drei Wochen lang verweigerte der damalige italienische Innenminister Matteo Salvini dem Rettungsschiff die Einfahrt in einen Hafen, obgleich die Zustände an Bord unhaltbar waren. Dadurch wurde die Seenotrettung zum zentralen Thema auch beim Kirchentag: Kapitänin Carola Rackete sprach per Live-Schalte vom Schiff zum Kirchentagspublikum, der EKD-Ratsvorsitzende appellierte an den deutschen Innenminister Horst Seehofer, die Menschen der Sea-Watch 3 sofort aufzunehmen, Hintergrundgespräche wurden geführt, Menschen schrieben die Namen von mehr als 30.000 ertrunkenen Flüchtlingen auf Transparente und trugen sie in einem Trauermarsch durch die Dortmunder Innenstadt. Spontan wurde eine Großveranstaltung mit dem Bürgermeister von Palermo angesetzt. Bei dieser Veranstaltung sprach eine Seenotretterin vor Tausenden Menschen die Idee des neuen Schiffes erstmals öffentlich aus:

»Wir wollen gemeinsam mit der Zivilgesellschaft, den Städten und Kommunen, der Kirche und euch allen ein Zeichen setzen und ein Schiff in das tödlichste Gewässer der Welt schicken. Ein Schiff der Gemeinschaft, der Solidarität und Nächstenliebe. Ein Schiff von uns, von euch, von allen.«

Damit war die Idee in der Welt. Öffentliche Aufmerksamkeit, eine Petition und Tausende unterstützende E-Mails an die EKD, sich für das Schiff einzusetzen, brachten die Dinge weiter ins Rollen. Intensive Beratungen folgten in den kirchlichen Gremien, rechtliche Fragen wurden geprüft, und die praktische Umsetzung geplant. Es war anfangs kein einfacher, einvernehmlicher Prozess – wie immer, wenn Menschen ganz unterschiedlicher Richtungen etwas zum ersten Mal tun. Die Wochenzeitung *DIE ZEIT* kommentierte später unter Berufung auf interne Quellen: »Das Kirchenamt hätte fast das Schiffsprojekt versenkt«, würdigte allerdings auch das Umsetzungstempo der Kirche als »rasant«. Und tatsächlich beweist die bemerkenswerte Zeitschiene am besten die Unterstützung für das nie dagewesene Projekt. Keine drei Monate vergingen vom Beschluss im Rat der EKD als höchstem Entscheidungsgremium bis zum Schiffskauf. In Windeseile und jenseits aller üblichen Dienstwege wurde der Verein United4Rescue gegründet, der Gemeinnützigkeitsnachweis eingeholt, eine Geschäftsstelle eingerichtet, eine bundesweite Spendenkampagne gestartet. Und ein Bündnis ins Leben gerufen, um die breite gesellschaftliche Unterstützung für die Seenotrettung generell sichtbarer zu machen. Rund 700 große und kleine Organisationen haben sich United4Rescue innerhalb eines Jahres als Bündnispartner angeschlossen, darunter Ärzte ohne Grenzen, der Koordinationsrat der Muslime, der Deutsche Gewerkschaftsbund und alle Pfadfinderverbände in Deutschland. Auch Kindergärten, Kirchengemeinden und viele Unternehmen sind dabei – darunter ein Limonadenhersteller, eine Tanzschule, ein Gemüseladen und ein Milchbauernhof. Unter der Überschrift »Wir schicken ein Schiff!« sammelte United4Rescue innerhalb weniger Wochen weit über eine Million Euro, ersteigerte erfolgreich ein ehemaliges Forschungsschiff und überließ es der Rettungsorganisation Sea-Watch als Rettungsschiff. Bei seiner ersten Mission rettete es 354 Menschenleben. Aktuell sammelt United4Rescue erneut Spenden für das nächste große Vorhaben: »Wir schicken noch ein Schiff!«

Der Weg: Radikale Kooperation
Es haben schon andere Rettungsschiffe auf den Weg gebracht, doch es ist das erste Mal, dass eine große Institu-

tion wie die evangelische Kirche Haltung nicht nur predigt, sondern so klar öffentlich zeigt – und zugleich viele andere Organisationen mitmachen. Drei zentrale Aspekte, warum diese Aktion so gut gelang – und auch weiterhin erfolgreich ist –, lassen sich im Kampagnenmotto »Wir schicken ein Schiff« ausmachen: Im »Wir« zeigt sich der gemeinschaftsstiftende, nach allen Seiten hin offene Charakter von United4Rescue. Es ist ein Wir, das nicht unterscheidet, sondern alle gleichermaßen »an Bord« kommen lässt, die das Anliegen unterstützen und sich hinter das Schiff stellen. Ein Schiff zu »schicken« und selbst etwas zu tun, bietet eine Handlungsoption, wächst doch bei vielen das Ohnmachtsgefühl angesichts der unterlassenen Hilfeleistung durch die europäischen Staaten. Das »Schiff« kann nicht alle Ertrinkenden retten, nicht eine politische Lösung im Mittelmeer ersetzen – und schon gar nicht die großen dahinterliegenden Fragen von Flucht und Migration beantworten. Doch es ist konkret. Es ist mehr als eine symbolische Aktion, es ist kein Appell oder offener Brief, sondern es rettet tatsächlich Menschenleben. Es fordert die Politik humanitär heraus und zwingt zum Hinsehen, wo viele lieber wegschauen. Dass das Schiff nach seinem ersten Einsatz unmittelbar festgesetzt wurde, so wie andere Rettungsschiffe auch, war absehbar – und Drangsalierungen in Kauf zu nehmen, gehörte in Solidarität mit den Seenotretter*innen gewissermaßen dazu.

Für dieses Engagement brauchte es institutionellen Mut, die eigene Position auch bei einem polarisierenden Thema zu vertreten. Vor allem aber institutionelles Vertrauen, mit anderen Organisationen unterwegs zu sein – d. h. das gemeinsame Anliegen stärker als die üblichen Eigeninteressen zu gewichten und gewohnte Berührungsängste zurückzustellen. Institutioneller Dominanzverzicht ist für jede Organisation eine Herausforderung.

Gelingt dies aber, sind radikale Kooperationen möglich zwischen den unterschiedlichsten Akteur*innen: sozialen Bewegungen, institutionellen »Tankern«, NGOs, Städten und Kommunen, lokalen Netzwerken und Initiativen. Gelingt dies, ergeben sich neue Spielräume, Reichweiten und Einsichten für alle Seiten. Diese Integrationsarbeit ist anfangs meist nicht leicht, bis tatsächliches Vertrauen aufgebaut ist. Entscheidend ist dabei, immer wieder das gemeinsame Anliegen in die Sprache und Kultur ganz unterschiedlicher Akteur*innen zu übersetzen, jede Möglichkeit zum Miteinander zu nutzen und beharrlich Vertrauen zu verschenken – in der Hoffnung, es zurückzubekommen.

Dieses Zusammenwirken zahlt sich aus, und radikale Kooperation ist dazu dringend notwendig. Denn bei jeder drängenden politischen Aufgabe, welcher auch immer, braucht es nicht allein kluge, praktikable Lösungsvorschläge, sondern auch Mehrheiten, um sie zu verwirklichen. Nur solidarisch werden wir in Zukunft sozialpolitische und demografische Herausforderungen bewältigen, die Folgen des Klimawandels abmildern – oder eben das Sterben im Mittelmeer beenden.

Derzeit deutet nichts darauf hin, dass sich am aktuellen Kurs von Abschottung und Abschreckung etwas ändern könnte. Wenn jedoch Tausende Menschen an unseren Grenzen ertrinken oder in Flüchtlingslagern jahrelang unter Plastiktüten leben müssen und wir das tatenlos hinnehmen, sollten wir nicht glauben, dass uns das nicht betrifft. Diese Entwicklungen spielen sich mitten in Europa ab, im Rechtsraum der Europäischen Union, in dem wir zusammenleben und auf den wir uns verlassen. Politische Bedrängung von Menschenrechtsorganisationen, willkürliche Verbote oder Beschlagnahmungen wie auch massive Einschränkungen der Presse- und Informationsfreiheit kennen wir bislang nur aus anderen Teilen der Welt. Aus der Geschichte wissen wir: Erst stirbt das Recht, dann stirbt der Mensch. Daher sollte diese Entwicklung uns alle äußerst wachsam machen und zur Einmischung bringen.

Frank Schwabe
EINE NEUE ZEIT FÜR DIE MENSCHENRECHTE

Nach den schrecklichen und prägenden Erfahrungen des Nationalsozialismus war die zweite Hälfte des 20. Jahrhunderts charakterisiert durch eine ständige Verbesserung der Menschenrechte weltweit. Geprägt durch die Allgemeine Erklärung der Menschenrechte 1948 und die Europäische Menschenrechtskonvention 1950 wurden sie theoretisch begründet und im Anschluss faktisch weiterentwickelt. Nirgendwo lässt sich das besser sehen als in dem Fortschritt der Rechtsprechung des Europäischen Gerichtshofs für Menschenrechte.

Besonders mit dem Ende der Sowjetunion konnten in vielen Staaten im Zuge von Demokratisierungen bürgerliche Rechte durchgesetzt werden. Immer mehr Staaten sind internationalen Abkommen und Institutionen zum Schutz der Menschenrechte beigetreten. Die Lage von Demokratie, Menschenrechten und Rechtsstaatlichkeit in Europa verbesserte sich nach 1990 noch einmal sprunghaft. Der Europarat wuchs bis auf 47 Mitgliedstaaten.

Die daraus folgenden Versprechen waren aber nicht von Dauer. In den letzten zehn Jahren haben sich immer mehr Staaten autoritär entwickelt. Von dieser Welle wurde nicht nur die Europäische Union erfasst, siehe Ungarn und Polen, sondern auch das größere Europa des Europarats, beispielsweise die Türkei oder Russland. In Lateinamerika hatte die Verschlechterung der Lage in Brasilien durch die Politik Jair Bolsonaros Auswirkungen auf andere Staaten der Region. Die Menschenrechtslage in China hat sich ebenfalls verschlechtert statt verbessert. Und mit Trump wurden die USA regelrecht zum negativen Trendsetter in Sachen Menschenrechte.

Deutschland gehört nicht zuletzt deshalb zu den »Guten«, weil man sich hier der historischen Verantwortung bewusst ist und daraus die Verpflichtung ableitet, Standards in Sachen Verteidigung der Menschenrechte und der Demokratie zu setzen. International engagiert sich Deutschland für Multilateralismus und die Stärkung des internationalen Strafrechts zur Ahndung schwerster Menschenrechtsverletzungen. Und doch geht deutlich mehr. Es fehlt angesichts der fundamentalen Herausforderung einer der Aufklärung verpflichteten Welt am Elan einer vollständig überzeugten und überzeugenden Regierungskoalition, die Menschenrechtsschutz auch unter Inkaufnahme ökonomischer Nachteile ganz oben auf ihre Agenda setzt. Denn bei allen Fortschritten ist der Status quo zu wenig. Die schwarz-rote Koalition quält sich, den Verpflichtungen zum Menschenrechtsschutz auf nationaler Ebene gerecht zu werden. Sie tut sich schwer mit einer Verpflichtung deutscher Unternehmen auf einen Menschenrechtsschutz weltweit; deutsche Waffenexporte erzielen Höchstwerte. Die konsequente Umsetzung internationaler Menschenrechtsvorgaben unterbleibt. Trotz Aufforderung durch den Europarat verhindern CDU und CSU einen konsequenten Kampf gegen Rassismus auch in staatlichen Strukturen. Während Menschen im Mittelmeer ertrinken und in EU-Mitgliedstaaten erfrieren, unterbleibt ein kompromissloser Einsatz für den europäischen Schutz Geflüchteter. Die Umsetzung internationaler Abkommen in nationales Recht, wie das Zusatzprotokoll zum UN-Sozialpakt, bleibt entweder aus oder muss im Kompromisswege hart erkämpft werden.

In einer Welt, in der schwerste Menschenrechtsverbrechen verübt werden, in der auch in Deutschland Frauen, Schwarze, LGBTQI täglich unter Menschenrechtsverletzungen leiden, ist Selbstgenügsamkeit fehl am Platze – da muss mehr gehen. National und international. Wollte ein deutscher Außenminister eine klare Politik der Sanktionierung von Menschenrechtsverbrechen verfolgen, bräuchte er die Rückendeckung einer ganzen Regierung, die einer Menschenrechtspolitik von A bis Z verpflichtet ist. Da sich in letzter Zeit ein leichtes Abebben der rechtspopulistischen und autoritären Welle ausmachen lässt und sich angegriffene Demokratien als stabiler erweisen als gedacht, könnte eine starke Ausrichtung der deutschen Innen- und Außenpolitik auf das Thema der internationalen Entwicklung einen guten Schub in die richtige Richtung geben: Auch in einem autoritär regierten Land wie der Türkei war es für die Opposition möglich, die Kommunalwahl in den größten Städten zu gewinnen. In Polen gewinnt der amtierende rechtsautoritäre Präsident nur hauchdünn. Auch in Ungarn setzt sich die Opposition bei der Kommunalwahl in der Landeshauptstadt durch. Das Aufbegehren in Belarus könnte den Staat zum 48. Mitgliedstaat des Menschenrechtsbundes Europarat machen. In den USA ist der autoritäre Präsident Donald Trump abgewählt. Auch der nicht minder autoritäre Jair Bolsonaro steht unter massivem Druck. Bei all dem darf die deutsche Außenpolitik nicht überschätzt werden. Aber eine besondere Rolle als Antreiberin internationaler Menschenrechtsprozesse und der Unterstützung diesbezüglich arbeitender multilateraler Organisationen kommt Deutschland durchaus zu. Die Linie gegenüber Autokratien in Europa könnte in der Europäischen Union wie im Europarat gestärkt, das Flüchtlingsrecht wieder instand gesetzt und die soziale Dimension konsequent vorangebracht werden.

Eine konservativ-rechte oder neoliberale Politik könnte das nicht leisten. Und die konservative CDU, die in Europa gemeinsam mit der rechtsnationalen ungarischen Fidesz agiert, ist ein ständiger Hemmschuh für eine konsequente deutsche Menschenrechtspolitik.

Die unumstößlich verankerte Überzeugung, dass alle Menschen frei und gleich an Würde und Rechten geboren sind, bildet geradezu den Kern einer bunten, freien und solidarischen Gesellschaft. Aber Menschenrechte brauchen nicht nur schöne Worte. Sie brauchen vor allem politische Taten:

Projekt 1: Wirtschaftliche, kulturelle und soziale Menschenrechte

Die Initiative »Lieferkettengesetz« hat es auf den Punkt gebracht: »Überall auf der Welt leiden Mensch und Natur unter den gewissenlosen Geschäften deutscher Unternehmen.« Wer jemals in Bangladesch die Auswirkungen mangelnder Menschenrechtsstandards auf arbeitende Kinder gesehen hat, kommt nicht umhin, mit voller Leidenschaft für ein deutsches und europäisches Lieferkettengesetz zu kämpfen. Eine progressive Mehrheit in Deutschland könnte solche wichtigen Veränderungen initiieren. Grüne, SPD und LINKE haben ein ähnliches Verständnis davon, dass zu den klassischen bürgerlichen die wirtschaftlichen, sozialen und kulturellen Menschenrechte dazukommen müssen. Kurz gesagt geht es natürlich um den Schutz des Lebens und vor Folter, und um Pressefreiheit. Aber es geht auch um würdevolle Arbeit. Darum, dass Kinder nicht ausgebeutet werden dürfen. Es geht um ein Recht auf ein Leben ohne Armut, um Rechte auf Wasser und eine Wohnung und vieles mehr.

Ein solches Verständnis der Menschenrechte würde durch ein umfassendes Lieferkettengesetz auf nationaler wie europäischer Ebene unmittelbar zu tiefgreifenden Veränderungen führen, da es Unternehmen verpflichtet, menschenrechtlich verantwortlich zu arbeiten – über die Grenzen unseres Landes hinaus. Eine progressive Regierung würde alle Handelsverträge am Grundsatz des Respekts von Menschen- und auch Umweltrechten ausrichten, sie würde ungerechte Handelsabhängigkeiten beispielsweise afrikanischer Länder hinterfragen und könnte hier wichtige europäische und globale Impulse setzen. Um es Verbraucher*innen zu erleichtern, menschenrechtskonform hergestellte Produkte zu identifizieren, könnte es zu Vereinheitlichungen und klaren gesetzlichen Vorgaben kommen. Die öffentliche Beschaffung über die diversen Behördenebenen könnte ebenfalls an diesen Maßgaben ausgerichtet werden. Deutschland würde sich offensiv für die Weiterentwicklung eines weltweiten Menschenrechtssystems einsetzen, z. B. auf Basis des UN Treaty zu Regelungen für multinational agierende Unternehmen.

Projekt 2: Humanität und Realismus rund um Flucht und Vertreibung

»Man lässt keine Menschen ertrinken. Punkt.« Diese eigentlich schlichte wie grundlegende Feststellung des breiten Bündnisses zur Unterstützung der zivilen Seenotrettung United4Rescue gilt in Europa nicht. Ich habe den Menschen auf dem privaten Seenotrettungsschiff Sea-Watch 3 vor Malta in die Augen geschaut. Und ich werde diese Blicke nie vergessen. Da waren Menschen versammelt, die mit knapper Not dem Ertrinken entgangen sind und als eine Art Pfand für Tage und Wochen durch einen EU-Mitgliedstaat daran gehindert wurden, an Land zu gehen. Welche Schande angesichts der postulierten europäischen Werte. Für Deutschland – und von Deutschland ausgehend für Europa – könnte eine progressive Mehrheit ein sowohl den humanitären Prinzipien verpflichtetes als auch mit einem realistischen politischen Ansatz verbundenes Konzept für den Umgang mit Geflüchteten entwickeln und der europäischen Debatte einen entscheidenden Anstoß geben. Dazu würde ein klares Bekenntnis zu einer staatlichen Seenotrettung ohne das würdelose Geschachere der Verteilung der Geretteten ebenso gehören wie eine Wiederinstandsetzung der Genfer Flüchtlingskonvention mit klarer Ächtung des illegalen Zurückdrängens Geflüchteter (sogenannter *Pushbacks*) an den Grenzen der Mitgliedstaaten der Europäischen Union.

Dazu gehören würden umfassende Aufnahmekontingente für Menschen, die vor akuten Krisen fliehen, außerdem eine realistische Regelung für diejenigen, die schon lange in Deutschland und Europa leben, sowie schnelle Asylverfahren und rechtsstaatlich umfängliche, aber gleichwohl schnelle Rückführungsmaßnahmen. Die Politik der polizeilichen Aufrüstung und der stärkeren Markierung von Grenzen auf dem afrikanischen Kontinent ist kontraproduktiv und verhindert geradezu die ökonomische und soziale Entwicklung vor Ort.

Projekt 3: Waffenexporte massiv einschränken
»Die derzeitige Genehmigungspraxis beschädigt die Glaubwürdigkeit der deutschen Friedenspolitik und damit auch deren Wirksamkeit erheblich.« So urteilten die evangelische und die katholische Kirche auf einer gemeinsamen Pressekonferenz Ende 2017. Und der Trend ist ungebrochen. Zwar hat die SPD ein Mehr an Endverbleibskontrolle von Kleinwaffen, partielle Exportverbote für Kleinwaffen und generelle Verbote für Exporte nach

Saudi-Arabien sowie mehr Transparenz bei den Export-genehmigungen durchgesetzt. Die grundsätzliche Proble-matik bleibt aber seit Jahrzehnten bestehen: Deutschlands Waffenexporte steigen und befeuern Konflikte weltweit.

Eine auch im Rahmen von Bündnisverpflichtungen umsetzbare Strategie könnte auf dem Parteitagsbeschluss der SPD vom Ende des Jahres 2019 basieren. Dort heißt es: »Für Staaten, die weder Mitglied der EU noch der NATO sind, ist eine Ratifizierung des ATT (internationa-len Waffenhandelsabkommens) und dessen konsequente Umsetzung zwingende Voraussetzung für jede Form der Rüstungskooperation.« Damit wären Waffenexporte in Mitgliedstaaten der EU und der NATO weiterhin möglich. Exporte beispielsweise nach Saudi-Arabien, in die Ver-einigten Arabischen Emirate und nach Ägypten, die im Volumen und als Empfänger zu Recht immer wieder An-lass für Kritik bieten, wären unabhängig von einer akuten außenpolitischen Lage von Waffenexporten grundsätzlich ausgeschlossen. Die Endverbleibskontrolle könnte weiter massiv ausgebaut und die Transparenz erhöht werden.

Projekt 4: Schwere Menschenrechtsverletzungen international ahnden

»Wir müssen Menschen in Zeiten des Krieges schützen und Menschenrechtsverbrecher vor Gericht stellen.« So beschreibt Human Rights Watch eine der Aufgaben inter-nationaler Menschenrechtspolitik. Wer nur einen Teil des Grauens spüren will, das Menschen anderen Menschen zufügen können, muss sich nur einmal in das Nationale Polizeiarchiv in Guatemala begeben. Allein dort finden sich Aufzeichnungen von über 200.000 in guatemalteki-schen Diktaturen Ermordeten. Solche Menschenrechtsver-brechen dürfen nicht ungesühnt bleiben. Wegen der Opfer selbst und ihrer Angehörigen nicht. Aber auch um unserer eigenen Zukunft willen nicht. Die Ahndung schwerster Menschenrechtsverletzungen über den nationalen Rahmen hinaus gehört daher zwingend zum internationalen Menschenrechtsschutz. Immer wieder hat es dafür Ansätze gegeben, eine Lösung jedoch steht bis heute aus.

Neben der diplomatischen und auch finanziellen Stärkung des Internationalen Strafgerichtshofes nebst spezieller internationaler Tribunale könnte Deutschland seine führende Rolle bei der Umsetzung des Weltrechtsprinzips durch die Weiterentwicklung der nationalen Gerichtsbarkeiten stärken. Darüber hinaus könnten Menschenrechtsverletzer*innen durch eine Weiterentwicklung gezielter persönlicher Sanktionsmechanismen (»Magnitsky Law«) gezielt bestraft werden. Internationale Projekte gegen die Straflosigkeit könnten im Rahmen von bilateraler oder multilateraler Zusammenarbeit weiter ausgebaut werden. Länder wie eben Guatemala sind dringend darauf angewiesen, dass die internationale Gemeinschaft sie beim Kampf gegen die Straflosigkeit schwerster Menschenrechtsverbrechen unterstützt. Und letztendlich könnte eine Mehrheit aus SPD, Grünen und LINKE endlich zu einer Anerkennung des Völkermords an den Herero und Nama führen, damit der deutschen historischen Verantwortung gerecht werden und gleichzeitig ein internationales Glaubwürdigkeitsproblem angehen. Denn auf Basis dieser Anerkennung wäre es deutlich leichter, an anderer Stelle begangene schwerste Menschenrechtsverbrechen und Völkermorde ebenso zu benennen.

Projekt 5: Humanitäre Hilfe und Krisenprävention

Der Chef des Welternährungsprogramms David Beasley machte bei der Verleihung des Friedensnobelpreises 2020 die Dimension der Herausforderung deutlich: »Wegen all der Kriege in der Welt, des Klimawandels, des Gebrauchs von Hunger als politische und militärische Waffe und einer globalen Pandemie, die alles noch viel schlimmer macht, befinden sich 270 Millionen Menschen an der Schwelle zum Verhungern.«

Die Herausforderungen sind groß. Sie scheinen gigantisch, aber sie sind es nicht. Um sie zu bewältigen, ist ein neues Verständnis von humanitärer Hilfe und Krisenprävention nötig.

Zweifellos ist es in den letzten Jahren unter dem Eindruck der vielfältigen Krisen gelungen, den Etat für humanitäre Hilfe und Krisenprävention massiv zu steigern. Trotzdem ist das Verhältnis zwischen dem Einsatz für humanitäre Hilfe im Vergleich zu den Verteidigungsausgaben etwa 1:25. Allein der Umfang der deutschen Verteidigungsausgaben würde ausreichen, die dramatische Unterfinanzierung des internationalen humanitären Hilfssystems zu beseitigen. Es ist schlichtweg nicht zu ertragen, dass die weltweiten Bedarfe nicht gedeckt werden können, weil das internationale Finanzierungssystem der humanitären Hilfe den exorbitant gestiegenen nötigen Mitteln angesichts ganz neuer Krisen nicht angemessen ist. Hier muss schnell und umfassend gehandelt werden.

Projekt 6: Konsequent gegen Rassismus und Rechtsextremismus

»Zunehmend tritt der Rechtspopulismus an die Stelle des Rechtsextremismus, der autoritäre Vorstellungen propagiert und dabei menschenrechtliche und rechtsstaatliche Grundsätze infrage stellt.« Das ist die aktuelle Bestandsaufnahme der Amadeu-Antonio-Stiftung. Tatsächlich bedrohen Rechtsextremismus und -populismus die Demokratie und die Errungenschaften im Bereich der Menschenrechte der letzten Jahrzehnte – ein beherztes

Vorgehen der Regierung gegen diese Tendenzen bleibt aus. Systematische Diskriminierungen seitens staatlicher Stellen wie der Polizei werden unzureichend untersucht. Die Politik einer progressiven Bundesregierung müsste darin bestehen, rassistische wie rechtsextremistische Strukturen konsequent zu untersuchen, zu benennen und aufzudecken.

Projekt 7: Aufwertung der nationalen Menschenrechtsinstitutionen

Viele der nationalen Menschenrechtsinstitutionen, wie das weltweit geachtete Deutsche Institut für Menschenrechte, die Antidiskriminierungsstelle oder die Nationale Stelle zur Verhütung von Folter, gründeten sich in der Zeit der rot-grünen Bundesregierung. Sie brauchen aber frischen Wind, institutionelle Aufwertung und vor allem finanzielle Unterstützung. Und die Stelle der*des Menschenrechtsbeauftragten der Bundesregierung wartet auf eine Aufwertung zur*zum Staatsminister*in. Der Menschenrechtsausschuss kann wachsen und mit neuen Kompetenzen ausgestattet werden. Menschenrechtsorganisationen der Zivilgesellschaft können stärker unterstützt, die Umsetzungsstellen für internationale Konventionen gestärkt, Beschwerdemechanismen in den Ministerien verbessert und der Menschenrechtsschutz zur Querschnittsaufgabe in der Bundesregierung erhoben werden. Diese Menschenrechtsinstitutionen sind das Rückgrat der deutschen Menschenrechtspolitik. Sie geben ein Maß an Verlässlichkeit auch über Regierungen hinaus.

Auf geht's? Oder doch nicht?

Ja, es gibt sie, die Widersprüche zwischen SPD, Grünen und der LINKEN: Bei der LINKEN vor allem dann, wenn es als sozialistisch oder links gelabelte Regierungen sind, die diese Menschenrechtsverletzungen begehen. Das ist ärgerlich. Als ob die Verbrechen in Russland, China, Syrien oder Venezuela weniger schlimm wären als die Verbrechen der anderen! Interessanterweise findet sich die Neigung zur Relativierung dieser schlimmsten Menschenrechtsverletzungen aus Sympathie zu einigen dieser Staaten auch bei Teilen der SPD, wenn auch weniger ausgeprägt.

Doch was wäre, wenn man diese Hürden überwindet? Fraglos würde ein progressives Mitte-Links-Regierungsbündnis ein Ausrufezeichen für die umfassende Achtung der Menschenrechte in Deutschland und weltweit setzen. Endlich wäre eine weitreichende Einschränkung von Waffenexporten möglich. Es wäre möglich, die Bedingungen für weltweiten Handel an die Einhaltung der Menschenrechte zu binden und auch auf europäischer Ebene und international dafür einzutreten, die internationale humanitäre Hilfe auf eine neue Basis zu stellen und vieles mehr. Zugleich wäre ein solches Bündnis ein Partner der Zivilgesellschaft und würde schwerste Menschenrechtsverletzungen im Rahmen internationaler Institutionen immer wieder zum Thema machen und das internationale Strafrecht konsequent zur Anwendung bringen.

Vor allem aber könnten wir als Gesellschaft anfangen, die Lücke zu schließen zwischen dem, was wir empfinden, wenn beispielsweise Menschen elendig vor unseren Grenzen ertrinken, und der Frage, was für eine Gesellschaft wir sein wollen. Wie lässt sich der Widerspruch aushalten, dass in bayerischen Amtsstuben christliche Symbole über den politischen Alltag wachen und gleichzeitig ein deutscher Innenminister den Wert der Nächstenliebe verhöhnt? Wie lässt sich aushalten, dass eine rechtsextreme Partei im Bundestag Hass schüren darf?

Es mag sein, dass für Einzelne das Elend noch nicht nah genug ist. Dass man den Geschichten derjenigen, die diese Verbrechen erleben, noch nicht persönlich begegnet ist, dass man es sich schlichtweg nicht leisten kann, Produkte zu kaufen, die unter würdigen Bedingungen für die Arbeiter*innen entstanden sind, dass man sich gut zurückziehen kann in den Schutzraum des Privaten. Doch Politik darf sich nicht zurückziehen. Sie muss bedingungslos sein und zwar immer dann, wenn in Abrede steht, dass alle Menschen frei und gleich an Würde und Rechten geboren sind. Und sie muss die politischen Instrumente und Bedingungen dafür schaffen, dass alle Menschen nicht nur so geboren sind, sondern auch dementsprechend leben können. Dafür braucht es zweifelsfrei andere parlamentarische Mehrheiten.

Christoph Bautz
EIN KOMPLIZIERTES ZUSAMMENSPIEL: MIT BEWEGUNG UND IN REGIERUNG PROGRESSIVE POLITIK DURCHSETZEN

Gesellschaftliche Veränderung liegt in der Luft, aber die Politik setzt sie nicht um. Dieser Zustand prägt nicht nur die großkoalitionären Zeiten in 2019 und 2020, in denen besonders die Union progressive Reformen verhindert hat, sondern auch die Zeit am Ende der schwarz-gelben Regierungsperiode unter Helmut Kohl. »Wir werden nicht alles anders machen. Aber vieles besser.« Mit diesem Slogan zog damals die SPD in den Wahlkampf – und umriss eine Erzählung von Aufbruch und Veränderung, die zugleich Sicherheit und pragmatisches Regierungshandeln versprach. Gerhard Schröder rüttelte an den Toren des Kanzleramts – und im September 1998 gewährten die Wähler*innen ihm Einlass. Die 68er-Generation, Rot-Grün war an der Macht und die Hoffnung auf Veränderung groß.

Von heute aus betrachtet enttäuschen die darauf folgenden sieben Jahre. Strahlen tut einzig das Erneuerbare-Energien-Gesetz. Auch die doppelte Staatsbürgerschaft und mehr Rechte für schwule und lesbische Paare sind auf der Haben-Seite zu verbuchen. Aber sonst? Etliche progressive Projekte wurden verwässert: Ein Atomausstieg mit viel zu langen Restlaufzeiten. Eine Ökosteuer-Reform ohne Lenkungswirkung.[1] Ein Dosenpfand, das verpuffte.

Schlimmer noch: Jenseits von Ökologie und gesellschaftspolitischen Reformen machte Rot-Grün vieles anders, aber keinesfalls »vieles besser«. Die Koalition schaltete den neoliberalen Turbo ein: Absenkung von Einkommens- und Körperschaftssteuer, Steuerbefreiung von Veräußerungsgewinnen der Unternehmen, Liberalisierung der Finanzmärkte, Riester-Rente und Hartz-IV-Reformen. Die Liste ist lang.[2]

Statt dass »vieles besser« wurde, gab es an vielen Stellen Rückschritt. Was können wir daraus lernen, wenn wir die Chancen und Risiken von SPD- oder Grünen-geführten, progressiven Mehrheiten nach der Bundestagswahl 2021 ausloten wollen? Wenn wir damit die einzige Regierungskonstellation erreichen wollen, mit der Fortschritt in Dimensionen kommt, wie die Verhältnisse sie erfordern? Wenn wir nach neuen Ideen und Erzählungen von Aufbruch und Veränderung suchen, unterlegt mit konkreten Politikvorhaben? Eine Menge.

Bewegung und progressive Regierungsmehrheit von Anfang an zusammendenken

Welche Bedeutung Protestbewegungen im Zusammenspiel mit einer progressiven Regierung haben können, um gesellschaftliche Veränderungen zu erstreiten und zu verankern, dies hatte Rot-Grün von Anfang an verkannt. Lafontaine und Schröder, Fischer und Trittin – sie alle hatten in den 1970er und 1980er Jahren enge Berührungspunkte mit Bewegungen. Sie nahmen an Sponti-Demos teil, blockierten Atomwaffenlager oder die Bohrstelle 1004 in Gorleben. Aber die Regierungsmacht vor Augen, wähnten sie sich diesen »Jugendflausen« entwachsen und glaubten in der ihnen eigenen Arroganz, über dem Agieren von Bewegungen zu stehen. Sie verstanden nicht, dass tiefgreifende Veränderungen nur mit einem klugen

Zusammenspiel von Bewegungs- und Regierungshandeln zu erreichen sind.

Beispiel Lafontaine: Geradezu naiv mutet im Nachhinein sein Versuch an, gleich wenige Wochen nach Amtsantritt »die Architektur des Weltfinanzsystems« zu erneuern. Mit seinem um zahlreiche Kompetenzen erweiterten Finanzministerium wollte er »dem weltweiten Spielcasino entgegentreten«. In einer Zeit vor dem Platzen der Dotcom-Blase, als alle dem Glauben an die Börse verfallen waren, wollte er im Alleingang deren Macht begrenzen. Und scheiterte kläglich an der Finanzindustrie, der US-Regierung und rechten Medien.[3]

Mit einer globalisierungskritischen Bewegung an der Seite, wie sie kurze Zeit später rund um den G8-Gipfel von Genua im Juli 2001 geboren wurde, hätte die Gefechtslage ganz anders ausgesehen. Sie öffnete damals ein Fenster für Reformen. Doch da war ein Lafontaine, der das Momentum in konkrete politische Beschlüsse hätte überführen können, schon zurückgetreten. Und so warten wir bis heute auf die zentrale Gründungsforderung von Attac – die Finanztransaktionssteuer.

Was daraus lernen? Schon im Wahlkampf kann eine Strategie, die gut zwischen Bewegungen und progressiven Parteien abgestimmt ist, entscheidend sein. So zum Beispiel bei den Europawahlen im Mai 2019: Der Bewegung rund um Fridays for Future gelang es in den letzten Tagen vor der Wahl, das Thema Klimaschutz optimal zu platzieren – mit bestens choreografierten Protestelementen: Sieben Großdemos in den größten deutschen Städten am Wochenende zuvor, das virale Rezo-Video »Die Zerstörung der CDU« sowie eine große Mobilisierung der Fridays in den letzten 48 Stunden. All dies führte nicht nur dazu, dass Klimaschutz die politische Debatte vor der Wahl dominierte, sondern löste eine erhebliche Wähler*innen-Wanderung von einer Million Stimmen von der Union zu den Grünen aus.[4] Damit geriet eine progressive Mehrheit in greifbare Nähe.

Aber auch wenn eine solche Mehrheit Gestaltungsmacht und Regierungsverantwortung erreicht, wird ein enges Zusammenspiel von Bewegung und Regierung für politische Erfolge nötig sein. Bewegungen können neue Themen hochziehen und in den Fokus der öffentlichen Aufmerksamkeit bringen – wie dies bei TTIP und CETA oder der Klimakrise in den letzten Jahren gelang. Sie können Skandale oder Katastrophen nutzen, um ein *window of opportunity* zu öffnen – wie bei Fukushima und Lebensmittel-Skandalen, bei Korruptionsfällen oder einem Dürresommer, wie wir ihn 2018 und 2019 erlebten. Und eine progressive Regierung kann dann das Gelegenheitsfenster zur Veränderung nutzen und mit ambitionierten Politikvorhaben und Gesetzesentwürfen reagieren.

Was aber bei all dem entscheidend ist: einen guten Abstand zwischen Bewegung und Regierung zu halten. Bewegung darf nicht zur Vorfeldorganisation von Parteien oder einer Regierung verkommen, muss unabhängig und bissig bleiben. Das beginnt schon im Wahlkampf: Es wäre geradezu kontraproduktiv, würden Bewegungen explizit für neue linke Mehrheiten mobilisieren. Das ist nicht ihre Rolle und sie würden Anschlussfähigkeit verlieren. Bewegungen müssen eindeutig an Sachthemen und nicht an Konstellationen von Parteifarben orientiert bleiben. Wohl aber können sie Themen im Wahlkampf setzen, die Menschen davon überzeugen, progressiv zu wählen – und damit auch dafür sorgen, dass sich in einem Koalitionsvertrag ambitionierte Vorhaben wiederfinden.

Hat eine progressive Mehrheit Regierungsverantwortung erreicht, muss auch zwischen dieser und Protestbewegungen ein produktives Verhältnis entstehen. Bewegung muss treiben, muss kritische Distanz wahren und darf keine Beißhemmungen entwickeln. Sie muss aber auch reflektiert erkennen, dass besonders in einer repräsentativen Demokratie Kompromisse nötig sind und blindes Beharren auf Maximalforderungen den Gesamtfortschritt gefährden würde. Auch fehlende progressive Mehrheiten im Bundesrat werden bei zustimmungspflichtigen Gesetzen womöglich unbefriedigende Ergebnisse erzeugen. Hier braucht es ein kluges Erwartungsmanagement der Regierenden und ein balanciertes Abwägen der Kritik seitens der Bewegungsakteur*innen.

Wir als Campact haben in der Vergangenheit bewusst immer wieder Kompromisse der SPD in der Großen Koalition verteidigt, auch wenn sie nicht zu 100 Prozent unsere Forderung abbildeten. Wenn die Sozialdemokrat*innen bei der Erdgasförderung etwa ein Komplettverbot von unkonventionellem Fracking und höhere Hürden für konventionelles durchsetzte,[5] dann bewerteten wir dies eindeutig als Erfolg.[6] Desgleichen beim Nein der SPD zur Abwrackprämie für Verbrenner im Sommer 2020, auch wenn ökologisch äußerst zweifelhafte Plug-in-Hybride in die Innovationsprämie eingeschlossen waren.[7] Dasselbe gilt für einen Kompromiss der Grünen im Bundesrat beim Thema Kastenstand in der Schweinehaltung.

Sehr deutlich und sicher auch schmerzhaft fiel hingegen unsere Kritik aus, als die SPD beim Klimapaket der Großen Koalition einen geradezu peinlichen Kompromiss verteidigte, der 1,4 Millionen Menschen, die mit Fridays for Future zeitgleich auf der Straße protestierten, vor den Kopf stieß. Ein Paket, dass der Dimension der Klimakrise nicht einmal im Ansatz entsprach. Würde eine progressive Mehrheit ähnlich versagen, so darf Bewegungskritik nicht minder klar ausfallen.

Gemeinsame Idee von Regierung und Bewegung

Wenn es eine Idee gab, welche die sieben rot-grünen Regierungsjahre konsistent durchzog, dann war es die des »Dritten Weges«, der naive Glaube an die lenkende Hand des Marktes und an eine neoliberale Politik, wie sie das Schröder-Blair-Papier skizzierte. Eine Idee, die das Gegenteil von progressiver Politik ist. Sie ging auf das Konto grüner Wirtschaftspolitiker*innen, die ihre berechtigte Skepsis gegenüber dem starken Staat bei Bürgerrechten unreflektiert auf die Wirtschafts- und Steuerpolitik übertrugen. Und auf das Konto einer SPD, die sich spätestens nach dem Lafontaine-Rücktritt an der Spitze nahezu vorbehaltlos der marktradikalen Politik verschrieb. War der Beifall von Wirtschaftsverbänden auch groß, brachte diese Politik Rot-Grün schnell in Frontstellung zu Bewegungen und Gewerkschaften.[8]

Die Klammer um ein neues Regierungsprojekt links der Mitte muss in 2021 hingegen eine progressive Idee bilden – die von Regierung und Bewegung in verschiedenen Rollen gleichermaßen vorangetrieben wird. Im Zentrum muss eine umfassend gedachte Antwort auf die größte Herausforderung der Zeit stehen: die Klimakrise.

Durch Jahrzehnte des Nicht-Handelns hat sich diese in einer Dimension zugespitzt, dass in den 2020er Jahren drastisches Umsteuern erforderlich sein wird, wollen wir nicht langfristig das in Frage stellen, was wir Zivilisation nennen.[9] Die Wahl markiert die letzte Gelegenheit, unser Land noch auf einen Emissionsreduktionspfad zu führen, der zumindest halbwegs mit dem 1,5-Grad-Ziel des Pariser Klimaabkommens kompatibel ist und damit verhindert, dass unser Planet Kipppunkte überschreitet, hinter denen die Klimakrise eine nicht mehr aufhaltbare Eigendynamik entwickelt.[10]

Das Ambitionsniveau der Antworten auf die Klimakrise, die die Physik unseres Planeten mittlewile erzwingt, wird gesellschaftlich nur durchsetzbar sein, wenn Klimapolitik Menschen begeistert und sie diese als große Chance begreifen. Als Chance, Millionen gute Arbeitsplätze und eine stärkere öffentliche Daseinsvorsorge entstehen zu lassen und für uns alle ein besseres und lebenswerteres Umfeld in den Städten und auf dem Land zu gestalten. Und als Möglichkeit, zugleich Antworten auf die sozialen Verwerfungen der Coronakrise und die rasant steigende Ungleichheit im Land zu liefern. Indem Klimapolitik transformativ ist, das Ökologische und das Soziale zusammen denkt.

Hierfür müssen alte Frontstellungen überwunden werden – in progressiven Parteien ebenso wie auf zivilgesellschaftlicher Seite zwischen Bewegung und Gewerkschaften. Klimaschutz und Soziales darf nicht zu einem Bargaining werden, bei dem wie in der Kohlekommission Umweltbewegung und Gewerkschaften miteinander ringen – und am Ende die Umweltseite krachend unterliegt.[11] Sondern beide Seiten müssen gemeinsam an den besten transformativen Antworten arbeiten.

Anschlussfähige Narrative platzieren

Ein angemessener Wandel, gesellschaftliche Modernisierung und mutige Antworten auf die großen Herausforderungen der Zeit – mit diesen der Zukunft zugewandten Narrativen gelang 1998 der Regierungswechsel.

In 2021 braucht es genau dies: Eine Erzählung von Wandel und Aufbruch, die aber gleichzeitig dem Bedürfnis der Menschen nach Sicherheit und Stabilität entspricht. Denn einerseits besteht in großen Bevölkerungsteilen der Wunsch nach Veränderung und der Lösung der epochalen Herausforderungen unserer Zeit. Andererseits gibt es besonders vor dem Hintergrund der Coronakrise den Bedarf nach Sicherheit und Halt. Genau diese auf den ersten

261

Blick konträren Bedürfnisse versuchen die Grünen klug zu vereinbaren, wenn sie ihr neues Grundsatzprogramm mit »Veränderung schafft Halt« überschreiben.[12]

Gerade wenn Antworten auf die Klimakrise im Zentrum einer linken Erzählung stehen sollen, mit der sich auch progressive Mehrheiten erstreiten lassen, braucht es anschlussfähige Botschaften. Doch wie sehen diese genau aus? Wie sehr muss die Kommunikation die Gefahren der Klimakrise betonen und wie sehr eher Botschaften der Hoffnung aussenden? Wie nah sollte sie an den Lebensrealitäten der Menschen anknüpfen und wie macht sie Mut und Lust auf Veränderung, reißt mit und begeistert? Wie lassen sich gute Antworten auf die sozialen Folgen formulieren – damit nicht nur ein grün-arriviertes Bildungsbürgertum sich davon angesprochen fühlt, sondern auch sozial Benachteiligte und Marginalisierte in der Gesellschaft?

Hierauf braucht es dringend Antworten: Wir als Campact arbeiten derzeit daran, mit einer guten Mischung aus Methoden der qualitativen und quantitativen Sozialforschung wie etwa Fokus-Gruppen, Frame-Testing und Umfragen zu verstehen, wie unsere 2,4 Millionen Unterstützer*innen, aber auch das progressive Milieu insgesamt die politische Lage und die Bedeutung der Wahl interpretieren. Sobald belastbare Ergebnisse vorliegen, wollen wir sie mit vielen Akteur*innen teilen, um auch datenbasiert an guten Erzählungen zu feilen.

Gut choreografierte Abwehr von Gegenangriffen

Der Atomausstieg, die ökologische Steuerreform, das Dosenpfand – etliche ökologisch fortschrittliche Vorhaben trafen unter Rot-Grün auf gut organisierten Widerstand von Großunternehmen und Kapitalinteressen. Und wurden pulverisiert. Bei einem progressiven Transformationsprojekt in der nächsten Legislaturperiode ist mit ähnlich massivem Widerstand in noch weit mehr Politikfeldern zu rechnen – von Unternehmensverbänden, rechten Medien und Finanzmarktakteur*innen.

Entscheidend wird daher sein, bei vielen progressiven Politikvorhaben zu zeigen, dass breite gesellschaftliche Mehrheiten hinter ihnen stehen. Hierfür ist ein gutes Zusammenspiel von Bewegung und progressiver Regierung elementar. Bewegungen können diesen Mehrheiten mit der Vielzahl ihrer Protestformen virtuell und auf der Straße Ausdruck verleihen. Und die elektorale Legitimierung der progressiven Mehrheit entsprechend unterfüttern.

Entscheidend ist zudem, die Polarisierung von von einzelnen Politikvorhaben besonders betroffenen Partikularinteressen zu vermeiden. Wie eine solche Polarisierung aussehen kann, haben die vom Deutschen Bauernverband massiv vorangetriebenen Proteste von Landwirt*innen unter dem Motto »Land schafft Verbindung« Anfang 2020 gezeigt. Schon sehr zaghafte Versuche der Großen Koalition, Maßnahmen gegen das Insektensterben zu erlassen, trafen auf bestens choreografierten Widerstand. Die Rolle von progressiven Bewegungen muss es hier sein, gute Gegenerzählungen zu platzieren und gleichzeitig Brücken zu bauen.

Dies gelang gegenüber »Land schafft Verbindung« etwa durch die Arbeitsgemeinschaft bäuerliche Landwirtschaft (AbL). Sie unterstützt den Wunsch vieler Verbraucher*innen nach einer bäuerlichen und nachhaltigen Landwirtschaft – besteht aber auch auf einer entsprechenden monetären Honorierung der hierfür von Bäuer*innen erbrachten Leistungen.

Massive Gegenwehr von gut organisierten Lobby- und Klientelinteressen, Konflikte aufgrund gegensätzlicher Positionen innerhalb der Koalition, Verwerfungen zwischen Regierung und Bewegungen – sehr schnell kann der Druck auf ein progressives Regierungsprojekt sehr groß werden und es zum Scheitern bringen. Überzeugende und weit ausgreifende Erzählungen und ein gutes Zusammenspiel von Regierung und Bewegung können hingegen einen wichtigen Beitrag dazu leisten, ein progressives Regierungsprojekt zum Erfolg zu führen.

Ziel eines solchen Projekts muss es sein, bei den Wahlen 2025 bestätigt zu werden – so wie das gerade der progressiven Regierung in Neuseeland eindrucksvoll gelang.[13] Schließlich werden der Umfang und die Tiefe des Transformationsprozesses mindestens zwei Legislaturperioden in Anspruch nehmen. Auf dass die 2020er Jahre ein Jahrzehnt tiefgreifenden Wandels und gesellschaftlichen Aufbruchs werden.

Anmerkungen

1 Vgl. DIW Berlin: »20 Jahre Ökosteuer: finanz- und sozialpolitisch top, umweltpolitisch ein Flop«. https://www.diw.de/de/diw_01.c.617690.de/20_jahre_oekosteuer_finanz...mweltpolitisch_ein_flop.html (Stand: 3. Januar 2021).

2 Vgl. Wolfrum, Edgar: *Rot-Grün an der Macht: Deutschland 1998–2005.* München 2013.

3 Vgl. Lachmann, Günther (2013): »Die rot-grünen Regierungsjahre als umfassendes Reformprojekt«. https://www.deutschlandfunkkultur.de/die-rot-gruenen-regierungsjahre-als-umfassendes.1270.de.html?dram:article_id=263992 (Stand: 3. Januar 2021).

4 Vgl. Steinmetz, Vanessa/Pauly, Marcel (2019): »Datenanalyse zur Europawahl: Grüne holen Millionen Stimmen von SPD und Union«. https://www.spiegel.de/politik/ausland/eu-wahl-die-gruenen-holen-mehr-als-zwei-millionen-stimmen-von-spd-und-union-a-1269092.html (Stand: 3. Januar 2021).

5 Vgl. Bundesregierung (2017):»Regelungspaket in Kraft getreten: Kein Fracking in Deutschland«. https://www.bundesregierung.de/ breg-de/aktuelles/kein-fracking-in-deutschland-321100 (Stand: 3. Januar 2021).

6 Vgl. Campact-Blog (2016):»4 Jahre Fracking-Kampagne: Was unser Protest bewirkt hat«. https://blog.campact.de/2016/07/4-jahre-fra cking-kampagne-was-unser-protest-bewirkt-hat/ (Stand: 3. Januar 2021).

7 Vgl. Bundesregierung (2020):»Kaufprämie für Elektroautos erhöht«. https://www.bundesregierung.de/breg-de/themen/energiewende/kauf praemie-fuer-elektroautos-erhoeht-369482 (Stand: 3. Januar 2021).

8 Vgl. Wiesenthal, Helmut (2010):»Was ist schiefgelaufen auf dem ›Dritten Weg‹?«. https://www.boell.de/de/navigation/akademie-dritte-weg-sozialdemokratie-9474.html (Stand: 3. Januar 2021).

9 Vgl. Ulrich, Bernd: *Alles wird anders: Das Zeitalter der Ökologie.* Köln 2019.

10 Vgl. Wallace-Wells, David: *The Uninhabitable Earth: Life After Warming*, New York 2019.

11 Vgl. Süddeutsche Zeitung (2020):»Kohlekommission: ›Klimapolitischer Unsinn und energiepolitischer Irrsinn‹«. https://www.sueddeut sche.de/politik/kohlekommission-bundesregierung-1.4765446 (Stand: 3. Januar 2021).

12 Vgl. Bündnis90/Die Grünen (2019):»Grundsatzprogramm ›… zu achten und zu schützen …‹ – Veränderung schafft Halt«. https://cms. gruene.de/uploads/documents/20201218_Grundsatzprogramm_2020. pdf (Stand: 3. Januar 2021).

13 Vgl. Senzel, Holger (2020):»Parlamentswahl in Neuseeland: Historischer Wahlsieg für Ardern«. https://www.tagesschau.de/ausland/ neuseeland-wahl-ardern-103.html (Stand: 3. Januar 2021).

Matthias Miersch
KLIMASCHUTZ GEHT NUR GEMEINSAM

Der 27. September 2019

Es war der 27. September 2019. Wir saßen mit Vertreter*innen der Umweltverbände und Aktivist*innen von Fridays for Future im Willy-Brandt-Haus. Wir, das waren Bundesumweltministerin Svenja Schulze, der damalige kommissarische Parteivorsitzende Thorsten Schäfer-Gümbel und ich. Es ging um das einige Tage zuvor mit der CDU/CSU ausgehandelte Klimapaket, das nun mehrfach im Gespräch als »Klimapäckchen« verspottet wurde. Die Stimmung war hochemotional. Wir betonten, wie stolz wir auf die erreichten Punkte waren: das Klimaschutzgesetz, für das die SPD-Bundestagsfraktion seit zehn Jahren gekämpft hatte und das vor wenigen Wochen von einflussreichen Unionspolitikern noch als planwirtschaftliches Monstrum diffamiert wurde, oder der Kohleausstieg. Aber die von uns erhoffte Anerkennung blieb völlig aus. Es sei ein Päckchen, das den Ansprüchen in keiner Weise gerecht werde. Das Gespräch endete wie noch kein Gespräch zuvor. Es blieb Frust auf allen Seiten.

Ich beginne mit dieser Begebenheit, weil sie für mich im Rückblick so viel ausmacht. Da sitzen drei Sozialdemokrat*innen und erhoffen sich Unterstützung und Motivation nach gerade sehr komplizierten Verhandlungen mit CDU/CSU, und dann kommt die schonungslose Reaktion der im Geiste und in der Sache Verbündeten. Und es ist ja richtig: Wenn wir nur innerhalb der SPD verhandelt hätten, wäre für das Klima mehr herausgekommen, wenngleich wir bei dieser Frage auch innerhalb unserer Partei seit Jahren über die Frage des Zusammenhangs Klima, Wirtschaft und soziale Gerechtigkeit ringen. Aber richtig ist auch: Umweltverbände müssen Anwalt einer Sache sein, und deshalb war möglicherweise dieser harte Zusammenstoß am 27. September unausweichlich.

Diese Begegnung zeigte erneut auf, dass Realpolitik nicht immer den Erwartungshaltungen unterschiedlicher Interessengruppen gerecht werden kann und auf Kompromisse angewiesen ist. Das gilt insbesondere, wenn für eine progressive Klima- und Energiepolitik keine Mehrheit im Deutschen Bundestag besteht. Realpolitik birgt aber auch Frustrationspotenzial, wenn Aktivist*innen in den Bewegungen und Verbänden das Vertrauen in progressive Parteien verlieren, dass dort überhaupt akzeptable, nachhaltige Ergebnisse erzielt werden können. Dieses Karussell aus Schuldzuweisungen unter Verbündeten lässt sich dann kaum mehr anhalten. Dabei verliert man jedoch das Wesentliche aus dem Blick: Die eigentlichen Blockierer*innen stehen gelassen daneben und freuen sich über das Spektakel.

Die entscheidende Frage ist also, wie ein konstruktives Gelingen im Bereich des progressiven Lagers erreicht werden kann. Wenn SPD, Grüne und LINKE einschließlich der NGOs es nicht schaffen, mit Empathie und Vertrauen füreinander im Sinne des gemeinsamen Ziels der maximalen Begrenzung der Erderwärmung zusammenzustehen, droht der Durchmarsch der Gestrigen. Oder es kommt sogar zu massiven Rückschritten, wie wir es vor einigen Jahren in den USA erlebt haben, als die Demokrat*innen weite Wähler*innenschichten außer Acht ließen mit der Folge, dass vor allem auch die Industriearbeiter*innen einen Mann zum Präsidenten wählten, der als eine der ersten Amtshandlungen das Pariser Klimaschutzabkommen kündigte. Es gilt, einen Weg zu finden, der die Mehrheit der Bevölkerung für eine progressive Allianz begeistert und der keine Gruppe entstehen lässt, die sich so verlassen fühlt, dass sie für das gesamte Konstrukt gefährlich werden kann. Wir erleben Ansätze davon, wenn in Landtagswahlkreisen die AfD über 30 Prozent der Stimmen erhält. Was heißt das nun konkret?

Die sozial-ökologische Transformation als progressives Projekt

Keine anderes Bündnis als eines der progressiven Parteien wäre derzeit in der Bundesrepublik Deutschland besser in der Lage, die große Herausforderung des Klimawandels in den Griff zu bekommen. Die Auseinandersetzungen innerhalb der Großen Koalition oder auch in den schwarz-grünen Länderregierungen sind dafür ein Beleg. Deshalb gilt es, die Energiewende viel größer zu denken und daraus ein Transformationsprojekt für alle zu formulieren. Das betrifft die nationale und vor allem auch die internationale Ebene. Gefragt ist ein Projekt, das nicht vom Verzicht, sondern vom Mehrwert lebt! Dabei kommt der *Gemeinwohlorientierung* eine zentrale Aufgabe zu. Nicht zuletzt die Corona-Pandemie hat gezeigt, dass nur ein handlungsfähiger Staat Krisen bewältigen kann. Die Verletzlichkeit des Gesundheitswesens ist eng auf den Transformationsprozess übertragbar. Da, wo »der Markt« regierte, wurden wichtige Strukturen in den letzten Jahren beschädigt. Natürlich werden sich einige immer alles leisten können, wenn »der Markt« regiert. Der Markt ist aber nicht nachhaltig. Er ist weder gerecht, noch ökologisch weitsichtig oder wirtschaftspolitisch vernünftig. Deshalb steht ein neuer Gesellschaftsvertrag an. Neue Regeln müssen her. Die Orientierung am BIP oder DAX muss aufhören. Wir brauchen neue Indikatoren, an denen sich der Fortschritt der Gesellschaft messen lässt.

Und gleichzeitig bedarf es neuer politischer Instrumente, die das Regierungshandeln transparent und steuerbar machen: Das Klimaschutzgesetz ist dafür ein gelungenes Beispiel. Es bietet erste Anhaltspunkte und jährliche Vorgaben für die Senkung des CO_2-Ausstoßes, und zwar sektorspezifisch u. a. in den Bereichen Mobilität, Gebäude, Energie und Landwirtschaft. Damit wird der CO_2-Ausstoß zum Indikator und gleichzeitig verbunden mit einem gesetzgeberischen Element, das künftigen Regierungen nicht mehr erlaubt, Ziele zu schleifen. Weitere Indikatoren könnten die Ressourcenschonung oder die Stoffkreislaufbilanz sein.

Gleichzeitig bedarf es sozialer Parameter. Diese sind ebenso wichtig, was sich exemplarisch an den Auswirkungen der CO_2-Bepreisung zeigt. Sie spielt unter ökologischen wie auch sozialen Gesichtspunkten eine wichtige Rolle. Es ist richtig und notwendig, dem Ressourcenverbrauch einen Preis zu geben. Allerdings darf eine Lenkungswirkung erst erfolgen, wenn auch ausreichende Alternativen zur Verfügung stehen. Andernfalls wird die CO_2-Bepreisung zu einem rein neoliberalen Element. Deshalb könnte der Preis von nachhaltigen Mobilitätsangeboten ein sozialer Parameter sein. Nur muss dann auch eine nachhaltige Mobilität möglich sein, und zwar nicht nur in Ballungsräumen, sondern auch in ländlichen Regionen. Um diese Alternativen aufzubauen, muss es innerhalb des neuen Gesellschaftsvertrages eine neue Form staatlicher Finanzierung geben. Vorbilder können Genossenschaftsmodelle sein, aber auch neue Finanzierungsformen und Investitionen in Form von nachhaltigen Staatsanleihen oder Nachhaltigkeitsfonds für alle. Damit einhergehend braucht es natürlich auch eine ökologische Steuerreform, die den Abbau umweltschädlicher Subventionen vorsieht. Das kann aber nur gelingen, wenn Alternativen geschaffen werden, weil andernfalls z. B. die Abschaffung der als umweltschädliche Subvention bezeichneten Pendlerpauschale als wichtige Kompensation für erhöhte Fahrtkosten auf dem Land für soziale Verwerfungen sorgen kann.

Um diese Alternativen aufzubauen, bedarf es einer neuen Ausrichtung auf den Begriff der Daseinsvorsorge. Fast alle Infrastruktureinrichtungen sind betroffen: die Stromnetze, die Wärmenetze, die Schienen, der ÖPNV und die Telekommunikation.

Der Staat der sozial-ökologischen Transformation bietet einen Mindeststandard im Bereich Wohnen und Mobilität, der weitaus höher ist als heute! Unendliche Energiequellen können den Schlüssel dafür bieten, aus dem Allgemeingut heraus gerecht für alle zu sorgen. Sie müssen allerdings erschlossen werden. Der maximale Ausbau der erneuerbaren Energiequellen ist somit ein weiterer Schlüssel für ein rot-rot-grünes Transformationsprojekt. Wichtig sind dabei kommunale Demokratiemodelle einer verstärkten Bürger*innenbeteiligung, die vor Ort für Akzeptanz und nachhaltige Planung sorgen können. Damit geht die Möglichkeit einher, sich an der Wertschöpfung im Bereich der erneuerbaren Energien beteiligen zu können, und zwar egal, ob mit großem oder kleinem Geldbeutel sowie unabhängig davon, ob man auf dem Land oder in der Stadt wohnt. Der Aspekt des Ausbaus der erneuerbaren Energien bietet zudem auch international eine große Chance, die Energiewende zu einem sozial-ökologischen Projekt zu machen. Gerade Länder der Dritten Welt können sich von Abhängigkeiten befreien, indem auf unendliche Energien zurückgegriffen wird. Notwendig ist dafür allerdings ein gerechter Wissenstransfer.

Der Umgang miteinander – Demokratie neu leben
Wenn wir uns darüber einig sind, dass eine sozial-ökologische Transformation progressiver Kräfte bedarf, um

gelingen zu können, kommen wir nicht umhin, die Basis dafür zu hinterfragen und zu erneuern. Es ist nämlich ein erheblicher Unterschied, ob eine Partei Regierungsverantwortung trägt oder in der Opposition politischen Druck ausübt. Selbstverständlich ist es das Recht und die Pflicht der Opposition, die Regierung zu treiben. Problematisch wird es, wenn die Gesetzmäßigkeiten der Demokratie negiert werden und der Kompromiss nichts mehr zählt. SPD, Grüne und LINKE werden Menschen enttäuschen, wenn sie das im Wettstreit untereinander ausblenden. Die LINKEN haben in der Regierung in Brandenburg die Kohlefrage viel differenzierter betrachten müssen als in der Oppositionsrolle im Deutschen Bundestag. Die Grünen mussten in der Debatte um den Dannenröder Forst erleben, wie sich Aktivist*innen plötzlich gegen sie wendeten, weil die schwarz-grüne hessische Landesregierung das Projekt im Koalitionsvertrag ausdrücklich unterstützte. Und die SPD hat Unverständnis geerntet, wenn sie Kompromisse zu sehr als Erfolg darstellte, obwohl richtige Durchbrüche nicht erkennbar waren. Es wird künftig also maßgeblich darauf ankommen, den richtigen Ton zu treffen, wenn es um die Kritik untereinander geht, und nicht zu vergessen: Die Blockierer sitzen woanders!

Die Frage des Miteinanders stellt sich auch im Verhältnis zu den NGOs. Als jemand, der die Kohlekommission mitinitiiert hat, überlege ich heute, ob dieser Schritt richtig gewesen ist. Plötzlich wurden Anwälte zu Richtern im politischen Diskurs. Ist eine klare Rollenverteilung nicht sinnvoller, um z. B. Vertreter*innen von Umweltorganisationen frei zu halten von innerverbandlichem oder außerparlamentarischem Druck? In der Kohlekommission haben alle mit Ausnahme einer Vertreterin einer Kohleregion einem Kompromiss zugestimmt, der die Abschaltung des letzten Kohlekraftwerkes im Jahr 2038 vorsah mit der Option, dieses auch bereits 2035 zu vollziehen, wenn die Voraussetzungen stimmen. Ausdrücklich wurde aufgrund der Planungs- und Rechtssicherheit empfohlen zu versuchen, Verträge mit den Braunkohlebetreibern zu schließen. Genau das waren dann aber die Kritikpunkte, die in der öffentlichen Diskussion im Zusammenhang mit dem Kohleausstiegsgesetz am lautesten geäußert wurden. Die Erwartung, dass sich die Kommissionsmitglieder vollständig hinter diese Entscheidung stellen, konnte wohl nicht erfüllt werden. Umso mehr ist es aber auch hier Aufgabe des progressiven außerparlamentarischen und parlamentarischen Lagers, die Wertschätzung für die jeweiligen Rollen nicht zu vernachlässigen. Ich glaube nicht, dass es zielführend ist, wenn die Demonstrationen nur innerhalb des progressiven Spektrums stattfinden, weil der anderen Seite nichts mehr zugetraut wird und von dieser »sowieso nichts erwartet wird«.

Wenn wir den Umgang untereinander berücksichtigen, können wir die enormen Potenziale des Transformationsprozesses auch für die Belebung demokratischer Prozesse heben. Die notwendigen Weichenstellungen im Bereich der Energieversorgung, Mobilität, Gebäudewirtschaft oder Landwirtschaft lassen sich nicht alleine auf europäischer oder nationaler Ebene lösen. Mehr als aktuell ist das Motto »Global denken, lokal handeln«. Der massive Ausbau der erneuerbaren Energien wird nur gelingen, wenn sich gegenüber den lauten Initiativen gegen einen Windpark die nach Umfragen weitaus in der Mehrheit befindliche Gruppe der Befürworter*innen klar artikuliert. Hier bieten Bürger*innenräte eine wertvolle Ergänzung zur Kommunalpolitik, weil sie z. B. vom Rat delegiert den Ausbau der erneuerbaren Energien vor Ort skizzieren und dafür werben können. Das gilt auch für den Mobilitätssektor, wenn in Foren Einzelhandel, Umweltgruppen und Sozialverbände über die umweltgerechte, barrierefreie und bezahlbare Mobilität der Zukunft diskutieren. Hier wird es maßgeblich darum gehen, kollektive Transportmöglichkeiten nicht nur in Ballungsräumen zu stärken. Schließlich wird durch die Möglichkeit, eine dezentrale Energieversorgung zu organisieren, eine Renaissance der kommunalen Stadtwerke einschließlich der kommunalen Wertschöpfung geschaffen. Projekte, an denen sich Bürger*innen auch mit kleinen Anteilen beteiligen können, bieten Chancen der Identifikation und Partizipation in der Transformation. Die Idee einer belebenden Demokratisierung sollte somit ein wichtiges Element einer progressiven Erzählung sein.

Annton Beate Schmidt
EINE BETRACHTUNG ZUR SOLIDARITÄT

Ich bin in einem kleinen Reihenhaus aufgewachsen, in einem kleinen Ort im Taunus, nicht in Armut, aber bei weitem auch nicht in Reichtum. Ich erinnere mich deutlich daran, dass es häufig Diskussionen über Geld gab, oder vielmehr über dessen Mangel. Meine Eltern, eher bescheidene Menschen, arbeiteten beide in Dienstleistungsberufen, und sie nahmen ihre Aufgaben sehr ernst. Das Recht des Stärkeren gab es in unserer Familie nicht. Im Gegenteil, Menschen, die sich über andere stellen und daraus Rechte ableiten, wurden zutiefst verachtet. Zwischen meinen Geschwistern und mir wurde zwar zuweilen versucht, Rechthaben mit Lautstärke zu erreichen oder mit geschickter Schummelei. Wirklich ans Ziel kamen wir damit jedoch nicht. Im Gegenteil, wir bissen bei unseren Eltern auf Granit und wurden am Ende auch noch moralisch in die Ecke gestellt. Kein schönes Gefühl, aber in meiner Familie gibt es seit ich denken kann einfach ein ausgeprägtes Bewusstsein für Gerechtigkeit und Moral und gegen Rücksichtslosigkeit. Es galt, anderen Menschen unabdingbar mit Respekt zu begegnen, sie nicht aufgrund irgendwelcher Merkmale zu diskriminieren oder ihnen gar Leid anzutun – natürlich aus einer subjektiven Perspektive heraus . Diese Punkte sind tatsächlich heute noch mein moralischer Kompass. Einer der wichtigsten Grundsätze in meiner Erziehung war sicherlich auch, dass Menschen, die Hilfe benötigen, Hilfe bekommen müssen. Solidarität als verbindendes Glied innerhalb jeder Gruppe von Menschen, sei es unter Geschwistern oder der Gesellschaft als Ganzes. Alles andere wäre inhuman und falsch, befanden meine Eltern. Wahrscheinlich zog ich deshalb eines Tages, ich muss acht oder neun Jahre alt gewesen sein, mit zwei Freundinnen und mit Tüten voller von uns ausrangierten Spielzeugs los, um es bei einem kleinen improvisierten Flohmarkt auf dem Bürgersteig vor unserem Haus zu verkaufen. Wir fühlten uns großartig, als wir unsere alten Schätze dort aufbauten. Unsere Idee war, das eingenommene Geld an behinderte Kinder zu spenden. Wir hatten in der Schule eine Dokumentation über Kinder mit Kinderlähmung gesehen – und über eine Organisation, die sich um diese Kinder kümmerte. Dieser Organisation wollten wir das Geld zukommen lassen. Als meine Mutter von der Arbeit kam und uns da um unsere karierte Decke und die ausrangierten Plüschtiere drapiert sah, fiel ihr Blick auf unser selbstgebasteltes Schild über Sinn und Zweck der Aktion. Sie schnappte kurz nach Luft, lief rot an und befahl mir in knappen Worten, sofort mein Zeug einzusammeln und auf der Stelle ins Haus zu kommen. Ich verstand die Welt nicht mehr. Reichlich verunsichert packte ich unter den nicht minder verwirrten Blicken meiner Mitstreiterinnen meine Sachen zusammen, griff meine Krücken und schwang mich nach drinnen. Meine Mutter empfing mich, noch immer sichtbar wütend, am großen Tisch in der Essecke, wo sie mir eine ordentliche Standpauke hielt, dass sie nie wieder sehen möchte, wie ich für *so etwas* Geld sammeln würde. *So etwas*, betonte sie ein weiteres Mal. Gerade mich nicht. Dabei deutete sie auf meine Krücken. Sie brachte das derart bestimmt vor, dass ich nicht nur anfing zu heulen, sondern mich ab diesem Tag, und meine gesamte Kindheit und Pubertät hindurch, strikt an ihre Worte gehalten habe. Auch wenn ich an diesem Nachmittag nicht wirklich verstand, worüber sie sich so aufregte. Meine Freundinnen und ich hatten es doch nur gut gemeint. Was ich allerdings verstand, war die Tatsache, dass die Sache mit der Solidarität wohl so einfach nicht war, und dass der Punkt, dass ich selbst ein behindertes Kind war, irgendetwas damit zu tun haben könnte.

Seit diesem Nachmittag ist viel Zeit vergangen, und als behinderte Frau habe ich mich über die Jahre oft mit Fragen der Solidarität befasst. Manchmal, weil ich sie brauchte und dafür Formulierungen finden musste, aber sehr viel öfter, weil ich Erklärungen dazu abgeben sollte. Betrachten wir einmal, welche Bedeutungen Solidarität alleine für den deutschsprachigen Raum bereithält. Der Begriff begegnet uns tatsächlich ziemlich häufig. Politiker*innen etwa verwenden ihn, wenn sie ihre Wahlprogramme propagieren und davon sprechen, dass wir als Gesellschaft solidarisch sein müssen. Dabei geht es dann in der Regel um Gesundheits- und Steuersysteme. Wir hören vom Grundsatz der Solidarität immer wieder im Zusammenhang mit Glaubensgemeinschaften, dass wir aufeinander achtgeben sollen, oder dann, wenn zu Petitionen aufgerufen wird. So zum Beispiel, wenn in diesen Petitionen Solidarität mit Geflüchteten gefordert wird und im Zuge dessen Politiker*innen dazu aufgefordert werden, das Sterben auf dem Mittelmeer zu beenden.

Den Begriff Solidarität in diesem Kontext bemühen zu müssen, verursacht mir derartige Schmerzen, dass es mir nicht gelingt, leichtfüßig darüber hinwegzuschreiben. Also werde ich für einen kurzen Moment ausholen und hier meinen Eindruck auseinandersetzen, wie sehr in diesem Fall der Ruf nach Solidarität den eigentlichen Skandal hinter einer solchen Diskussion verwässert. Wir leben hier in Europa mehrheitlich in Demokratien, was auch bedeutet, wir haben uns darauf geeinigt, dass das Recht die Schwächeren schützt. Oder in diesem Fall diejenigen in Not. Wenn wir als Gesellschaft – und damit meine ich die politischen Entscheider*innen, die die Bedingungen dafür schaffen *und* uns als Individuen, die sich nicht lautstark dagegenstellen – uns dafür entscheiden, und genau das geschieht gerade, Menschen *nicht* aus dem Mittelmeer zu retten, sie also sehenden Auges ertrinken zu lassen, widerspricht das sämtlichen Grundsätzen unseres Zusammenlebens, nicht nur dem der Solidarität. Laut dem Flüchtlingswerk der Vereinten Nationen UNHCR starben oder verschwanden seit 2016 – die Erhebung reicht bis in den Oktober 2020 – 11.959 Menschen bei ihrer Flucht über das Mittelmeer. Bei einer solchen Zahl können wir nicht mehr von dramatischen Unfällen oder von schrecklichen Schicksalen sprechen, hier liegt eine strukturelle und systematische Verletzung unserer demokratischen Werte vor. Zum Beispiel des Grundsatzes, dass jeder Mensch ein Recht auf körperliche Unversehrtheit hat. Menschen ertrinken zu lassen, verstößt so massiv gegen diesen Grundsatz, dass das nicht mit Solidarität gegenüber den Opfern behoben werden kann, sondern dieses Unrecht dringend an die adressiert gehört, die daran beteiligt sind oder es dulden. Seien es Parteien, Politiker*innen oder Menschen vor Ort, die sich angesichts der Seenot dazu entschließen, Boote von Geflüchteten zurück aufs Meer zu ziehen oder mit ihren Schiffen abzudrehen, anstatt das einzig Richtige zu tun und in Eigenverantwortung Menschenleben zu retten. Es gilt, sich bedingungslos gegen diese Praxis zu stellen und klar auszusprechen, dass wir nicht gewillt sind, mit solchen Methoden unser aller Recht auf ein unversehrtes Leben zur Disposition zu stellen. Wir dürfen diese Basis unter keinen Umständen aufgeben, wenn wir unsere Grundwerte nicht ebenfalls rettungslos über Bord werfen wollen.

Ich habe den Eindruck, dass uns die Dramen auf dem Mittelmeer und die Geflüchtetenthematik an sich viel über unsere eigenen Erzählungen und Machtstrukturen zeigen. Vielleicht ist das auch einer der Gründe dafür, warum die Diskussionen darüber seit Jahren und in vielen Fällen so rechtspopulistisch geführt werden, wenn im Grunde doch alle Beteiligten sehr genau wissen, dass das nicht hinnehmbar ist.

Zurück zur Solidarität: Man begegnet dem Begriff ziemlich inflationär in der Vorweihnachtszeit, wenn unzählige Spendenanfragen ins Haus flattern oder große Fernsehsender Stunden mit Galaveranstaltungen füllen, in denen sie um Geld bitten. Eine der größten Veranstaltungen dieser Art, »Ein Herz für Kinder«, hat im Dezember 2019 an einem einzigen Abend eine Summe von 18.097.586 Euro erzielt (Quelle ZDF–Mediathek). Erst einmal klingt das beeindruckend und es ist im Grunde auch nichts verkehrt daran, an die Verantwortung jedes*jeder Einzelnen gegenüber den Mitmenschen zu erinnern. Solche Veranstaltungen sind aber im Grunde nichts weiter als paternalistische Konzepte der Gnade. Wir, die haben, geben denen ein bisschen, die nichts haben. Dabei werden dann auch diejenigen mit eingebunden, die sich eine Fünf-Euro-Spende wirklich zweimal überlegen müssen, weil sie selbst nur mühsam ihren Lebensunterhalt bestreiten können. Für ein paar Stunden Licht in das dunkle Leid anderer zu bringen, in ihrem Schatten eine kleine Kerze aufzustellen, um sich somit gegen genau diesen Schatten abgrenzen zu können, verschafft den Spendenden für einen kurzen Moment ein gutes Gefühl. Leider hinterfragen solche Solidaritätsfeste nur sehr selten Privilegien und die Strukturen dahinter. Sie akzeptieren einen vermeintlichen Status quo, ohne nach Ansätzen zu suchen, die Bedingungen für alle zu verbessern. Sie ziehen nicht in Betracht, dass die anderen Menschen, die nichts mit einem selbst gemein haben, weil es ja die Anderen sind, *strukturell* benachteiligt oder diskriminiert sind und weniger Teilhabemöglichkeiten an der Gesellschaft haben. Solidarität, wenn sie so erzählt wird, kommt nicht nur bevormundend, sondern gönnerhaft daher. Ihr Prinzip setzt voraus, dass es Situationen geben wird, in denen jemand entscheidet, dass Solidarität durchaus Grenzen hat und es legitim ist, sie jetzt zu beenden. Nach dem Motto, irgendwann ist dann aber auch mal Schluss. Anstatt um ernst gemeinte Solidarität geht es im Grunde um Wertung und um das eingewobene Privileg von Macht. Betrachten wir es einmal anders und fragen uns: Wenn eine solche Summe wie die in dem aufgeführten Beispiel an nur einem Abend erzielt werden kann, wie viel könnten wir dann eigentlich wirklich an den Bedingungen für uns alle ändern, wenn wir ernsthaft über Umverteilung und Verantwortung innerhalb unserer Gesellschaft diskutieren würden, anstatt uns mit aufwendigen Charity-Veranstaltungen zu beruhigen?

Es gibt da durchaus andere Erzählungen zur Solidarität. Neuseeland, wo ich einige Jahre gelebt habe, ist ein erstaunliches Beispiel dafür, wie der Diskurs gleichberechtigt geführt werden kann. Die Kiwis, so bezeichnen sich die Einwohner*innen Neuseelands stolz, halten Solidarität ebenfalls für ein wichtiges gesellschaftliches Bindeglied. Allerdings betrachten sie diese Solidarität wesentlich weniger prätentiös. Es ist ganz einfach. Sollte etwa ein kleines Ladengeschäft irgendwo im Land gut laufen, dann geschieht dies nur, weil es den Menschen, die in der Umgebung des Ladens leben, gut geht. Ihr Einkauf ist die Grundlage für den Erfolg der Geschäftsinhaber*innen. Wenn es den Menschen und der Umgebung nicht gut geht, dann wird auch der Laden Einbußen hinnehmen müssen. Also ist es ein neuseeländischer Grundsatz, im-

mer etwas an die Community zurückzugeben; Projekte zu
fördern, den Ausbau von Infrastruktur mitzufinanzieren,
einen Spielplatz zu errichten usw. Diese Investitionen
werden nicht ausschweifend gefeiert, sie gelten als selbstverständlich, und wer nicht an die Umgebung zurückgibt,
wird einen solchen Laden nicht lange halten können. Solidarität wird in Neuseeland grundsätzlich als dynamischer
Prozess gesehen, der davon ausgeht, dass es keinem Menschen ohne seine Mitmenschen gelingt, die eigenen Ziele
zu erreichen. Eine Dichotomie, wie wir sie oft heranzie-
hen, existiert in den dortigen Erzählungen über Solidarität
schlicht nicht.

Eine Bewertung unseres Solidaritätsbegriffes gelingt
nicht, ohne sich auch mit den Erzählungen davon auseinanderzusetzen, wie wir die Attribute Stärke und Schwäche
besetzen. Wen wir für stark oder schwach halten, ist gesellschaftlich geprägt: Jahrhundertelang wurden z. B. Frauen
als das schwächere Geschlecht verstanden und wahrgenommen. Und vielleicht denken Sie jetzt gerade, das stimme ja irgendwie auch, also so rein körperlich zumindest.
Während ich an diesem Text schreibe, befinden wir uns
inmitten einer weltweiten Pandemie. Corona bestimmt gerade unseren Alltag und zwingt uns, unsere bisherigen Perspektiven zu überdenken. Es ist zum Beispiel festzustellen,
dass die, die in unseren traditionellen Erzählungen – vor
allem den Erzählungen von Maskulinität – die vermeintlich Starken sind, die sogenannten Gesunden, die Jungen
oder Männer im Allgemeinen, überhaupt nicht die sind, die
bisher besonders gut durch diese Pandemie navigiert sind.
Zwar infizierten sich alle Geschlechter gleich oft mit dem
Coronavirus, aber Männer haben sehr viel häufiger einen
schweren Verlauf und sterben bisher auch zu einem größeren Prozentsatz daran. Bei den Sterberaten liegt die Verteilung etwa bei einem Drittel zu zwei Dritteln.[1]

Ich bewege mich seit meiner frühesten Kindheit mit Krücken und einem Rollstuhl fort, und mein Körper sieht sehr individuell aus. Weil das für viele Menschen nicht in ihre persönliche Realität einzuordnen ist, hat mir diese Kombination ebenfalls oft das Attribut »schwach« eingebracht. Meine Perspektive ist das nicht. Ich zähle mich vielmehr zu den Menschen, die aufgrund ihres Alltags eine große Resilienz entwickelt haben. Ich weiß genau, wie ich mich kurzfristig auf unerwartete Situationen einstellen kann, habe Strategien erlernt, die mich solche Situationen nicht nur mental überstehen lassen, sondern mich dazu befähigen, sie im Anschluss möglichst positiv zu nutzen. Das sind genau die Kompetenzen, die viele Menschen jetzt dringend brauchen, damit sie etwa die enormen psychischen Belastungen bewältigen können, vor die uns diese Pandemie stellt.

Auch wenn konservative und reaktionäre Stimmen massiv versuchen, an alten, ihnen zuträglichen Erzählungen festzuhalten und lautstark das Anrecht auf ihre Privilegien einfordern – langfristig wird es ihnen nichts nützen. Die alten Strategien werden ihnen nicht mehr helfen, und das Konzept der Solidarität wartet darauf, von uns allen aktiv neu besetzt zu werden. Wir leben in einer solch komplexen Realität, die unmöglich aus homogenen Perspektiven beantwortet werden kann. Wir brauchen möglichst diverse Fähigkeiten und haben auch als Individuen keine andere Chance, als jedem*jeder jetzt Teilhabe an sämtlichen Bereichen und Diskursen zu ermöglichen.

Anmerkungen

1 Quelle: Deutsche Welle, 24.06.2020.

Lars Castellucci
GUT ZUSAMMENLEBEN IN VIELFALT – WAS UNS HINDERT UND WAS ES BRAUCHT

Fast die Hälfte der Bevölkerung sagt laut aktuellen Befragungen im Auftrag der Bertelsmann Stiftung, dass der Zusammenhalt in Deutschland gefährdet sei. Gleichzeitig äußern sich die Befragten überwiegend positiv zu ihrem eigenen direkten Umfeld. Das mag auf den ersten Blick widersprüchlich erscheinen. Es zeigt aber vielmehr, was an gesellschaftlichem Zusammenhalt bereits gelebter Alltag ist und was gleichzeitig an Potenzialen verschenkt wird, wenn es um das ganze Land geht.

Natürlich sind da Herausforderungen, Ereignisse oder auch nur Nachrichten, die das Land betreffen, ohne dass man notwendigerweise unmittelbar betroffen wäre, wie z. B. Migrationsbewegungen, Anschläge oder die gewachsene, sicht- und hörbare gesellschaftliche Polarisierung. Das alles kann Zweifel am gesellschaftlichen Zusammenhalt aufkommen lassen. Umgekehrt zeigt es aber auch den Bedarf, denn ein starker Zusammenhalt kann helfen, auch diese Herausforderungen zu bewältigen. Das Potenzial ist da. Es ist Zeit, es endlich zu heben.

Das geht aber nicht mit den Konservativen. Man könnte ja meinen, dass große Koalitionen mit ihrer immer noch vergleichsweise breiten Basis an Mitgliedern und Wähler*innen besonders geeignet wären, ein gesellschaftliches Versöhnungsprojekt auf die Beine zu stellen. Gerade das kann aber nicht gelingen, weil sich Grundhaltungen der sie tragenden Parteien diametral entgegenstehen. Es beginnt schon beim Bild vom Menschen. Veranschaulichen lässt sich das mit einem Zitat Konrad Adenauers, das der sozialdemokratische Verfassungsvater Carlo Schmid in seinen Erinnerungen überliefert hat: »Was uns beide unterscheidet«, sagte der Altkanzler zu Schmid: »Sie glauben an den Menschen, ich glaube nicht an den Menschen und habe nie an den Menschen geglaubt.« Diesem Verständnis Adenauers folgend braucht der Mensch aus konservativer Perspektive bis heute vor allem eines: ständige Gesetzesverschärfungen. Der bislang unaufgelöste Streit um die Vorratsdatenspeicherung mag dies illustrieren.

Links und rechts wird immer wieder als angeblich überkommene Trennlinie bezeichnet. In Norberto Bobbios gleichnamigem Buch kann man jedoch nachlesen, wie aktuell sie heute noch ist. Denn es geht um den Wert der Gleichheit. Rechte und Konservative betonen die Unterschiede – früher nach Stand, heute noch immer nach Herkunft, Religionszugehörigkeit, Geschlecht oder anderen Merkmalen. Linke betonen hingegen, dass die Menschen frei und gleich geboren sind. Das ist immer wieder als »Gleichmacherei« diffamiert worden. Doch auch wenn die Menschen alle für sich einzigartig und nicht gleich sind, sind sie doch gleich an Würde und Rechten. Das sollte der fundamentale Ausgangspunkt aller Politik sein.

Der Hang, die Unterschiede zu betonen statt das Gemeinsame, entlädt sich immer wieder in ausgrenzenden Debatten. Der frühere Innenminister Thomas de Maizière sprach davon, dass es in Deutschland eine Willkommenskultur geben müsse »für alle, die willkommen sind«. Er entwarf damit eine geteilte Willkommenskultur, die nicht funktionieren kann. Denn sie stellt das Willkommen unter Vorbehalt. Und wer Willkommen unter Vorbehalt stellt, schafft gerade keine Willkommenskultur. De Maizières Nachfolger Horst Seehofer äußerte gleich im ersten Interview nach Amtsantritt, der Islam gehöre nicht zu Deutschland, und nannte später Migration »die Mutter aller Probleme«. Solche ausgrenzenden Debatten, aus der Regierung allzumal, müssen ein Ende haben, sie reißen mit dem Hintern ein, was mit Händen mühsam wieder aufgebaut werden muss.

Und es bleibt ja nicht bei Debatten, sondern es folgt daraus Politik. Ich bin nach 2015 häufig, insbesondere von Engagierten in der Geflüchtetenhilfe, gefragt worden, warum so viele Regeln zur Integration widersprüchlich ankommen oder Lücken aufweisen. Beispielsweise würde doch immer betont, man wolle oder fordere gar Integration, andererseits dürften viele Geflüchtete gar nicht arbeiten, was ihnen Chancen zur Integration nähme. Es bräuchte, so die Ehrenamtlichen, eine Integrationspolitik aus einem Guss. Dem ist zuzustimmen. Genau das ist aber nicht erreichbar, wenn der größere Teil der Koalition im Kern gar keine Integration will, weil einige Menschen in seinen Augen hier im Prinzip nicht hergehören und so bald wie möglich wieder gehen sollen. Wir wissen, dass sich viele der Geflüchteten selbst wünschten, wieder zurückkehren zu können, doch leider bestehen ihre Fluchtgründe fort. Und weil man das alles sowieso nicht vorhersehen kann, ergibt es doch Sinn, Spracherwerb, Bildung, Arbeit und Begegnungen von Tag eins an zu ermöglichen, für alle, unabhängig von einer sogenannten Bleibeperspektive, einfach, weil es zum Menschen gehört, zu allen Menschen.

Man darf aber auch nicht nur auf »die Politik« schauen. Natürlich sollte sie für eine gewisse Orientierung sorgen, in einer Demokratie gehört Vielstimmigkeit aber naturgemäß dazu, Profilierung gelingt am leichtesten über abweichende Stellungnahmen, und Talkshows werden auch interessanter, wenn nicht alle der gleichen Meinung sind. Überhaupt ist Politik nicht etwas, das man nur an eine begrenzte Zahl Haupt- und Ehrenamtlicher abgeben kann, Politik ist die Gestaltung des Gemeinwesens, und dafür sind alle gefragt. Danach handeln auch viele Menschen im Land, auch wenn sie es nicht als Politik begreifen, und sind doch zu leise im Vergleich zu den Lauten, die die Hassreden in den Parlamenten halten oder diesen Hass auf die Straßen tragen und immer öfter schreckliche Taten provozieren. Was es braucht, ist ein großes gesellschaftliches Bündnis, nicht *gegen* irgendetwas, sondern *für* unsere Demokratie und *für* den gesellschaftlichen Zusammenhalt. Etwas, zu dem alle beitragen können. Etwas, das sich nicht in einem Aufruf mit bunten Logos und einer Pressekonferenz bekannter Persönlichkeiten erschöpft. Etwas, hinter dem sich alle versammeln können sollten, was wir alle voneinander erwarten können: Anstand und Respekt. Dafür eine Allianz zu schmieden, unsere freie und offene Lebensform zu feiern, auf dass sie ansteckt und der Welt ein Beispiel gibt!

Gut zusammenleben in Vielfalt ist viel mehr als Integration. Wenn von Integration die Rede ist, sieht man den erhobenen Zeigefinger gleich mit. Da soll sich jemand mal schön integrieren, an die Regeln halten, am besten nett und unauffällig sein, dann kann man vielleicht darüber sprechen, ob er oder sie dazugehört. Zusammenleben dagegen geht davon aus, dass alle dazugehören, die nun mal eben da sind, und dass es auf alle ankommt, damit das funktioniert. Vielfalt bringt als Konzept zum Ausdruck, dass unser Land (seit vielen Jahren) bunter wird. Der erste Schritt besteht darin, die vielen Farben und Schattierungen zu unterscheiden, die die Vielfalt ausmachen. Der

zweite Schritt muss aber sein, diese Vielfalt zusammenzudenken, denn bunt sind wir nur gemeinsam. Fällt diese
Vielfalt in ihre Einzelteile auseinander, wird es dagegen
eintönig. Vielfalt erfordert also mehr als nur das gleichberechtigte Nebeneinander, nämlich ein neues Miteinander.
Verständigen wir uns doch statt auf unterschiedliche, sich
abgrenzende Kulturen auf eine gemeinsame. Auf eine,
die in sich von Vielfalt geprägt ist und sich zudem stets
verändert und damit auch steter Aushandlung bedarf. Das
Zusammenleben in Vielfalt ist eine Daueraufgabe, selbst
wenn überhaupt niemand von irgendwo dazukommt.

Wie schafft man dieses Miteinander? Was hält uns zusammen? Das rechte politische Spektrum sagt: die Nation.
Damit ist in der Regel »das Volk« in einer Bedeutung
gemeint, wie sie auch die Nationalsozialisten verwendet, wenn auch nicht erfunden haben. Das so bezeichnete
»Volk« ist in diesem Verständnis nur teilidentisch mit der
ansässigen Bevölkerung, die sich inzwischen zu bald einem Viertel aus Menschen zusammensetzt, von denen ein
Elternteil oder beide von Geburt her nicht die deutsche
Staatsangehörigkeit hatten. Wiederum etwa die Hälfte
dieser Personen besitzt die deutsche Staatsangehörigkeit
und fragt sich, ob sie damit dann eigentlich dazugehört,
wenn von »wir« oder von »Zusammenhalt in Deutschland« gesprochen wird. Das linke politische Spektrum
versammelte sich bislang am ehesten hinter Jürgen Ha-
bermas und seinem Konzept des Verfassungspatriotis-
mus. Doch es blieb unklar, wie man dieses mit Leben, also
auch mit Gefühl verbinden konnte. Martha Nussbaum betont in ihrem Buch *Politische Emotionen* zu Recht, dass
es notwendig sei, »die Herzen der Bürger anzusprechen
und starke Gefühle für die gemeinsamen Aufgaben zu
wecken«. Auch eine Politik der sozialen Gerechtigkeit
als gesellschaftlicher Kitt ist ihrerseits auf einen gewissen

gesellschaftlichen Zusammenhalt angewiesen, denn sie braucht Mehrheiten und solidarische Grundeinstellungen in der Gesellschaft.

Diese bilden sich aber nicht, wenn man die Vielfalt der Gesellschaft immer nur in ihren Teilgruppen anspricht. Man muss sie konsequent als Ganzes ansprechen. Ich nenne das einfach »Politik für alle«. Menschlichkeit und Solidarität werden wachsen in dem Maße, wie die Menschen im Lande (wieder) das Gefühl haben, selbst gemeint zu sein, wenn jemand von »wir« redet, dazuzugehören, gebraucht oder erst einmal wahrgenommen zu werden. Man darf nicht in Zielgruppen denken und damit die Kleinteiligkeit einer modernen Gesellschaft auch noch kommunikativ abbilden, wenn man Zusammenhalt erreichen will. Man muss alle ansprechen: Spracherwerb, ja, für alle, Arbeit, ja, für alle, Bildung, ja, für alle, gleiche Rechte und Pflichten, ja und immer: für alle. Als Einstieg zum Thema Vielfalt gibt es eine beliebte Karikatur: Ein Affe, ein Elefant, ein Fisch im Wasserglas und eine Robbe befinden sich unter einem Baum. Damit es gerecht zugeht, erhalten sie alle die gleiche Prüfungsaufgabe: »Klettern Sie auf den Baum.« Aber das ist gerade Vielfalt, dass nicht alle die gleichen Voraussetzungen dafür mitbringen. Die eine Geflüchtete hat andere als ein anderer Geflüchteter, als ein*e Alleinerziehende*r, als ein*e Arbeitslose*r, als jemand, der*die ohne Führerschein auf dem flachen Land lebt. Politik für gesellschaftliche Vielfalt bedeutet: Gemeinsame Ziele definieren und bei der Verwirklichung auf unterschiedliche Bedarfslagen Rücksicht nehmen. Angebote für alle machen und die Menschen bei dem unterstützen, was sie jeweils benötigen, um diese Angebote auch wahrnehmen zu können. Politik für alle darf auch in der Umsetzung nicht zu einem konservativen Projekt werden. Dann wäre es ein Projekt der Fürsorge allein. Es geht aber nicht darum, Menschen nur etwas zu gewähren, sondern darum, ihnen Zugang zu etwas zu geben, das ihnen zusteht. Und es geht um Emanzipation: Nicht nur um Politik für alle, sondern auch um Politik von allen. Die Mitwirkung von Menschen in schwierigen sozialen und wirtschaftlichen Lebenslagen, Alleinerziehenden, Menschen mit geringerer formaler Bildung, mit Migrationshintergrund oder von Menschen, deren Alltag durch Krankheit oder Behinderung beeinträchtigt ist, muss gezielt gefördert werden.

»Menschen sind sich so lange fremd, bis sie sich kennenlernen«, hat der frühere Oberbürgermeister von Wiesloch bei seinem Amtsantritt gesagt. Ich habe den Satz zunächst abgetan und gefragt, aus welchem Poesiealbum er sich den wohl herausgesucht habe. Sicher sind Wohnraum, Arbeit, Bildung, Sprache das Fundament, aber Begegnungen sind der Schlüssel für ein gutes Zusammenleben. Doch nicht jede*r ist von sich aus in der Lage, diese Begegnungen auch wirklich zu erfahren. So ist es schon bei den Kindern: Das eine versteckt sich hinter den Beinen der Erwachsenen, wenn jemand Fremdes kommt. Das andere rennt auf Fremde freudig zu und die Eltern halten es vielleicht zurück, um es zu schützen. Mit zunehmendem Alter nimmt bei Erwachsenen die Zahl neuer Kontakte in aller Regel wieder ab, Freundeskreise sind etabliert, der Alltag ist fordernd. Wir müssen solche Begegnungsmöglichkeiten fördern. Das versuche ich gerade selbst mit einem Projekt namens »Wieslocher Wohnzimmer«. Mit einer Projektgruppe arbeite ich daran, einen Ort zu schaffen, in dem man sich so wohlfühlt, als wäre es das eigene Wohnzimmer. Das soll gelingen, indem man sich diesen Raum durch Mitwirkung und Nutzung zu eigen macht und nicht einfach gestellt bekommt. Fridays for Future haben ihn gerade frisch gestrichen, Volkshochschule, Bürgerstiftung, Malteser nutzen ihn bereits, das

Bündnis für Demokratie und Toleranz ist als Träger gewonnen. Entscheidend ist, dass der Ort offen sein soll, ohne Zwang, etwas konsumieren zu müssen, wo es vielleicht ein Glas Wasser oder Tee auch ohne Gegenleistung oder für einen selbst gewählten Beitrag gibt.

Ich werbe dafür, dass wir ein Bundesprogramm für Orte der Begegnung schaffen. Das Wieslocher Projekt ist mein Ort, selbst auszuprobieren, was es dafür braucht, dass es echte Orte der Begegnung werden, in denen wir uns in Vielfalt begegnen können – nicht Häuser der Vielfalt, in die nur diejenigen gehen, die von Vielfalt ohnehin schon begeistert sind. Ein Beispiel ist das Mehrgenerationenhaus in meinem Wahlkreis, mit benachbarter Kindertagesstätte, Café und Räumen für eigene Ideen. Dies ist ein echter Ort der Vielfalt. Davon braucht es mehr im Land, auch für diejenigen, die sich mit diesem Konzept gerade nicht identifizieren. Es braucht Begegnung, Dialog, Empathie, nicht mit den Hetzer*innen, aber doch mit deren Wähler*innen, die sich von Vielfalt eher bedroht fühlen. Denn zur Vielfalt gehören eben alle. Solche Räume unterstützen die Menschen dabei, sich nicht fremd zu fühlen und die anderen nicht als fremd zu empfinden, sondern sich zu begegnen und Nähe zu schaffen, wie es im ganzen Land gelingen soll.

Nach den Jahrhunderten fortschreitender Individualisierung, die uns alle freier leben lässt als jede Generation vor uns, haben wir das Stadium eines »radikalisierten Individualismus« (Andreas Reckwitz) erreicht und müssen das Soziale erst einmal neu (er)finden. Es erschöpft sich nämlich nicht in individuellen Rechtsansprüchen, auf die die vielen gesellschaftlichen Teilgruppen und viele selbstbewusste Bürger*innen verstärkt und zu Recht pochen. Doch Rechte sind etwas, das wir uns wechselseitig zugestehen. Sie bedeuten zugleich auch Pflichten, verlangen Einsatz und können nicht einfach an Institutionen delegiert werden. Viele kämpfen um Anerkennung. Doch dafür gibt es nach Charles Taylor »nur eine zufriedenstellende Lösung (…), nämlich indem gegenseitige Anerkennung unter Gleichgestellten zustande kommt«. Rechte machen uns demnach nicht per se individuell freier. Sie funktionieren nur, wenn wir uns anschließend füreinander einsetzen und nicht nur darauf beharren, selbst Rechte zu haben. »Einwilligend in Gebundensein erfährst du Freiheit«, hat Nelly Sachs geschrieben. Es ist Aufgabe progressiver Bündnisse, den Sinn für das Ganze und das Wohl des Ganzen wieder stark zu machen. Der wichtigste Kampf, der dafür gefochten werden muss, richtet sich gegen das Konzept des rationalen Nutzenmaximierers, das der modernen Ökonomie zugrunde liegt und von dort in fast alle gesellschaftlichen Bereiche eingedrungen ist. Doch das Ich funktioniert nicht ohne das Du, und aus lauter Ich entsteht kein Wir. Menschen sind soziale Wesen, zur Empathie, zur Mit-Leidenschaft fähig, wie Willy Brandt es von Kennedys *compassion* übertrug. Nur so ist der Mensch als einzelner ganz, und nur so funktioniert Gemeinschaft. Die Ökonomie darf nicht länger über Mensch und Gemeinschaft gestellt werden. Sie ist ein Teil der Gesellschaft oder auch ein Handlungsrahmen, in dem ökonomische Mittel am Ende auch nicht-ökonomischen Zwecken zu dienen haben. Nicht weniger, aber auch nicht mehr.

Gemeinwohlorientierung, gute Beziehungen und eine Politik für alle sind drei Säulen, die den gesellschaftlichen Zusammenhalt tragen. Ihr Fundament ist Artikel 1 unseres Grundgesetzes von der Unantastbarkeit der Würde des Menschen. Damit ihn alle richtig verstehen, könnten wir ihn umformulieren: Die gleiche Würde aller Menschen ist unantastbar. Sie zu achten und zu schützen ist Verpflichtung aller staatlichen Gewalt. Und von uns allen.

Sibel Schick
MARGINALISIERTE WUT UND SOLIDARITÄT

»Wo hast du die Kraft her? Wie schaffst du das nur?« So lautet die Frage, die mir in Bezug auf meine Arbeit als rassismuskritische und feministische Autorin, die mit viel Hass konfrontiert wird, wahrscheinlich am häufigsten gestellt wird. Jede kurze Antwort ist zu flach, weil meine Motivation eine äußerst komplexe Quelle hat, die aus Empathie, dem Sinn für Gerechtigkeit, und – am wichtigsten – aus Wut besteht.

Ich halte nicht viel von dem Begriff »Empathie« im politischen Sinne. Empathie sollte zwar unbedingt solidarisch sein, oder zumindest Solidarität fördern, allerdings ist das nicht zwingend der Fall. Der Begriff suggeriert in Bezug auf Diskriminierung nämlich eine Hierarchie: Eine Seite wird unterdrückt und ist auf das Mitgefühl der anderen Seite angewiesen. Gleichberechtigung darf aber nicht als humanitäre Hilfe behandelt werden. Sie muss als eine Selbstverständlichkeit hergestellt werden.

Wenn ich von meinem Empathieempfinden spreche, meine ich einen Zustand, in dem ich das, was andere erleben, so stark nachempfinde, dass es mich teilweise beeinträchtigt. Ein Beispiel: Vor kurzem las ich eine Nachricht über einen Straßen-Schuhputzer in der Türkei, der keinen Zugang zu Nachrichten hat und deshalb die Corona-Ausgangsbeschränkungen nicht mitbekam. Er ging ganz normal zur Arbeit – auf die Straße –, setzte sich auf den Boden und wartete den ganzen Tag auf Passant*innen, deren Schuhe er putzen kann, um für sich und vielleicht auch für seine Familie etwas kaufen zu können. Aber niemand kam, weil die Straßen pandemiebedingt leer waren. Ich brauchte ein paar Tage, um mich von dieser Nachricht zu erholen, allerdings half mein Mitgefühl dem betroffenen Arbeiter nicht, es änderte absolut nichts an seiner Lebensrealität. Das heißt für mich, dass ich mir nichts darauf einbilden sollte, was in meiner Gefühlswelt passiert. Die Grenze zwischen Mitleidsporno, der zwar befriedigend sein kann, allerdings egoistisch motiviert ist, und einem ehrlichen Interesse am Wohlbefinden aller ist unscharf. Auch ich muss vorsichtig sein und meine Gefühle und Gedanken ständig reflektieren.

Aus dieser Empathie heraus muss mein Sinn für Gerechtigkeit entstanden sein, so vermute ich zumindest. Gerechtigkeit ist aber subjektiv, relativ, individuell und flexibel. Daher kann es unter Umständen sogar gefährlich werden, wenn man mit dem Gerechtigkeitsbegriff arbeitet, weil jede Person und jede Gruppe das so definieren kann, wie es ihnen in den Kram passt. In einem Rechtsstaat muss der Anspruch im Kampf für Gerechtigkeit die Rechtsstaatlichkeit sein und nicht das, was man persönlich als gerecht empfindet.

Zuletzt gibt es die Wut, Wut gegen machtvolle diskriminierende Strukturen, die mich motiviert. Diese Wut brauche ich und für sie bin ich dankbar. Denn auch wenn ich mich nie ganz auf mein Empathieempfinden oder meinen Gerechtigkeitsanspruch verlassen kann, weil beide eben unzuverlässig sind, weiß ich, dass ich mich auf meine Wut verlassen kann.

Wut wird allerdings nicht gerne gesehen. So wie viele andere Emotionen wird in Deutschland nämlich auch die Wut sanktioniert. Teile der Mehrheitsgesellschaft, die nicht marginalisiert wird, kennen nämlich aus persönlicher Erfahrung kaum einen oder keinen Grund, (politisch) wütend zu sein, und können in den meisten Fällen nicht nachvollziehen, wo die Wut herkommt und wozu sie gut oder nützlich sein kann. Dabei haben marginalisierte Menschen gute und zahlreiche Gründe, wütend zu sein – im Alltag sowie im politischen Kampf. Diskriminierung hat nämlich unterschiedliche Erscheinungsformen und kann überall auftauchen.

Außerdem brauchen marginalisierte Menschen einen Antrieb, um sich gegen ihre Marginalisierung einsetzen zu können. Marginalisiert zu werden, Diskriminierung zu erleben sind gewaltvolle Erfahrungen, die viel Lebenskraft und -energie kosten. Irgendwo muss die Stärke für den politischen Kampf ja herkommen. Wut spielt dabei eine sehr wichtige Schlüsselrolle, die wir nicht unterschätzen dürfen. Ohne Wut würden womöglich viele Menschen, die Diskriminierung erleben, einfach daran zugrunde gehen. Wut kann für bestimmte Menschen also das Überleben bedeuten. Außerdem: Wie kann man auf die eigene Diskriminierung reagieren, außer mit Wut? Soll man sie annehmen und sich gar von seiner suggerierten Wertlosigkeit überzeugen lassen? Sich hilflos fühlen oder in einer Ecke weinen? Das kann man natürlich auch machen, steht allen zu. Allerdings würde das nichts an den Zuständen ändern. Trauer hat nämlich nicht die Kraft, tiefverwurzelte, systematische Ungerechtigkeiten zu bereinigen. Wut schon.

Wut spielt auch im Kollektiv eine wichtige Rolle. Die gemeinsam empfundene und zum Ausdruck gebrachte Wut kann Menschen, die Diskriminierung erleben, zeigen, dass sie mit ihren Erfahrungen nicht alleine stehen und die Ursache nicht persönlich, sondern strukturell ist. Das gibt Hoffnung und Kraft und spielt auch für den Zusammenhalt von marginalisierten Gruppen eine große Rolle als ein verbindendes Element, aus dem heraus Zukunftsvisionen entstehen können. Audre Lorde beschreibt diesen Prozess als eine »befreiende, stärkende Art der Aufklärung«. Wut führe dazu, dass man seine Verbündeten und Feinde identifiziere. Zu einem solidarischen Miteinander gehört zwingend Raum und Akzeptanz für marginalisierte Wut und die Auseinandersetzung damit.

Es gibt also Gruppen, die wütend sind, deren Wut nicht nur legitim, sondern auch notwendig ist. Das muss nicht für alle gelten, um wahr zu sein. Und Wut muss nicht destruktiv sein, solange sie sich gegen diskriminierende Strukturen richtet. Bei marginalisierter Wut geht es nicht um Aggression und gewalttätiges Verhalten einzelnen Menschen gegenüber. Es geht um einen wichtigen Teil des politischen Kampfes für mehr Gleichberechtigung.

Wenn man nicht selber von Machtungleichheiten betroffen ist, sich aber dagegen einsetzt, verbleibt der Kampf für Gleichberechtigung oft auf theoretischer Ebene. Das ist nicht per se schlimm, sondern das Normalste der Welt, dass dort, wo keine Betroffenheit ist, auch keine diesbezüglichen Emotionen vorhanden sind, oder dass sie zumindest nicht sehr stark auftauchen. Man darf daraus aber nicht schließen, dass dieser Zustand, die Diskriminierung aus einer sicheren Distanz zu betrachten, für alle gelten würde. Das passiert in politischen Kämpfen allerdings trotzdem, denn was nicht sein darf, kann trotzdem sein, und so wird die Wut von marginalisierten Menschen sanktioniert.

Was für mich richtig ist, kann für eine andere Person falsch sein, und umgekehrt. Das muss man so akzeptieren, dem muss man Raum lassen. Wenn man diese Tatsache ignoriert, kann man dem Gegenüber vorschreiben, wie es seine Kämpfe zu führen hat. Im Konkreten bedeutet das also, dass man als nicht-betroffene und nicht-marginalisierte Person den marginalisierten Teilen der Gesellschaft vorschreiben will, auf welche Art und Weise diese sich gegen die Zustände, unter denen sie leiden, einzusetzen haben. Auch das ist ein Zustand, der durch Machtasymmetrien entsteht. Das heißt, von oben nach unten etwas vorzuschreiben funktioniert nur, weil man von den Strukturen, unter denen andere leiden, profitiert. Und genau das passiert systematisch, denn das Phänomen ist kein Einzelfall, sondern weit verbreitet, und man kann ihm in allen Strukturen begegnen. Die wichtige Frage hier lautet: Will ich wirklich Teil des Problems sein, das ich bekämpfen möchte?

Die Kontrolle der Wut ist also eine Erscheinungsform von Dominanz und somit ein Aspekt der Unterdrückung. Diese Kontrolle zeigt sich unter anderem in Klischees und rassistischen, sexistischen oder transfeindlichen Zuschreibungen: Laute Migrant*innen, gewalttätige trans Frauen, aggressive Schwarze Frauen, frauenfeindliche Muslime etc. pp.

Die Sanktionierung von Wut nennt man auch »tone policing«, die Sanktionierung des Tons der sprechenden Person. Sie wird dadurch ausgeübt, dass verweigert wird, den Emotionen des Gegenübers Raum zu geben, das Verhalten dadurch zu maßregeln und andere Verhaltensformen zu erzwingen. Anstatt auf den Inhalt einzugehen und sich mit der Kritik der sprechenden Person auseinanderzusetzen, wird eher über ihren Ton, ihre Mimik und Wortwahl etc. diskutiert. Es geht nicht darum, was sie sagt, sondern nur noch darum, wie sie es sagt.

Die Sanktionierung marginalisierter Wut setzt die Wichtigkeit von Positionen herab, lenkt die Aufmerksamkeit und den Fokus auf das Verhalten der sprechenden Person und problematisiert die Art und Weise der Kritik anstelle der Missstände, über die die Person spricht. Dadurch werden auch die Perspektiven hierarchisiert. Die Bedingungen des Gesprächs werden von oben herab festgesetzt und bestimmte Menschen werden aus der Diskussion ausgeschlossen.

Aufgrund der Richtung dieser Praxis – von oben nach unten – und dadurch, dass sie auf bereits bestehenden Machtstrukturen aufbaut, wird damit auch die Machtkritik, die sich auf die eigenen Strukturen richtet, stillgelegt, und so werden die draußen bestehenden Machtungleichheiten auch innerhalb politischer Bewegungen, die sich eigentlich gegen exakt diese Ungleichheiten einsetzen, reproduziert. Strukturelle Diskriminierung findet selbstverständlich auch innerhalb von politischen Gruppen statt – auch wenn sie linksgerichtet sind oder menschenrechtsbasierte Ansprüche haben. Diese Gruppen entstehen ja nicht im luftleeren Raum, sondern in einer Welt, in der wir alle in diskriminierenden Strukturen aufwachsen und diese verinnerlichen.

Ich kann mir vorstellen, dass man sich angegriffen fühlt, wenn man damit konfrontiert wird, Subjekt der Unterdrückung zu sein. Allerdings ist von der Unterdrückung betroffen zu sein nicht nur unangenehmer, sondern auch gewaltvoll und unter Umständen sogar tödlich. Wir müssen auch über unangenehme Themen sprechen können, denn eine aufgeklärte politische Gesinnung hindert eine*n noch nicht daran, selbst zu diskriminieren. Das erfordert ständige Arbeit, ein Leben lang. Sobald ein Mensch aber kategorisch ausschließt, überhaupt diskriminieren zu *können*, nur weil man an bestimmte Werte glaubt, wird ein wichtiger Prozess verhindert: Man kann nicht mehr wachsen. Und alle müssen wachsen. Man erreicht nie den Punkt, an dem man nicht mehr Gefahr läuft, andere zu diskriminieren. Diesen Punkt gibt es nämlich nicht. Dass sich ein Mensch im beruflichen Kontext immer weiter ausbilden muss, wird als eine Selbstverständlichkeit akzeptiert. Warum soll das anders sein, wenn es um politische Kämpfe geht?

Die Kontrolle von Emotionen wie Wut erweckt den Eindruck, Sachlichkeit und Emotionalität könnten nicht nebeneinander existieren. Dadurch, dass es eher die marginalisierte Wut ist, die sich gegen diskriminierende Strukturen richtet und immer gleich sanktioniert wird, spricht diese Annahme marginalisierten wütenden Menschen Rationalität ab und disqualifiziert ihre politische Arbeit. Das ist zudem elitär, weil nicht alle Menschen gleich wortgewandt oder geübt sind, Dinge zu formulieren. In linken politischen Zusammenhängen muss auch unterschiedlichen Lebensrealitäten Raum gelassen werden, das erfordert eine wahre Solidarität.

Um solidarisch zu handeln, muss man von bestimmten Problemen nicht selber *betroffen* sein. Auch ohne betroffen zu sein, kann ein Mensch Ungleichheiten für sich einordnen, sich dagegen einsetzen und Menschen, die betroffen sind, bei ihrem Kampf unterstützen. Das machen viele ohnehin schon. Allerdings betrifft die Kontrolle von Wut auf einer ganz bestimmten Ebene auch größere Teile der Gesellschaft: Wenn die Sanktionierung einer bestimmten Emotion legitimiert wird, legitimiert und normalisiert das auch die Sanktionierung weiterer Emotionen. Wenn aus dem Ton auf den Inhalt geschlossen wird, werden beispielsweise linke Positionen mit rechtsextremen Positionen gleichgesetzt, sobald diese emotionaler ausgedrückt werden. So äußerte sich ein *weißer* Twitter-Nutzer vergangenes Jahr schockiert darüber, dass Herbert Grönemeyer auf seinem Konzert »Keinen Millimeter nach rechts!« schrie. Der Nutzer teilte ein Video davon und setzte das Verhalten des Musikers mit der Zeit des Nationalsozialismus gleich, als hätten wir Inhalte komplett überwunden und Faschismus wäre bloß eine Sache des Tons. Sobald ein Mensch laut schreit: »Evakuiert die Lager!«, rufen Rechtspopulist*innen: »Linke Nazis!« Das ist erst dadurch möglich, dass es überhaupt eine Praxis wie »tone policing« gibt. Auf der anderen Seite dieser Medaille sehen wir, dass rechtspopulistische und rechtsextreme Positionen als legitime politische Ansichten wahrgenommen und behandelt werden und ihre Vertreter*innen in den Bundestag und alle 16 Landesparlamente hineingewählt werden, sobald sie sich in ruhigem Ton äußern. »Tone policing« bzw. die gesellschaftliche Kontrolle von Wut spielt eine wichtige Rolle bei der zunehmenden Gesellschaftsfähigkeit des Faschismus. Es ist ein zweischneidiges Schwert, das wir zerstören müssen.

Die Disqualifizierung marginalisierter Positionen mag für viele eine ganz einfache Lösung sein, dann muss man sich nämlich weder mit dem, was gesagt wird, noch mit dem eigenen Verhalten auseinandersetzen. Man darf aber nicht aus dem Blick verlieren, dass dadurch Privilegien und diskriminierende Machtverhältnisse wie Unterdrückungsmechanismen aufrechterhalten werden. Die Wut ernst zu nehmen und darauf einzugehen bedeutet also, ggf. das eigene Verhalten zu ändern. Das ist zwar viel Arbeit, aber gleichzeitig auch notwendig. Die Wut zu sanktionieren ist de facto eine Spaltung unterschiedlicher Kämpfe. Ohne die marginalisierte Wut anzuerkennen, können wir unterschiedliche Kämpfe nicht miteinander verbinden. Aber das müssen wir, wenn wir unsere Ziele für eine gleichberechtigte Gesellschaft, in der alle die gleichen Chancen, Rechte und Freiheiten haben und niemand diskriminiert wird, erreichen wollen. Es gilt also: Wut anerkennen und Kämpfe verbinden. Für ein wahrhaft solidarisches Miteinander ist das unverzichtbar.

Amed Sherwan und Katrine Hoop
VOM ZIEL ZUM WEG

Amed Sherwan

Kategorien

Wörter machen Realität nicht nur sichtbar, sie formen sie mit. Das weiß ich, seitdem mich Polizisten in Irakisch-Kurdistan als »Kafir« – als Ungläubigen – beschimpften und somit ein Urteil über mich fällten, das sie im Anschluss mit Beleidigungen, Schlägen, Tritten und Elektroschocks an mir vollstreckten. Auch während der anschließenden Inhaftierung definierte meine Zuordnung zur Kategorie der Ungläubigen, wie ich von Personal und Mitgefangenen betrachtet und behandelt wurde. Und nach der Entlassung sorgte das Label »Kafir« dafür, dass ich flüchten musste.

In Deutschland angekommen, bekam ich ein neues Etikett: Ich war nun »Flüchtling«. Niemand interessierte sich für meine persönlichen Beweggründe. Vielmehr nahmen Wohlmeinende selbstverständlich an, ich sei vor Krieg geflüchtet, während andere mir unterstellten, ich sei aus wirtschaftlichen Gründen hier. Ich wurde mit Menschen über einen Kamm geschoren, die aus völlig anderen Gegenden und Gründen nach Deutschland gekommen waren. Und ich musste mich daran gewöhnen, dass mir als Vegetarier überall freundlich Halalfleisch angeboten wurde.

Erst als ich mir allmählich Räume erschloss, in denen ich meine Geschichte erzählen konnte, hatte ich den

Eindruck, wieder als individuelle Persönlichkeit sichtbar zu werden. Es dauerte aber nicht lange, bis mein Gefühl ins Gegenteil umschlug. Ich war voller Mitteilungsdrang, hatte aber nicht nur sprachlich, sondern auch inhaltlich große Navigationsschwierigkeiten. Egal, wie ich mich äußerte, ich wurde sofort der einen oder anderen mir selbst bisher völlig unbekannten Kategorie zugeordnet – von islamophob bis Islam-Appeaser war alles dabei.

Sprache
Hätte ich in dieser Zeit keine Unterstützung bei der Formulierung meiner Anliegen gefunden, wäre ich verzweifelt. Angebote dafür gab es zahlreich. Viele entwickelten für mich Ideen, wie ich meine Verfolgungsgeschichte möglichst effektvoll einsetzen könnte. Zunächst fühlte ich mich geschmeichelt, doch bald beschlich mich das Gefühl, lediglich ein Statist für eine fremde politische Agenda zu sein. Ganz deutlich wurde das in der erstaunlich ehrlichen Bemerkung einer selbsternannten Islamkritikerin: »Ich finde dich scheiße, aber deine Story ist geil!«

Anders als viele meiner Freund*innen mit Fluchterfahrung hatte ich aber das Glück, nicht von fremden politischen Akteur*innen abhängig zu sein. Ich entschied mich für eine Schreibgemeinschaft mit meiner dänisch-deutschen Freundin Katrine. Immer wenn ich Ideen hatte, machte ich Skizzen für Beiträge, die meine Freundin nicht nur sprachlich korrigierte und inhaltlich strukturierte, sondern auch mit mir diskutierte. Sie verbrachte Stunden damit zu verstehen, was meine Anliegen waren, und mir dabei zu helfen, diese unmissverständlich auszudrücken.

Dieses Privileg ist vielen Menschen in Deutschland nicht vergönnt. Ich erlebe nicht nur in meinem migrantischen Umfeld, sondern auch bei »Biodeutschen«, die ich auf der Straße, in Integrations- und Arbeitsmaßnahmen oder im Job treffe, dass sie sich sprachlos fühlen und verunsichert sind. Diskussionen in Zusammenhängen, die sich selbst als besonders weltoffen sehen, erlebe ich dabei überraschenderweise als besonders explosives Minenfeld. Ein falsches Wort kann dich dort disqualifizieren, während in rechten Zusammenhängen eine große Ambiguitätstoleranz vorherrscht.

Leistungsdruck

Auf den sogenannten Querdenkerdemos sind widersprüchliche Aussagen kein Problem. In den sich als politisch links verortenden Bündnissen an meinem Wohnort wird hingegen schon darüber diskutiert, ob Vorbereitungstreffen an einem Ort stattfinden können, wo ein altes Che-Guevara-Bild an der Wand hängt. Gleichzeitig wird immer wieder die fehlende Diversität in den lokalen Bündnissen problematisiert. Aber wer hat schon Lust, sich in Zusammenhänge zu begeben, wo jedes Treffen zu einem Tribunal für politische Versiertheit werden kann?

Ich möchte das nicht falsch verstanden wissen, gerade aufgrund meiner eigenen Erfahrungen finde ich es wichtig, sich über Wörter und Symbole Gedanken zu machen. Aber so sehr in diesen Gruppen von Vielfalt und Offenheit gesprochen wird, so überheblich und belehrend erlebe ich sie in Wirklichkeit. Zwar wird mir als Flüchtlingsgesicht sicherlich mehr Nachsicht und Wohlwollen entgegengebracht, echte Augenhöhe empfinde ich dabei dennoch selten. Und ich habe den Verdacht, dass einige meiner deutschen Bekannten sich in solchen Zusammenhängen noch unwohler fühlen würden als ich.

Als ich mal aus Neugier zu einem Vortrag eines Ex-Muslims bei der AfD ging, war es anders. Sobald ich mich als islamkritisch geoutet hatte, wurde ich regelrecht umworben. Die Art von Freundlichkeit, die ich nach dem Vortrag in Gesprächen erlebte, hatte ich sonst nur in Moscheen oder in Gesprächen mit den Zeugen Jehovas erlebt. Missionarisch, inkludierend und ohne andere Forderungen an mich zu stellen, als sich zum gemeinsamen Feind zu bekennen. Mir war das unheimlich, aber ich verstehe die Anziehungskraft. In linkspolitischen Zusammenhängen erlebe ich dagegen einen ganz anderen Leistungsdruck.

Freiheit
Von einigen Menschen mit linker Weltanschauung werde ich aufgrund meiner Islamkritik mit Skepsis betrachtet. Ich habe sehr lange gebraucht, um deutlich zu machen, dass ich Ex-Muslim, aber kein Anti-Muslim bin. Ich sehe in allen Religionen ein gefährliches Potenzial, respektiere jedoch, dass Glaube für viele Menschen wertvoll sein kann. Ich wünsche mir aber, dass auch Kinder muslimischer Eltern frei entscheiden können, wie sie glauben, leben und lieben wollen. Und dafür brauche ich Verbündete mit gemeinsamen Zielen und nicht mit gemeinsamen Feinden. Ich habe mich oft darüber geärgert, dass sich viele meiner Bekannten mit Fluchthintergrund nur politisch engagieren, wenn sie selbst betroffen sind. Aber ich vermute inzwischen, dass es nicht nur an mangelndem Interesse, sondern auch an einer inhaltlichen Unsicherheit liegt. Bei den »Lichtern für Syrien« habe ich nur Geflüchtete aus Syrien gesehen, bei den Protesten gegen Abschiebungen nach Afghanistan nur afghanische Geflüchtete, und bei den Demonstrationen gegen die türkische Invasion in Afrin ist die kurdische Exilcommunity auf die Straße gegangen.

In meinen ersten Jahren in Deutschland habe ich darüber gelacht, dass auf kurdischen Demos oft nur kurdischsprachige Reden geschwungen werden. Ich habe mich sogar gefragt, ob die kurdische Bewegung deswegen so wenig Gehör findet, weil sie einfach niemand versteht. Aber ich erkenne mittlerweile, dass sie sich damit einen unabhängigen Raum erhält, in dem sie sich nicht zweifelhaften Übersetzer*innen und der Bevormundung oder Instrumentalisierung deutscher Akteur*innen aussetzen muss.

Damoklesschwert

Außerdem muss ich akzeptieren, dass vielen meiner Freund*innen schlicht die Kraft fehlt, sich politisch zu engagieren. Sie sind so sehr damit beschäftigt, ihre Existenz zu sichern, dass sie einfach nicht in der Lage sind, gegen die Faktoren zu protestieren, die ihnen das Leben schwer machen. Viele mit Fluchterfahrung bangen so sehr um ihre Bleibeperspektive, dass sie sich gar nicht trauen, politische Forderungen zu formulieren. Und ich kann es ihnen nicht verdenken. Denn über uns allen schwebt das »Geh doch nach Hause« als ewiges Damoklesschwert.

Ich kenne kaum eine als »ausländisch« wahrgenommene Person, die diesen Spruch nicht schon mal gehört hat, wenn sie sich über lokale Verhältnisse beschwert hat. Ich bin mir unsicher, ob diese Aussage sich aus der Vorstellung speist, dass es ein Privileg Eingeborener ist, sich politisch einzumischen, oder ob dahinter das Vorurteil steht, dass Menschen mit Migrationshintergrund immer auf ihren eigenen Vorteil bedacht sind und mit ihren Forderungen daher unmöglich das Gemeinwohl im Sinn haben können.

Besonders häufig erlebe ich, dass mir für meine Aktionen und Beiträge als Aktivist materielle Gründe unterstellt werden, selbst bei Kritik aus vermeintlich entgegengesetzten Lagern. Egal ob es Stimmen aus islamistischen oder rechtspopulistischen Zusammenhängen sind: Sie alle sind sich darüber einig, dass ich meine Aktionen ausschließlich mache, um mir einen Aufenthaltstitel zu ergattern. Dass mein Aufenthalt gesichert ist und ich ein echtes Interesse an gesellschaftlicher Veränderung habe, scheint in ihrer Welt nicht vorstellbar zu sein.

Ähnliche Vorurteile treten uns auch als Paar immer wieder entgegen. Während meine Freundin bestenfalls bemitleidet wird, mit mir einem Heiratsschwindler aufgesessen zu sein, und schlimmstenfalls beschuldigt wird, mich für ihre politischen Zwecke zu instrumentalisieren, lautet der gängige Vorwurf an mich: Das machst du doch nur für einen Pass. Dass wir weder zusammen wohnen oder wirtschaften, geschweige denn verheiratet sind, und dass wir unsere Zusammenarbeit einfach als gegenseitige Bereicherung empfinden, ist für viele offenbar nicht denkbar.

Katrine Hoop
Alliierte

So sehr wir unter den sowohl rassistischen als auch misogynen Anfeindungen leiden, ist die negative Wahrnehmung unserer Beziehung doch nachvollziehbar in einer postkolonialen Wirklichkeit, in der Beziehungen oft asymmetrisch und von Notlagen und Ausbeutungsstrukturen geprägt sind. Natürlich agieren auch wir nicht frei von diesen Strukturen und können uns nur in ständiger Auseinandersetzung und Aushandlung darum bemühen, uns einen lernenden und respektvollen Raum zu schaffen, in dem wir emanzipatorisch und gleichberechtigt zusammenwirken können.

Obwohl – oder gerade weil – wir sehr unterschiedliche Perspektiven auf viele Phänomene haben, hat die intensive Zusammenarbeit mit Amed meine Sicht auf viele migrationsspezifische Aspekte erweitert. Solidarische Arbeit mit Geflüchteten ist für mich schon lange Alltag, und Engagement für eine offene und freie Gesellschaft eine Selbstverständlichkeit. Aber obwohl ich mich nie als Helfende, sondern als Alliierte verstanden habe, bin ich de facto oft diejenige, die den Rahmen vorgibt, Möglichkeiten und Zugänge eröffnet und nicht zuletzt anderen die Welt erklärt und unbewusst die Deutungshoheit für sich beansprucht.

Ich habe mich immer für die Lebenswirklichkeit meiner Gegenüber interessiert, aber vieles durch meine Brille gesehen und dabei sehr viele Details übersehen. Mir ist erst durch die intensive Arbeit damit, Ameds Perspektive herauszuarbeiten, bewusst geworden, wie theoretisch und oberflächlich ich viele Phänomene betrachtet habe. Und viele der Unterstützungsangebote, an denen ich selbst mitgewirkt habe, haben sich an einem stereotypen Bild des muslimischen, männlichen, cis-hetero Geflüchteten orientiert.

Viele der Geflüchteten, die ich über Amed kennengelernt habe, sind aufgrund ihrer Weltanschauung, sexuellen Orientierung oder Identität mehrdimensional benachteiligt. Die Diskriminierung in ihren Herkunftsgruppen wird oftmals durch ähnliche Vorurteile in der deutschen Umgebung potenziert und zusätzlich durch Alltagsrassismus aufgrund der zugeschriebenen Herkunft oder Religion verstärkt. Dazu kommt die strukturelle Benachteiligung von Frauen und LGBTTIQ*-Personen im Asylrecht und der deutschen Gesellschaft insgesamt.

Minderheiten

Für Menschen mit Flucht- oder Migrationshintergrund gilt bedauerlicherweise dasselbe wie in allen anderen Zusammenhängen: Nur weil einige sehr laut für sich beanspruchen, eine angeblich homogene Gruppe zu repräsentieren, bedeutet es nicht, dass dem so ist. Trotzdem finden politische Verhandlungen oftmals nur mit großen Verbänden statt, die einen dominanten Mainstream repräsentieren, der weit weg von der Lebenswirklichkeit vieler derer ist, die sie angeblich vertreten. Und so passiert es schnell, dass sich Parteien im Namen der Vielfalt mit diversitätsfeindlichen Gruppen verbünden.

Religiöse und kulturelle Vereine und Gruppen haben leider eine Tendenz dazu, nach außen für Vielfalt zu kämpfen, während sie nach innen auf Homogenität drängen. Ich bin selbst als Teil der dänischen Minderheit in Schleswig-Holstein aufgewachsen. Unsere Interessenorganisationen sind als Garant*innen für unsere Minderheitenrechte unverzichtbar. Es liegt aber in der Natur der Sache, dass für sie eher die Gemeinschaft der Minderheitsmitglieder in Abgrenzung zur sogenannten Mehrheitsbevölkerung im Fokus steht als eine ganz offene Gesellschaft.

Die Vorstellung von klar von einer »Mehrheit« abgegrenzten Minderheiten erscheint mir nicht zwangsläufig ein Beitrag zu einer Gesellschaft der Vielen zu sein. So dient die Idee einer nationalen Minderheit vor allen Dingen dem Zweck, die Illusion eines homogenen Nationalstaats aufrechtzuerhalten. Diese Beobachtung lässt sich vermutlich auch auf andere Gruppengebilde übertragen. Ich betrachte die Konstruktion einer Minderheit daher als notwendige, aber mit Mängeln behaftete Übergangslösung im Kampf um Vielfalt, Gleichberechtigung und Teilhabe.

Amed Sherwan
Sichtbarkeit
Ich werde oft gefragt, warum ich mich als Ex-Muslim bezeichne statt als Atheist, ehemalige Christ*innen würden ihren Abfall vom Glauben schließlich auch nicht ständig allen Leuten unter die Nase reiben. Apostasie ist in vielen muslimischen Communitys überall auf der Welt noch

immer ein Grund für Ächtung, Ausgrenzung und massive Gewalterfahrungen. Ich werde mich so lange als Ex-Muslim bezeichnen, bis sich niemand mehr darüber aufregt. Und das Schimpfwort »Kafir« habe ich mir als positive Eigenbezeichnung angeeignet, um diesem Label die zerstörerische Kraft zu nehmen.

Verglichen mit den Repressionen, die LGBTTIQ*-Personen an so vielen Orten der Welt zu befürchten haben, sind meine Erfahrungen aber noch harmlos. Für mich sind unsere Kämpfe verbunden, und tatsächlich ziehe ich aus meinen Allianzen mit der LGBTTIQ*-Community eine Kraft, die ich nirgends anders finde. Die hochpolitischen, aber dennoch ausgelassenen Bewegungen sind für mich wie ein Gegengift zu der repressiven Sexualmoral und den toxischen Geschlechterrollen, mit denen ich aufgewachsen bin. Und ich habe dabei vor allem eins gelernt: Wenn man etwas verändern will, darf man sich nicht verstecken.

Katrine Hoop
Solidarität
Eine bunte, solidarische und freie Gesellschaft lässt sich nur in freien, solidarischen und vielfältigen Bündnissen erstreiten. Wenn wir der Verführung durch rechtspopulistische und neoliberale Verheißungen etwas entgegensetzen wollen, müssen wir freundlicher, nachsichtiger und wertschätzender miteinander diskutieren, und angstfreie, freudvolle politische Orte schaffen, in denen wir voneinander lernen. Das gute Leben darf nicht nur die politische Utopie bleiben, es muss sich in unserem politischen Handeln manifestieren.

ÜBER DIE HIER VERBÜNDETEN AUTOR*INNEN

DR. DIETMAR BARTSCH war bereits von 1998 bis 2002 sowie erneut seit 2005 Bundestagsabgeordneter für die Partei DIE LINKE in Mecklenburg-Vorpommern. Seit 2015 ist er gemeinsam mit Amira Mohamed Ali Co-Vorsitzender der Linksfraktion im Deutschen Bundestag.

BÄRBEL BAS ist seit 2009 Bundestagsabgeordnete für die SPD in Duisburg. Sie ist stellvertretende Vorsitzende der SPD-Bundestagsfraktion für Gesundheit, Bildung und Forschung und Petitionen.

CHRISTOPH BAUTZ ist Politikwissenschaftler, Biologe und Aktivist sowie Gründer und Mitglied des geschäftsführenden Vorstands von Campact e. V., mit dem 2,4 Millionen Menschen für progressive Politik streiten.

PROF. DR. LARS CASTELLUCCI ist SPD-Bundestagsabgeordneter für den Wahlkreis Rhein-Neckar. Er ist Sprecher für Migration und Integration, Beauftragter für Kirchen und Religionsgemeinschaften sowie Mitglied im Sprecherkreis und Vorstand der Denkfabrik in der SPD-Bundestagsfraktion.

YASMIN FAHIMI ist seit 2017 direktgewählte Bundestagsabgeordnete für die SPD aus Hannover. Sie ist u. a. ordentliches Mitglied und stellvertretende Sprecherin im Ausschuss für Bildung, Forschung und Technikfolgenabschätzung und Obfrau in der Enquete-Kommission »Berufliche Bildung in der digitalen Arbeitswelt«. Davor war sie hauptamtliche Gewerkschafterin, Generalsekretärin ihrer Partei und Staatssekretärin im Bundesministerium für Arbeit und Soziales.

JULIA FRITZSCHE ist Autorin und Journalistin, unter anderem für ARD und Arte. In *Tiefrot und radikal bunt. Für eine neue linke Erzählung* (2019, Edition Nautilus) spürt sie Ansätzen eines guten Lebens für alle nach. Ihre Radiofeatures zu gesellschaftspolitischen Themen sind vielfach ausgezeichnet, unter anderem mit dem Otto-Brenner-Preis.

ANSGAR GILSTER ist Historiker und arbeitet seit 2016 im Bereich Migration und Menschenrechte für die Evangelische Kirche in Deutschland. Er ist Mitgründer von United4Rescue, Mitglied im Präsidium des evangelischen Kirchentages und im Vorstand der Menschenrechtsorganisation Equal Rights Beyond Borders.

DR. ISABELLA HERMANN befasst sich als promovierte Politikwissenschaftlerin mit Zukunftsfragen rund um den gesellschaftlichen und technologischen Fortschritt. Zuletzt steuerte sie als wissenschaftliche Koordinatorin ein Forschungsprojekt zu Künstlicher Intelligenz und Verantwortung an der Berlin-Brandenburgischen Akademie der Wissenschaften.

PROF. DR. LISA HERZOG ist Philosophin, Sozialwissenschaftlerin und Professorin am Centre for Philosophy, Politics and Economics der Universität Groningen. Sie wurde mehrfach ausgezeichnet, u. a. mit dem Deutschen Preis für Philosophie und Sozialethik (2019). Für ihre vielbeachtete Schrift *Die Rettung der Arbeit. Ein politischer Aufruf* erhielt sie 2019 den Tractatus-Preis. Sie arbeitet zur Philosophie des Marktes, Ethik in Organisationen, Wirtschaftsdemokratie und dem Verhältnis von Demokratie und Expert*innenwissen.

KATRINE HOOP ist Kriminologin, Kommunikationsreferentin und Co-Autorin von Amed Sherwan. Sie gehört zur dänisch-friesischen Minderheit in Schleswig-Holstein, engagiert sich seit vielen Jahren in außerparlamentarischen Bewegungen und ist aktives Mitglied der LINKEN.

ELISABETH KAISER ist seit 2017 Bundestagsabgeordnete für die SPD in Gera, dem Landkreis Greiz und dem Altenburger Land. Sie ist u. a. ordentliches Mitglied im Ausschuss für Bau, Wohnen, Stadtentwicklung und Kommunen sowie im Ausschuss für Inneres und Heimat und im Kuratorium der Bundeszentrale für politische Bildung. Zudem ist sie Mitglied im Vorstand der Denkfabrik in der SPD-Bundestagsfraktion.

SVEN-CHRISTIAN KINDLER ist seit 2009 Bundestagsabgeordneter für BÜNDNIS 90/DIE GRÜNEN in Hannover. Er ist Obmann im Haushaltsausschuss, ordentliches Mitglied im Unterausschuss zu Fragen der Europäischen Union sowie stellvertretendes Mitglied im Finanzausschuss und Europaausschuss. Seit 2014 ist er haushaltspolitischer Sprecher seiner Fraktion.

JAN KORTE wurde bereits als Schüler Mitglied bei Bündnis 90/Die Grünen. 1999 trat er wegen der Zustimmung zum Jugoslawienkrieg und ihrer Rechtsentwicklung aus der Partei aus. Noch im selben Jahr trat er in die Partei des Demokratischen Sozialismus ein. Seit 2004 ist er in der Bundespolitik aktiv, seit 2017 Erster Parlamentarischer Geschäftsführer der Linksfraktion im Deutschen Bundestag. Er ist Mitglied des Vorstandes der Rosa-Luxemburg-Stiftung und Autor mehrerer Bücher, darunter des 2020 erschienenen *Die Verantwortung der Linken*.

PROF. DR. REGINA KREIDE ist Politikwissenschaftlerin und Professorin für Politische Theorie und Ideengeschichte an der Justus-Liebig-Universität Gießen. Ihre Forschungsschwerpunkte behandeln vornehmlich Fragen der Politischen Theorie und Politischen Philosophie, darunter Gerechtigkeitstheorien (globale Ungerechtigkeit), Demokratietheorie, Theorie und Praxis der Menschenrechte, Gender Studies, Romani Studies und Kritische Sicherheitsforschung.

STEFAN LIEBICH ist seit 2009 Bundestagsabgeordneter für DIE LINKE in Pankow. 2020 kündigte er an, nicht erneut für den Bundestag zu kandidieren. Er ist langjähriger Obmann der Linksfraktion im Auswärtigen Ausschuss sowie außenpolitischer Sprecher der Fraktion (Nachfolge durch Gregor Gysi). Er war einer der Verhandlungsführer und späterer Fraktionsvorsitzender in der rot-roten Koalition in Berlin unter Klaus Wowereit und gilt als Vordenker von Rot-Rot-Grün auf Bundesebene.

UWE MEINHARDT ist Diplom-Politologe und Gewerkschafter. Bis zum Antritt der Altersteilzeit im November 2020 war er Leiter des Funktionsbereichs Grundsatzfragen und Gesellschaftspolitik im Vorstand der IG Metall, zuvor einige Jahre Geschäftsführer der IG Metall Stuttgart.

DR. MATTHIAS MIERSCH ist promovierter Jurist, Umweltpolitiker und seit 2005 direkt gewählter Bundestagsabgeordneter für die zwölf Städte und Gemeinden des Wahlkreises Hannover-Land II. Er ist stellvertretender Vorsitzender der SPD-Bundestagsfraktion, Mitglied des Parteivorstands der SPD und seit 2015 Sprecher der Parlamentarischen Linken (PL).

ROLF MÜTZENICH ist seit 2002 Bundestagsabgeordneter für die SPD in Köln. Er ist Vorsitzender der SPD-Bundestagsfraktion im Deutschen Bundestag. Zudem ist er u. a. ehrenamtliches Mitglied im Vorstand der Friedrich-Ebert-Stiftung sowie Vorsitzender des Kuratoriums des Max-Planck-Instituts für Gesellschaftsforschung in Köln.

DR. MAXIMILIAN OEHL ist Völkerrechtler sowie Co-Initiator von Brand New Bundestag (BNB). BNB will Menschen in die Parlamente bringen, die überparteilich eine nachhaltige und vielfältige Zukunft gestalten. Hierfür findet BNB mutige Personen aus der Zivilgesellschaft und unterstützt sie dabei, politisch erfolgreich zu sein. Zuvor war Oehl Gründungsvorsitzender sowohl der Refugee Law Clinic (RLC) Köln als auch des Bundesverbandes RLCs Deutschland.

LISA PAUS ist seit 2009 Bundestagsabgeordnete für BÜNDNIS 90/DIE GRÜNEN in Berlin. Sie ist Obfrau im Finanzausschuss und vertritt die grüne Bundestagsfraktion mit im Wirecard-Untersuchungsausschuss. Schwerpunkte als finanzpolitische Sprecherin setzt sie beim Kampf gegen Steuerbetrug, Immobilienspekulation und Geldwäsche, bei der nachhaltigen Stabilisierung des Finanzmarktes und mehr Steuergerechtigkeit – insbesondere für arme Familien und Alleinerziehende.

FLORIAN PRONOLD ist seit 2002 Bundestagsabgeordneter für die SPD aus Niederbayern. Seit 2013 ist er Parlamentarischer Staatssekretär im Bundesumweltministerium (BMU). Dort verantwortet er aktuell die Bereiche Wasserwirtschaft, Abfall und Ressourceneffizienz sowie Immissionsschutz und Nachhaltigkeit. Die ersten vier Jahre verantwortete er insbesondere den Bau- und Stadtentwicklungsbereich als Baustaatssekretär.

DR. SVEN RAHNER ist Autor von zwei Büchern und zahlreichen Artikeln zur Zukunft von Arbeit und Bildung. Er war zuletzt Lehrbeauftragter für Arbeitsmarkt- und Sozialpolitik an der Universität Kassel und der Hertie School of Governance in Berlin. 2018 erschien seine Dissertation *Fachkräftemangel und falscher Fatalismus* im Campus-Verlag.

SARAH RYGLEWSKI ist Diplom-Politologin und seit 2015 Bremer SPD-Bundestagsabgeordnete. Seit 2019 ist sie Parlamentarische Staatssekretärin im Bundesministerium der Finanzen (BMF). Sie ist Beisitzerin im SPD-Parteivorstand und Mitglied im Vorstand und Sprecherkreis der Denkfabrik in der SPD-Bundestagsfraktion.

JAMILA SCHÄFER war von 2015 bis 2017 Sprecherin der Grünen Jugend und ist seit 2018 stellvertretende Vorsitzende von BÜNDNIS 90/DIE GRÜNEN. Als europäische und internationale Koordinatorin ihrer Partei liegt ihr politischer Schwerpunkt im Bereich der internationalen Politik.

SIBEL SCHICK kam 1985 in der Türkei auf die Welt und zog 2009 nach Deutschland. Die Autorin beschäftigt sich mit gesellschaftlichen Machtungleichheiten aus ihrer rassismuskritischen und feministischen Perspektive. Ihre Kolumnen erscheinen regelmäßig bei *Missy Magazine* und *Neues Deutschland*, ihr Buch *Hallo, hört mich jemand?* erschien 2020 bei Edition Assemblage.

ANNTON BEATE SCHMIDT lebt und arbeitet in Brandenburg. Als ausgebildete Film- und Fernsehcutterin wirkte sie an vielen Produktionen mit, schrieb Drehbücher und produzierte diverse Kurzfilme, bevor sie 2001 für einige Jahre nach Neuseeland zog und seitdem hauptberuflich als bildende Künstlerin arbeitet. Sie schreibt außerdem Texte zu den Themen Kunst, Inklusion und Feminismus.

MICHAEL SCHRODI ist seit 2017 Bundestagsabgeordneter für die SPD in den Landkreisen Dachau und Fürstenfeldbruck. Er ist u. a. ordentliches Mitglied im Finanzausschuss, Mitglied im Umweltausschuss sowie Finanzpolitischer Sprecher der SPD-Landesgruppe Bayern, Sprecher der Arbeitsgruppe Verteilungsgerechtigkeit und soziale Integration, Mitglied in der Arbeitsgruppe Kommunalpolitik sowie Mitglied im Sprecherkreis und Vorstand der Denkfabrik in der SPD-Bundestagsfraktion.

FRANK SCHWABE ist seit 2005 Bundestagsabgeordneter für die SPD in Recklinghausen, Castrop-Rauxel, Waltrop. Er ist Sprecher für Menschenrechte und Humanitäre Hilfe, Fraktionsvorsitzender einer Fraktion aus Sozialist∗innen, Demokrat∗innen und Grünen in der Parlamentarischen Versammlung des Europarates sowie Mitglied im Vorstand der Denkfabrik. Im Januar 2019 war er mit vier weiteren Abgeordneten Gast auf einem Schiff von Sea-Watch im Mittelmeer.

AMED SHERWAN ist Blogger und Aktivist für Meinungsfreiheit und Menschenrechte. Er ist in Irakisch-Kurdistan aufgewachsen und dort wegen Gotteslästerung inhaftiert und gefoltert worden, bevor er 2014 nach Deutschland geflüchtet ist. Seine Autobiografie *Kafir. Allah sei Dank bin ich Atheist* ist 2020 bei der Edition Nautilus erschienen.

JAKOB SPRINGFELD ist Schüler, 2002 in Zwickau geboren und aufgewachsen. Er schreibt hier als Aktivist für Fridays for Future und ist zugleich Mitglied der Grünen Jugend, in antifaschistischen Gruppen und in der Flüchtlingshilfe aktiv. 2020 wurde er für sein Engagement gegen Rechtsextremismus und das Erinnern an die Taten des NSU mit der Theodor-Heuss-Medaille ausgezeichnet.

SOPHIE SUMBURANE ist politisch aktive Kulturredakteurin und Autorin. Sie studierte Germanistik und Afrikanistik an der Universität Leipzig und publizierte ihren ersten Roman noch während des Studiums. Sie ist Mitglied im PEN-Zentrum Deutschland.

CHRISTOPH TWICKEL ist Journalist und Buchautor. Er hat die Hamburger »Recht auf Stadt«-Bewegung als Journalist begleitet. In der Edition Nautilus erschien u. a. 2010 sein Buch *Gentrifidingsbums oder eine Stadt für alle*. Er schreibt seit 2014 für die ZEIT über Stadtentwicklungsfragen.

THOMAS WILLMS ist Bundesgeschäftsführer der Vereinigung der Verfolgten des Naziregimes – Bund der Antifaschistinnen und Antifaschisten (VVN-BdA) e.V. und schreibt hier für das Bündnis Aufstehen gegen Rassismus! (AgR).

NICOLE WLOKA ist Geschäftsführerin der Denkfabrik in der SPD-Bundestagsfraktion. Zuvor war sie u.a. Research Fellow und wissenschaftliche Koordinatorin zweier Forschungsprojekte unter Leitung von Prof. Dr. Dr. h.c. Julian Nida-Rümelin, Staatsminister a. D. Sie promoviert an der Humboldt-Universität zu Berlin und ist langjähriges Mitglied des rot-rot-grünen Gesprächskreises auf Bundesebene.

THOMAS WÜRDINGER ist Politikwissenschaftler und Gewerkschafter. Er arbeitet als politischer Referent im Funktionsbereich Grundsatzfragen und Gesellschaftspolitik im Vorstand der IG Metall.